中国近代新闻学名著系列丛书

芮必峰◎主编

新闻学的基础知识（上）

—— 中美日报读讯会◎编 ——

中国传媒大学出版社

·北京·

编委会

主　编　芮必峰

副主编　姜　红　刘　勇

编　委　贾　南　周　彤　张冰清　侯普曼

出版说明

本丛书整理再版了近代在中国用中文出版的经典新闻学著作，所涉及的图书既有专著、教材，也有译著，全面涵盖了新闻学理论、新闻业务、新闻史等领域，成书年份前后跨越40年。在这40年间，中国的新闻学科从无到有、从借鉴到创新，成就巨大。对这些著作的再次出版，为研究中国近代新闻学提供了珍贵的史料，绘制了中国近代新闻学的全景，度量了中国近代新闻学的厚度，填补了该领域空白，也为纪念中国新闻学诞生100周年献上了一份厚礼。

我们请中国人民大学新闻学院教授、博士生导师，广西大学新闻传播学院院长，教育部社会科学委员会委员兼新闻传播学科召集人郑保卫，及中国传媒大学传播研究院院长、教授、博士生导师，中央实施马克思主义理论研究和建设工程新闻学首席专家雷跃捷对本丛书的内容进行了审定，并根据专家的意见进行了修改。在此对两位专家所付出的辛勤劳动表示衷心感谢。

由于历史原因，本丛书中的个别图书存在一些问题，为保存历史原貌，为研究者提供一手的参考资料，影印时均基本保持其原貌，未作大的删改，希望读者结合当时的历史条件和历史环境，对其中的观点进行批判性借鉴。原书中存在一些错别字、漏字和排版错误，我们在影印时均未做改动，敬请读者注意。

由于原书出版年代久远，本丛书中的许多书籍难觅其踪，存世数量稀少，版权状况极其复杂。为了保证本丛书的学术性和完整性，我们将具有价值的图书先行选入其中，进行了抢救性发掘，力图保存中国新闻史珍贵的历史资料。版权所有人若有异议，请及时与我们联系。

为更好地体现中国近代新闻学的发展脉络，本丛书特别收录了欧美学者休曼的《实用新闻学》、斯蒂德的《新闻学的理论与实际》；日本学者松本君平的《新闻学》、后藤武男的《新闻纸研究》、杉村广太郎的《新闻概论》。当年这些书的出版对中国近代新闻学具有一定的借鉴意义。

本丛书为影印制作，成书清晰度由原书决定，由于出版年代久远，受当时生产力水平及制作方法限制，难免会存在一些缺陷，敬请读者谅解。

中国传媒大学出版社

总　序

如果从1903年商务印书馆编译出版日本人松本君平的《新闻学》算起，中国的新闻学已有115年历史①。如果从1918年北大新闻研究会建立，徐宝璜开办新闻学讲座算起，中国新闻学教育和研究迄今正好100年历史。我们搜集整理了清末至民国期间一些有代表性的新闻学书籍，希望借此重现早期中国近代新闻学的本来面貌，反映我国新闻学发展的历史脉络，我们认为，这对中国新闻学术、教育史研究以及中国近现代思想史研究都是很有意义的。

从1903年到1949年9月的40多年间，我国公开出版和内部印行的新闻学书籍，包括专著、教材、论文集、资料汇编、参考工具书等，约468种之多。②它们集中反映了我国新闻学的历史发展轨迹。然而，由于多种原因，这些书籍除了几本曾被重印出版外，大多已经是"只闻其名、难觅其踪"，这对我国新闻学研究不能不说是一个遗憾。

本丛书在梳理1903—1949年间出版的有代表性的新闻学书籍的基础上，精选了50部著作，校订注释，编纂再版，也算对这一遗憾的弥补。

从我们挑选的这50部新闻学书籍来看，中国早期新闻学的发展有三个鲜明的特点：

一、中国早期新闻学的发展与中国社会发展，尤其与国家民族利益息息相关

40多年间，中国新闻学从近乎空白到勃然而兴，这与中国社会的动荡、变

① 黄天鹏回顾新闻运动时说："有清光绪二十八年，商务印书馆刊行《新闻学》一书，为我国人知有新闻学之始，原书为日人松本君平所著……"资料来源：黄天鹏．新闻运动之回顾［A］．黄天鹏．新闻学名论集［C］．上海：上海联合书店，1929．

② 林德海，等．中国新闻学书目大全1903—1987［M］．北京：新华出版社，1989．

革休戚相关。西方新闻学是现代化的产物，最早形成于19世纪末20世纪初。1901年，“新闻学”一词首见于中文报章[①]，但直到民国前夕，国人对于“新闻有学乎”尚存疑，认为报社就是新闻人才的“养成所”。至1912年上海报业俱进会以“吾国报业之不发达……其最大原因，则为无专门之人才”[②]为由，号召组织报业学堂，培养报业专门人才。不难看出，此时新闻界亦将新闻学视为办报之“技”。至1918年邵飘萍为徐宝璜《新闻学》作序仍“窃叹我国新闻界人才之寥落，良由无人以新闻为一学科而研究之者”[③]。黄天鹏把1903年至1918年新闻学研究会建立之前的十余年视为中国新闻学的启蒙期。[④]

1918年，随着以启蒙为目标的新文化运动愈演愈烈，新思潮涌入国门，“新学”“西学”站在旧传统的对立面被学界关注，新闻学思想也不例外。作为公学之首和新文化运动中心的北京大学率先开办新闻学研究会，力证了“新闻学”存在的正当性；徐宝璜《新闻学》一书问世，成为中国新闻学理论的奠基之作。新闻学教育兴起，新闻学研究著作渐盛，待到北伐前夕，中国新闻学从学理上和实践上俱已建立起来。

新文化运动后期，马克思主义传入中国，资本主义文明逐渐“祛魅”。之后的大萧条使得西方国家的痼疾暴露无遗，曾经“理想之彼方”的西方报业也难以幸免。在这一时代背景下，如何建立“吾国之报业”成为新闻学研究的热点，围绕这一热点，一方面，关于中外新闻理论、新闻事业、新闻业务的著作日益涌现；另一方面，军阀对于激进言论的暴力摧残，又引发了新闻人对于言论自由的论争。20世纪20年代的中国新闻学呈现百家争鸣之势。

“在这言论自由纷争之际，也有若干论调，认为新闻纸不过是一种政治宣传的工具，在新闻学方面也唱过所谓社会主义的新闻理论，不过这种论调没有完成，当头的国难已把这种理论粉碎。”[⑤]“九一八”事变后，面对空前的民族危机，“国家至上、民族至上”成为国论，报业成为勾连与动员社会的渠道和网络，

① 梁启超．本馆第一百册祝辞并论报馆之责任及本馆之经历［J］．清议报，1901（100）：1–8．

② 戈公振．中国报学史［M］．上海：上海书店，1989：278．

③ 徐宝璜．新闻学［M］．长春：时代文艺出版社，2009：7．

④ 黄天鹏．四十年来中国新闻学之演进［M］//龙伟，任羽中，王晓安，何林，吴浩．民国新闻教育史料选辑．北京：北京大学出版社，2010：149．（以下征引本书时，一律简注为《民国新闻教育史料选辑》。）黄天鹏在此文中提出他对于1903年到战事结束的40余年间中国新闻学发展阶段的划分，原载《中国新闻学会年刊》第1期，1942年9月。

⑤ 黄天鹏．四十年来中国新闻学之演进［M］//民国新闻教育史料选辑．北京：北京大学出版社，2010：161．

致力于推动“舆论统一”。直到全面抗战中期之前，以战争宣传动员为主要研究目标的“战时新闻学”都是新闻学研究的热点。

1943—1949年中华人民共和国成立前夕，随着战争形势的转变，抗日战争已现胜利的曙光，中国新闻学人开始构想新闻业的未来。萨空了[①]于1943年开始着手书写《科学的新闻学概论》，旨在提醒新闻人应“鉴于美英的前车”[②]，避免报纸“为大财阀资本家所独占”[③]，“积极地设法使报纸成为大多数民众自己的相互报道消息、提供意见的工具”[④]。

二、中国新闻学是“西学东渐”的产物，中国早期新闻学人大多具备西学背景

“西学东渐”的内在精神是中体西用。在“用”的招牌下，西学大量涌入。中国新闻学直接引自日本和美国。首先，中国最早的新闻学译著分别为1903年商务印书馆编辑出版的松本君平的《新闻学》和1913年美国记者休曼著、史青编译的《实用新闻学》。前者成为中国新闻学的开端，而后者作为美国第一本新闻教育著作，“提供采访编辑各种实际问题的解决方案”[⑤]，也奠定了中国新闻人对于新闻教育之作用的基本构想。

早期中国新闻学人大多具备留美留日的求学背景。徐宝璜曾于美国密歇根大学修习经济学与新闻学，其《新闻学》（1919）的参考文献包括在美国出版的图书23种、在英国出版的图书7种，印证了时任北大校长蔡元培所言，“新闻学之取资，以美为最便矣”[⑥]。任白涛求学日本早稻田大学政治经济学系时，加入了《朝日新闻》名记者杉村楚人冠等筹建的“大日本新闻学会”[⑦]，《应用新闻学》

---

① 萨空了（1907—1988）四川成都人，蒙古族，笔名了了、艾秋飚，记者、主编、新闻学家。1927年任《北京晚报》《世界日报》编辑记者、《世界画报》总编辑。曾任教民国学院新闻系、北京新闻专科学校。1935年任上海《立报》副刊主编、总编辑兼经理。中华人民共和国成立后任中央人民政府新闻总署副署长兼新闻摄影局局长、出版总署副署长、全国政协副秘书长兼《人民政协报》总编辑等职。负责主编《中国大百科全书·新闻出版》卷，著有《科学的新闻学概论》《科学的艺术概论》《宣传心理研究》等。

② 萨空了．科学的新闻学概论［M］．香港：文化供应社，1946：36．

③ 萨空了．科学的新闻学概论［M］．香港：文化供应社，1946：36．

④ 萨空了．科学的新闻学概论［M］．香港：文化供应社，1946：36．

⑤ 黄天鹏．四十年来中国新闻学之演进［M］//龙伟，任羽中，王晓安，何林，吴浩．民国新闻教育史料选辑，北京：北京大学出版社，2010：157．

⑥ 邓绍根．中国新闻学的筚路蓝缕：北京大学新闻学研究会［M］．北京：清华大学出版社，2015：228．

⑦ 1915年《朝日新闻》的杉村楚人冠等在庆应义塾大学创办“新闻研究会”并讲授课程，后根据该讲义出版了《最近新闻纸学》（1918）。其时，杉村楚人冠还兼任“大日本新闻学会”的筹建者与学会新闻讲座讲师。

(1922)正是仿照杉村楚人冠《最近新闻纸学》一书体例所做。[①]邵飘萍的《实际应用新闻学》(1923)亦参考了《最近新闻纸学》。[②]杉村楚人冠深受美、德新闻思想熏陶，美、日、德的新闻思想因故才传到中国。

事实上，正是留美、留日学生群体的新闻学著述构建起了中国早期新闻学的基本框架。仅本丛书所涉国内著（编）者30人中，剔除资料不详者3人，有留学经历者共计15人。其中留美5人：徐宝璜、伍超、赵敏恒[③]、戈公振[④]、曹用先[⑤]；留日8人：吴定九[⑥]、邵飘萍、黄天鹏、任白涛、张友渔[⑦]、谢六逸、袁殊[⑧]、王文萱[⑨]；

---

① 周光明. 近代新闻史论稿［M］. 北京：社会科学文献出版社，2014：276.

② 方晓红. 中国新闻简史［M］. 南京：南京师范大学出版社，1996：122.

③ 赵敏恒（1904—1961），记者、新闻学教授。早年就读于清华大学，1923年起先后于美国科罗拉多大学文学院、密苏里大学新闻学院、哥伦比亚大学新闻学院攻读英国文学和新闻学，并获新闻学硕士学位。1925年起在纽约环球通讯社当编辑。1927年回国，在国民政府外交部情报处短暂工作后加入路透社。1945年10月任《新闻报》总编，兼任复旦大学新闻学教授。

④ 留学两个及两个以上国家的，按其留学的第一个国家计。

⑤ 曹用先，女，宁波人，天津南开大学社会科毕业。1926年与未婚夫查良鉴自南开大学毕业后，同赴密歇根大学留学，1930年在该校安娜堡完婚。硕士毕业后回国，曾就职于上海商务印书馆编辑所并任教于大夏大学，1949年与查赴台，1951年4月病逝于台湾。

⑥ 吴定九（1890—1930），名鼎，字定九，嘉定人。著名报人，《京报》元勋之一，著有《新闻事业经营法》。公派赴日本名古屋学习土木工程时，与在东京政法学校读书的邵飘萍成为密友。1923年9月，私立北京平民大学设立报学系，时任京报社经理的吴定九担任教授并讲授专业课程“新闻经营法”。

⑦ 张友渔（1898—1992），原名张象鼎，字友彝，又名张忧虞，山西灵石人。法学家、政治学家、新闻学家。先后求学于山西第一师范学校，国立北平法政大学法律系。1927年任《国民晚报》社长兼总编辑。同年加入中国共产党，任中共北平市委委员兼秘书长。1930年赴日留学。“九一八”事变后回国任《世界日报》主笔及燕京大学、中国大学、民国大学、中法大学、北平大学法商学院教授，讲授宪法学、劳动法学、新闻学和日本问题。1943年起在重庆任中共南方局文委秘书长、《新华日报》社论委员会委员、中共重庆工作委员会候补委员兼政策研究室副主任、《新华日报》代总编辑等职。

⑧ 袁殊（1911—1987），中共谍报人员、记者、新闻学者。早年赴日攻读新闻学、东洋史。曾创办上海自修大学并设新闻专科。1931年3月创办的《文艺新闻》，最早揭露了左联五烈士被害的消息。1932年任新声通讯社记者，经潘汉年引介加入共产党。1942年卧底敌伪报纸《新中国报》，1945年10月转移到苏北解放区；1949年调入中央情报部门。著《记者道》《学校新闻讲话》《新闻大王赫斯特》等书；译《新闻法制论》等。

⑨ 王文萱，曾留学日本，1930年5月翻译杉村广太郎的《新闻概论》。1942年国立社会教育学院新闻系成立，王文萱在该系教授新闻业务课程。1947年年初，李宗仁授意萧一山在北平创办《经世日报》作为喉舌，任命王文萱、蓝文澄两位教授为主笔。

旅欧2人为胡愈之和储玉坤[①]（详情见表）。这些涉足新闻学研究的归国留学生兼容并蓄，汲取美、日、德等国新闻理论和马克思主义新闻思想的精华，进行本土化改良，亦从侧面反映出中国新闻学的理论来源。

三、中国早期新闻学人往往兼新闻实践、新闻教育、新闻研究于一身

1918年，北京大学新闻学研究会成立，徐宝璜负责讲授新闻学知识。他结合自身从业经验，参考欧美新闻学书目，形成课程讲义；再结合讲课心得，不断完善新闻学理论。1919年，国人自撰的第一本新闻学专著《新闻学》最终成书。徐在自序中细陈写书修书之过程："新闻学乃近世青年学问之一种，尚在发育时期。余对于斯学，虽曾稍事涉猎，然并无系统之研究。客岁蔡校长设立新闻学研究会，命余主任其事，并兼任导师。余乃于暑假中，正式加以研究，就所得著《新闻学大意》一篇，以为开会后讲演之用。……开会后，余继续研究，加以会员之质疑问难，时有心得，遂将原稿加以修改，成第二次之稿……"[②]显然，"曾稍事涉猎"指其曾经担任《晨报》主笔的工作经历。早期中国新闻学人兼具从业经验和新闻学教学经验者多会总结实践经验、丰富新闻理论、著书立说、传道授业，这种情况并不鲜见。

从早期新闻学著作的作者（编者）身份来看：本丛书涉及国内著（编）者30人，除李公凡、刘元钊和鲁风三人身份不详，仅蒋国珍[③]、项士元[④]二人没有明确的新闻从业经验。而在这25人中，更有20人兼具从业经历与从教经历。新闻学人大多具有新闻从业经历，学术研究、传承活动与新闻实践密不可分（详

① 储玉坤，1912年生，江苏宜兴人，笔名雨君、储华。1937年中央政治学校大学部新闻学及国际政治专业毕业。1938年1月任《文汇报》编辑兼社论撰述者；1938年5月担任《文汇报》法国哈瓦斯分社编辑；抗战胜利后，任《文汇报》总主笔。1946年5月转任《申报》主笔和法国新闻社远东分社中文部主任，兼任中国新闻专科学校教务长和沪江大学新闻系教授。著有《现代新闻学概论》《第二次世界大战史》《美国经济》。

② 邓绍根，中国新闻学的筚路蓝缕［M］. 北京：清华大学出版社，2015：244.

③ 蒋国珍出生于1896年，江苏溧阳人，做过学生运动领袖、国民党党员、教育工作者、政府职员、银行经理。曾加入上海学生运动，代表上海全国各界联合会、全国学生联合会、上海各界联合会、学生联合会四团体发声。虞文俊认为其传世的《中国新闻发达史》翻译自日本人伊藤武雄的《中国新闻发达史》，即蒋国珍应为此书的译者而非著者。

④ 项士元（1887—1959），佛教居士、学者。原名元勋，号慈圆，又号石槎。浙江临海人，通日、英、德、梵、俄文，一生佛学著作等身。25岁毕业于杭州府中学堂，后办私立小学和赤城初级师范，兼任各校教师；捐资并赠书创办了临海图书馆。项士元长期辗转江浙等地从事教育、新闻和史志方面的研究工作。中华人民共和国成立后主持台州文管会，任浙江省文史馆馆员。所著《浙江新闻史》是中国最早的新闻史之一。

见表1[①])。

从新闻学著作本身来看，许多民国新闻学书籍正是新闻实践和新闻教育的直接产物：国人自撰的第一部新闻采访学专著——《实际应用新闻学》根据邵飘萍在北京大学新闻学研究会和平民大学新闻系的讲稿所著，《新闻学总论》一书则根据邵氏国立政法大学的新闻学讲义整理而成；周孝庵[②]根据自己在复旦大学的新闻学讲义编著了《最新实验新闻学》；郭步陶[③]的《本国新闻事业》是上海市私立申报新闻函授学校讲义之十一；而《新闻学的基础知识》本就是中美日报读讯会[④]为新闻学自修者所出版的教材《实用新闻学讲义》之一；储玉坤的《现代新闻学概论》则是专门为大学新闻理论教科书而编写的（详见表2）。

正是由于早期新闻学人兼新闻实践、新闻教育、新闻研究于一身，才能为理论教学与著述提供最鲜活的案例，促使新闻实践经验迅速融入新闻学理论研究。这是近代中国新闻学迅速发展的重要因素，对于当今的新闻学研究、新闻学教育工作也有重要启示。

本丛书编委会邀请相关领域资深专家进行研讨，认真甄选了书目，仔细进行了版本比较和甄别，从而保证了本丛书较高的学术权威性。

由于历史的局限，民国新闻学书籍的不足是明显的，如学术理论不成熟、部分话语和话题打上了深深的时代烙印等；又因书中涉及的新闻稿件写作于特定历史环境和历史年代，其表达方式不严谨亦不可避免。盖所选书目皆是历史文献，我们在审校中尽量保持其历史原貌，不做大的删改；对极个别对马克思

① 李秀云．留学生与中国新闻学［M］．天津：南开大学出版社，2009：239-251．本书中李秀云整理了民国期间从事新闻学研究的留学生44人，并分析其留学国别构成、专业构成、新闻实践经历、从教经历等。

② 周孝庵（1900—1973），佛教学者、律师、报人。松江府人。毕业于江苏省立第一商业学校。历任上海时事新报馆记者、编辑、主编，著《最新实验新闻学》。1928年秋被复旦大学聘为新闻学教授。曾于上海法政大学获法学学士学位，1930年兼律师。1932年主编上海《新闻报》“法律质疑”栏目、编著了《法律质疑汇编》。上海沦陷后，曾氏关闭了律师事务所，潜心佛学研究。

③ 郭步陶（1879—1962），原名成爽，后改名惜，字步陶。四川隆昌人。名记者、新闻研究者。1911—1917年任《申报》编辑，1917年任《新闻报》编辑主任、主笔。1930年任教于复旦大学新闻系。上海沦陷后赴香港，任职于《申报》(香港)、《星岛日报》；1939年创建中国新闻学院（香港）并任院长。抗战胜利后回沪任教于复旦大学、新中国学院。

④《中美日报》是“孤岛”时期的国民党报纸，为躲避日伪新闻检查，在美商罗斯福出版公司招牌下运作，副刊有《集纳》《堡垒》等。1938年11月创刊，1941年12月停刊，1945年8月复刊，次年4月终刊。总编先后为杨勋民、查修、詹文浒，总主笔周宪文，执笔者有储玉坤、章丹枫等。胡道静曾任英文编辑。报社读讯会为自修新闻学的读者出版了《实用新闻学讲义》，共计10种，对编辑术、采访术、评论作法、新闻写作、新闻学史、剪报工作等都有专篇论述。

主义、共产党等的不适当叙述已进行了删除处理。

本丛书规模较大，从策划项目、搜集资料、校订编纂到审稿成书，历时两年有余。这50本书可能并非本本经典，其中有些内容亦有重复、雷同之处，但瑕不掩瑜，它们对于研究中国新闻学功不可没，作为新闻史资料极具研究价值。感谢中国传媒大学出版社和安徽大学新闻传播学院诸位老师的辛勤付出，也希望读者在本丛书中能读出更丰富的内容，获得启发并更深入地思考。

丛书主编　芮必峰

2018年5月7日

附表：

表1　著者受教育、从业、从教及著述情况列表

序号	姓名	是否留学及留学国家	从业经历	从教经历	著作
1	徐宝璜	美国密歇根大学，经济学、新闻学	北京《晨报》主笔	北京大学新闻学研究会、北京平民大学新闻系	《新闻学》《新闻事业》
2	戈公振	1927年赴美国、日本考察新闻事业	首创《图画时报》、“上海新闻记者联合会”会长、《申报》总管理处设计处主任兼《申报星期画刊》主编	上海南方大学新闻系、上海国民大学新闻系、复旦大学新闻系、上海沪江大学商学院、上海民治新闻学院	《新闻学撮要》《中国报学史》《新闻学》
3	邵飘萍	东京政法学校	《汉民日报》主编、《时事新报》《申报》《时报》主笔、创办“北京新闻编译社”、《京报》社长	北京大学新闻学研究会、北京平民大学新闻系、国立法政大学	《实际应用新闻学》《新闻学总论》
4	吴定九	日本名古屋工业专门学校土木工程	主持《京报》	北京平民大学新闻系、国立法政大学	《新闻事业经营法》
5	谢六逸	日本早稻田大学东洋文学史	《立报》文艺副刊《言林》主编、《国民周刊》《趣味》周刊主编	复旦大学新闻系、申报新闻函授学校、国立社会教育学院新闻系、暨南大学新闻系、大夏大学新闻系	《实用新闻学》《国外新闻事业》《新闻储藏研究》
6	黄天鹏	日本早稻田大学新闻系硕士	在北平创刊《新闻学刊》并担任主编	复旦大学新闻系、上海沪江大学商学院新闻学科	《新闻文学概论》《中国新闻事业》《新闻学入门》《新闻学概要》
7	赵敏恒	美国科罗拉多大学文学院、密苏里大学新闻学院、哥伦比亚大学新闻学院攻读英国文学和新闻学，并获新闻学硕士学位	纽约环球通讯社编辑，后加入路透社。“九一八”事变后为美国国际新闻社、伦敦《每日电讯报》《朝日新闻》等供稿。1945年10月任《新闻报》总编辑	复旦大学新闻系、中央政治学校新闻系、暨南大学新闻系	《外人在华的新闻事业》

续表

序号	姓名	是否留学及留学国家	从业经历	从教经历	著作
8	周孝庵	无	历任上海时事新报馆记者、编辑、主编；主编《上海新闻报》"法律质疑"栏目	复旦大学新闻系、新闻大学函授科	《最新实验新闻学》
9	张友渔	1930年、1932年、1935年多次赴日学习新闻学、考察日本新闻事业	《世界日报》编辑、《大同晚报》总编辑、《国民晚报》社长、《泰晤士报》总编辑、《新华日报》社论委员	燕京大学新闻系、北平民国学院新闻系	《新闻之理论与现象》《日本新闻发达史》
10	袁殊	日本新闻专科学校、早稻田大学历史系	创办《文艺新闻》《译报》、新声通讯社记者	上海自修大学新闻专科	《记者道》《学校新闻讲话》《新闻大王赫斯特》《新闻法制论》（译）
11	胡愈之	1928年法国巴黎大学攻读国际法	《东方杂志》编辑、创办《公理日报》、哈瓦斯通讯社远东分社中文部编辑主任、主编新加坡《南洋商报》		《胡愈之出版文集》
12	储玉坤	留法	《新闻报》编辑、《文汇报》编辑、法国哈瓦斯通讯社中国分社编辑、《文汇报》总主笔、《申报》主笔、法国新闻社远东分社中文部主任	中国新闻专科学校、沪江大学新闻系、之江大学新闻系、致用大学新闻学系	《现代新闻学概论》
13	任白涛	日本早稻田大学政治经济学	创办中国新闻学社、《新湖北日报》总编辑		《应用新闻学》《综合新闻学》
14	曹用先	美国密歇根大学①	上海商务印书馆编辑所②	大夏大学③	《新闻学》

① 毛彦文. 往事［M］. 北京：商务印书馆，2012：28.

② 雪林. 一段值得介绍的婚姻（红藏·生活·第四卷第三十八期）［M］. 湘潭：湘潭大学出版社，2014：435-437.

③ 毛彦文. 往事［M］. 北京：商务印书馆，2012：28.

续表

序号	姓名	是否留学及留学国家	从业经历	从教经历	著作
15	王文萱	留日①	《经世日报》②	国立社会教育学院新闻系③	《新闻概论》（译）
16	伍超	留美“攻读新闻科”④			《新闻学大纲》
17	郭步陶	无	《申报》编辑、《新闻报》编辑主任兼主笔、《申报》（香港）、《星岛日报》编辑	复旦大学新闻系、《申报》新闻函授学校、中国新闻学院（香港）、新中国学院	《本国新闻事业》
18	任毕明⑤	无	《民国日报》《时报》《快报》主笔、《大众日报》总编辑	香港中华新闻学院	《战时新闻学》《评论学十讲》
19	赵君豪⑥	无	《申报》副总编辑	上海商学院新闻专修科、复旦大学新闻系、上海法政学院新闻专修科	《中国近代之报业》《上海报人的奋斗》

① 杉村广太郎．新闻概论·黄序［M］．王文萱，译．上海：联合书店，1930．

② 冯国定．忆萧一山先生［M］//中国人民政治协商会议北京市委员会文史资料研究委员会文史资料选编（第43辑），北京：北京出版社，1992：104．

③ 苏州大学社会教育学院．峥嵘岁月（第三集）［M］．北京、上海、南京、苏州校会．1991：229．

④ 伍超．新闻学大纲·自序［M］．上海：商务印书馆，1925．

⑤ 任毕明，原名任大任，生于1904年，广东鹤山人。1925年在广西梧州创办《民国日报》，曾任《时报》《快报》主笔，主持过香港的《大众日报》。参与创办香港中华新闻学院，并任教。著作有《龙虎集》《风云集》《社会大学》《新社会大学》《战时新闻学》和《评论学十讲》等。

⑥ 赵君豪（1900—？）江苏兴化人。报人。“五四时期”求学于上海交通大学，经常给著名的《民国日报》副刊《觉悟》投稿，并与时任《觉悟》编辑的邵力子讨论种种社会改造问题。毕业后进入《申报》馆工作，抗战后任《申报》副总编辑。1929、1942年两度兼任复旦大学新闻系编辑教授；1930年兼任上海法政学院新闻专修科教授，讲授采访学；曾任《申报》新闻函授学校教授。1944年10月在重庆出版《上海报人的奋斗》。

续表

序号	姓名	是否留学及留学国家	从业经历	从教经历	著作
20	杜绍文①	无	杭州《民国日报》国际版编辑、《东南日报》《前线日报》主笔兼《新闻战线》周刊主编、《东南日报》总编辑、《文汇报》办公室主任	复旦大学新闻系	《新闻政策》《中国报人之路》《战时报学讲话》《国际新闻纵横谈》
21	胡道静②	无	《万有文库》编辑、上海通志馆编修、《通报》《中美日报》《大晚报》等报记者、编辑、撰稿人	上海法政学院新闻专修科	《上海新闻事业之史的发展》
22	张静庐	无	创办上海杂志公司并出任总经理		《中国的新闻记者与新闻纸》《中国近代出版史料》《中国现代出版史料》《中国出版史料》《在出版界二十年》
23	萨空了	无	《北京晚报》编辑记者、《世界日报》画刊编辑、《世界画报》总编辑、天津《大公报》艺术半月刊主编	民国学院新闻系、北京新闻专科学校	《科学的新闻学概论》

① 杜绍文（1909—？），又名杜超彬，广东澄海人。1927年入复旦大学中文学新闻组学习，1931年留校助教。后任杭州《民国日报》国际版编辑、资料室主任、浙江《东南日报》主笔。抗战期间主编浙江战时新闻学会会刊《战时记者》月刊,《国民日报》总编辑、社长；抗战胜利后任上海《前线日报》主笔兼《新闻战线》周刊主编。1946年至1951年间任复旦大学新闻系教授，1952年任上海《文汇报》记者、编委办公室主任。著有《新闻政策》《中国报人之路》《战时报学讲话》《国际新闻纵横谈》。

② 胡道静（1913—2003），安徽泾县人。1931年毕业于上海持志大学国语系。曾参加《万有文库》编辑和上海通志馆编修工作。"孤岛"时期坚守上海新闻界抗日宣传工作，任《通报》《中美日报》《大晚报》《密勒氏评论报》记者、编辑、撰稿人，同时在上海法政学院新闻专修科讲授新闻史课程，为共产党的抗日宣传培养新闻干部。1949年后历任中华书局上海编辑所编辑、上海人民出版社编审等。

续表

序号	姓名	是否留学及留学国家	从业经历	从教经历	著作
24	管照微[①]		复旦大学校刊编辑、1931年兼任上海新闻社记者	兰州大学经济系	编《新闻学论集》
25	项士元				
26	蒋国珍	疑为《中国新闻发达史》的译者而非著者[②]			
28	李公凡	不详			
27	鲁风	不详			
28	刘元钊	不详			

① 管照微，高中就读于上海立达学园，曾与王济深、刘仲达、唐旭之等先后组织了“时潮社”和“立达剧团”。后进入复旦大学新闻系学习，与伍梦窗、林楚君、向浦、徐之津等加入了复旦大学“左联”，并负责复旦大学的校刊编辑工作。1933年12月21日因宣传左翼思想被捕，后任教于兰州大学经济系。

② 虞文俊是东亚中国新闻史研究第一人。《中国新闻发达史》译者蒋国珍初考［J］. 新闻界，2015（15）.

表2　书目

序号	年份	书名	作者	备注
1	1903	新闻学	〔日〕松本君平 著	
2	1913	实用新闻学	〔美〕休曼著 史青译	
3	1919.12	新闻学	徐宝璜① 著	北京大学 新闻研究会讲稿
4	1922.11	应用新闻学	任白涛② 著	
5	1923.8	实际应用新闻学	邵振青 著	北京平民大学、 国立法政大学讲义
6	1924.4	新闻事业	徐宝璜 胡愈之 著	
7	1924.6	新闻学总论	邵飘萍 著	
8	1925.1	新闻学大纲	伍超 著	
9	1925.2	新闻学撮要	戈公振③ 编	
10	1927.9	中国新闻发达史	蒋国珍 著	
11	1927.11	中国报学史	戈公振 著	
12	1928.9	中国的新闻纸	张静庐 著	
13	1928.11	最新实验新闻学（上）	周孝庵 著	复旦大学新闻系
14	1928.11	最新实验新闻学（下）	周孝庵 著	复旦大学新闻系
15	1930.4	新闻事业经营法	吴定九 著	
16	1930.5	新闻概论	〔日〕杉村广太郎 著 王文萱 译	

① 徐宝璜，中国新闻学者、新闻教育家。1912年毕业于北京大学，后公费留美，于密歇根大学攻读经济学、新闻学。徐宝璜在美国密苏里大学受过系统的新闻学教育。

② 任白涛，笔名冷公、一碧，河南南阳人。1911年辛亥革命后，先后担任上海《民立报》《神州日报》《新闻报》驻河南特约通讯员，参加当地反袁活动。1916年留学日本，在早稻田大学攻读政治经济学，并加入了大日本新闻学会。

③ 戈公振所著的《中国报学史》最早由上海商务印书馆出版，是研究新闻学和我国新闻事业发展史的开山之作，国内外新闻界将之誉为中国首部新闻史学权威著作。任教上海国民大学期间，戈公振开始着手《中国报学史》一书的写作。在从事新闻工作之余，戈公振致力于新闻教育事业和新闻学研究工作，曾在上海国民大学、南方大学、大夏大学、复旦大学等校新闻系和杭州暑假报学讲习所讲授新闻学方面的课程，在新闻学研究上留下了许多著述。

续表

序号	年份	书名	作者	备注
17	1930.8	中国新闻事业（上）	黄天鹏[①] 著	
18	1930.8	中国新闻事业（下）	黄天鹏 著	
19	1930.8	新闻纸研究	〔日〕后藤武男 著 俞康德 译述	
20	1930.9	浙江新闻史（上）	项士元 编	
21	1930.9	浙江新闻史（下）	项士元 编	
22	1932.7	学校新闻讲话	袁殊 著	
23	1932.8	外人在华的新闻事业	赵敏恒 著	
24	1933.4	新闻学入门	黄天鹏 著	
25	1933.10	新闻学论集	管照微 编	复旦新闻学会丛书
26	1935	实用新闻学（上）	谢六逸[②] 编	申报新闻函授学校讲义之三
27	1935	实用新闻学（下）	谢六逸 编	申报新闻函授学校讲义之三
28	1934.1	新闻学	曹用先	
29	1934.2	新闻学概要	黄天鹏 编	复旦大学讲义、上海沪江大学新闻学专修科
30	1935	上海新闻事业之史的发展	胡道静 著	
31	1936.5	新闻学讲话	刘元钊 编著	

① 黄天鹏，字天鹏，别号天庐。1927年1月，他创办了我国首个新闻学刊（1929年扩改为《报学月刊》）并任主编；他是我国新闻学术史上最早研究新闻学之产生及发展史的学者，是我国具有新闻学术史观的第一人。他于1923年就读于北京平民大学报学系，1929年留学日本,修业新研究所,旋入早稻田大学新闻系。归国后出版了《新闻文学概论》《中国新闻事业》《新闻学入门》《新闻学概要》等十余本新闻学专著。

② 谢六逸，中国现代新闻教育事业的奠基者之一。著名的作家、翻译家、教授。1917年以公费生身份赴日就读于早稻田大学。1922年毕业归国，入商务印书馆工作。后历任神州女校教务主任及暨南大学、复旦大学、大夏大学教授。1930年任复旦大学中文系主任，并创设了后来闻名海内外的复旦大学新闻系，任主任。

续表

序号	年份	书名	作者	备注
32	1936	本国新闻事业	郭步陶 编著	申报新闻函授学校讲义十一
33	1936.6	新闻之理论与现象	张友渔 著	
34	1936.11	记者道	袁殊 著	
35	1937.7	现代新闻学概论	储玉坤 著	国民党政府唯一指定大学新闻理论教科书
36	1938.7	战时新闻学	任毕明 著	
37	1938.9	中国近代之报业（上）	赵君豪 著	
38	1938.9	中国近代之报业（下）	赵君豪 著	
39	1938.10	基础新闻学	李公凡 著	
40	1939.7	中国报人之路	杜绍文 著	
41	1940.4	新闻学	戈公振 著	1932 年完稿，另有 1947 年版
42	1941	新闻学的基础知识（上）	中美日报读讯会 编	中美日报读讯会实用新闻学讲义
43	1941	新闻学的基础知识（下）	中美日报读讯会 编	中美日报读讯会实用新闻学讲义
44	1941.7	综合新闻学 1	任白涛 著	
45	1941.7	综合新闻学 2	任白涛 著	
46	1941.7	综合新闻学 3	任白涛 著	
47	1944.9	新闻学	鲁风 著	新中国自修学院约稿
48	1946.6	科学的新闻学概论	萨空了 著	另有 1945.3 出版的署名艾秋飚的版本
49	1946.11	新闻史上的新时代	胡道静 著	
50	1947.12	新闻学的理论与实际	〔英〕斯蒂德 著 王季深 吴饮冰 译	上海文化函授学校读本

緒論——告讀者

讀者諸君，這是本科和諸君第一次的見面。我們相信諸君在加入本科時，必都抱着無限的希望、有的想從這裏獲得新聞學的整個認識，有的或更想從這裏獲一些實際技巧，以便自己也能從事於新聞事業。

本科講義的編排和內容，就全以讀者實際的需要爲依歸，我們不多講空泛的理論，但以實用爲目的，而且因讀者對此都出之自修，所以文字力求簡易明瞭，務使讀者一看便懂，並對新聞學發生更濃厚的興趣。誠然在有限的字數中，這工作不易做得好，但我們必盡可能地以我們所知，給讀者以最大指引。

本科講義共計十種，對編輯術，採訪術，評論作法，新聞寫作，新聞學史，剪報工作，以至新聞讀法，新聞文藝等等，都有專篇論述。本篇是新聞學基礎知識，是各篇講義的鑰匙，我們預備分上下二篇來講，上篇是關於新聞學本身的討論，下篇是關於報紙的各種粗淺知識的介紹。

新聞學的基礎知識

上篇　新聞學的基本認識

下篇　報紙的初步知識

新聞讀法講義目錄

實用採訪術目次

新聞寫法目次

新聞編輯術　目次

新聞史綱目次

新聞文藝作法目錄

下篇　新聞文藝作法

剪報經驗談目次

簡型報紙編輯經驗目錄

索　引

上篇　新聞學的基本認識

第一章　新聞學的確立

開宗明義，現在既然講的是新聞學，那末就先得要問：「新聞學到底是一種科學嗎」？有的人看了這樣的問題，或者覺得好笑，全世界佈滿着新聞報紙，新聞記者到處活躍，尤其每一個略識文字的人每日都不能缺少這精神的食糧——新聞紙，在這樣情形下，新聞學之已成爲科學，還用問的嗎！

這意見也有部份是對的，但決不是完全，新聞紙在現代日常生活中已發生重大的影響，這是誰也不能否認的事，不過單單憑此尚不足以使新聞學成爲一種科學，這決不是如某一派人的只憑個人成見來否認新聞學爲科學，却是有着實在的理由。

一種科學必須有豐富的內容，而且這內容必須井然有序，有原則可找，有理論可繹，新聞學就不能達到這一點，因爲到現在爲止，新聞學的內容固然貧乏得很，而這貧乏的內容更缺少明白的系統；換句話說，目下的新聞學還是內容貧乏而混亂，似乎尚不够稱之爲科學的資格，因此許多學者——包括許多專門研究新聞學的學者，都認爲新聞學今日猶未成爲科學。

或者有人要問：「新聞學現在不是已經很發達了嗎？取材既已精審，印刷亦甚進步，如之何尚不能成爲科學」？這說法理由也很充分，但有些學者認爲仍有商榷餘地，因爲所謂採訪編輯以至印刷等等，都是新聞「術」，而不是新聞「學」，「術」只求實用，「學」更講理論，唯其現在一般人太孜孜於「術」的研討，於是把「學」反而忽略了。這裏有一個很好的例子，譬如演戲，有些人演得好，唱得好，但是他們對於戲劇學却一無研究，如果單靠這種能演能唱的演員，戲劇學的成爲科學是絕對沒有希望的。所以報紙的編輯得如何好，以及印刷得如何好等等，決無助於新聞學的成爲科學。

這樣說來，新聞學必不是科學了，這倒又是不盡然的，爲什麼緣故呢？說來話長，讀者且聽我一一道來：

要講到新聞紙的起源，那眞是甚爲悠久的事，就外國講，羅馬時代就有一種日錄，就中國講，漢朝時也已有一種邸報，這些都是離今約二千年前的官報，也是現代新聞紙最早的雛形。不過新聞紙的起源雖然很早，但是因爲各種客觀環境的限制，如交通的阻隔，印刷的不便等，新聞紙始終不曾發達起來，一直要到產業革命之後，新聞紙才逐步的抬起頭來。（產業革命爲什麼能促進新聞紙的發展，請參看本篇「新聞的歷史演進」及本科報學史講義）。

產業革命到現在還不到一百年，所以新聞紙的漸趨發展也不過是數十年來的事，不過時間雖短，而發展之速却爲其他學科所不及，最大的原因是爲了社會對新聞紙的需要。爲什麼數十年來對新聞紙的需要特別增加？這理由也是很明顯的：（一）這幾十年來由於科學昌明，交通大開，社會關係益趨複雜，而新聞紙的對象乃大爲增加，對象既增加，內容自然充實，內容既充實，看的人自然多，看的人（需要）既多，新聞紙乃不能不精益求精，這是幾十年來新聞紙需要增多發展加速的原因之一。（二）自交通發展以後，千里咫尺，閉關自守這種風氣早已不甚適宜，全世界任何角落裏發生一件事情，差不多可和你息息相關，因此大家對於消息之報導，倍覺關心，而新聞紙就是專門報導消息的東西，自然受社會大衆的歡迎閱讀，這是近幾十年來新聞紙需要增多發展加速的原因之二。

由於新聞紙的被人重視，發展迅速，於是大家對於新聞學也漸漸的注意起來；世界上報業最稱發達的美國，是最先設立學術機關來研究新聞學的國家，但在大學中正式設新聞學一科者，當推英國倫敦大學，到了現在，外國各大學都有新聞學科的設立，對於新聞紙的各種問題，都予以透切深入的研究，一方面新聞紙本身既已日趨發達，一方面又有這樣多的學者用全副心力去研鑽探討，新聞學這門學問，就自然而然地被整理出一個系統來，而且內容日益豐富，理論日益深刻，其能成爲科學者，殆爲事實所必然者也。

我們另外又可拿歷史學來比較，歷史學之成爲科學，已經成爲公論，但是歷史學既然是科學，則新聞學何獨不然？歷史學所研究的對象，是人類社會過去的活動事蹟，而新聞學所研究的對象則爲人類社會現在的活動事蹟，他們研究的不同處只是時間的差異，而無本質的異點，新聞和歷史有點地方簡直無以區別，因爲新聞一失其時間特性卽變爲歷史，譬如第一次歐戰發生時，那時報紙上皇皇刊載，條條都是新聞，可是這些新聞到現在都編入於現代史的書中，成爲書中的一章歷史了。由此看來，歷史學是科學，新聞學也是科學，不過歷史學研究的時間已經很長，比較整理得有條理，而新聞學則尙在草創時期，還沒有十分成熟，但是我們所承認的也只有不甚成熟一點，若因不甚成熟而否認其爲科學，那就不免太小覷新聞學了。

新聞學在中國，自然還不甚發達，不論新聞學理論，新聞學教育，以至技術方面，都較歐美落後得多。國內大學最先辦新聞學系的有北平燕京大學，其次爲上海復旦大學，繼之中央政治學校和滬江大學都有此系設立。對中國新聞事業的推進固然或多或少地予以助力，但是特殊的成績則似乎還沒有過。

綜上所言，我們對新聞學這門學問實不能不承認之爲科學，不過這門科學還在草創時期，需要改進研究的地方正多，尙待有志於新聞學者的努力也。

第二章　新聞學的定義

我們既然把新聞學確定爲科學，一種新興的科學，那末我們現在就要開始討論新聞學本身的問題了。要討論新聞學，第一就得先把新聞學意義弄清楚。古人說得好：「必也正名乎」！所以先讓我們把新聞學來下一個定義。

說到替新聞學下定義，那又是一件相當困難的工作，因爲數十年來研究新聞學的學者以及著作，雖然不能說特別多，可也不怎樣少，他們對新聞學的定義，各有見解，各凡卓見，若把那些學者及其著作中的定義抄錄彙集起來，那眞要使人目迷五色，不知適從。我們姑用最簡單的方法來敍述。

讓我們先來解釋「新聞」二字的意義，「新聞」二字是在中國宋朝時代已經見過書籍的，所以說這一個字是抄襲日本名詞，那未免不對。至外國文中，最普通的我們通常見到 News 一字，（新聞二字的各種外國語原文，請參閱本科講義中之新聞文藝一篇），就 News 一字本身來說，含有二種意義，一種是說「新的東西」，那是最普通的；還有一種是把 News 一字，認爲是英文中 North, East, West, South 四字的第一字母縮寫而成，所以 News 一字，也可說是「東南西北各方面的東西」這樣一種意思。

以上僅就「新聞」二字的外國語源講，我們再來給新聞二字來下一個比較簡潔而切實的定義。在這裏我們不能不稍稍引幾條若干先進學者的意見。

美國學者倍利葉（Belyer）曾綜合各家意見，替「新聞」二字下了一個定義說：

「所謂新聞，是用最敏捷的方法，給最多數人以最有興趣的一切事實」。

這個定義特別着重在趣味一點，這或許是美國學者的特色，在我們是不敢苟同的。爲什麼呢？因爲新聞也者，如一定是趣味性的，譬如日方在某處焚火屠殺，這是新聞，但是看了只使人悲憤萬端，給予注意而毫無興味或趣味之感。可見新聞並不一定最有趣味的事實。

十多年前在美國又曾有過懸賞徵求「新聞的定義」這樣一會事，當時任評判者一個是以新聞學科著名的米蘇里大學新聞學院院長威廉博士，一個是雜誌主筆，一個是晚報主筆，他們三人一共評定新聞定義凡十七個，頭三名的定義如下：

「新聞是一種商品，由報紙而傳達給知識份子的消費，每天把很新鮮的送到市場上，可是若干是腐敗的。新聞在智力的，情緒的，興趣的各方面，用文字來表示世界，各國，各省及都市村鎮所發生的事件，這些事件是政治的，經濟的，社會的，科學的，或是個人的，但須具有能引起多數世人注意力的重要性。其愼重的製造，成分的品質，目的之純正與否，即爲反映着製造者（新聞社）的名譽和信用。若以假物來充眞貨，濫造謊言，製造方法卑下，足以失去公衆信用，並予一般人以身心的威脅」。——第一名韓拉（Mike Wallach）的定義。

「新聞是到了一適宜的時機，向公衆作有特色和有意義的宣布，不但使人感到興趣，而且都是精確公平的事實」。——第二名福克斯（Louise H. Fox）的定義。

「新聞本質如城市中新聞紙的作用，那末該是關於新聞紙的讀者有興趣的，新奇的，重要的，珍異的一切事件或現象，作固定而公告的發表。」——第三名西墨（E. W. Simmous）的定義。

諸君看到三個定義，不知感想如何？或者在平常腦海中的「新聞」二字，是否作如此解釋？我們認爲上面三個定義都感到空泛一些，也可說只說到「新聞」二字的一部份，譬如說第一名韓拉氏的定義只是說新聞須具有服務社會公衆的理想，並須具有服務社會公衆的信用，簡單些說，新聞本身該是有價值的，這種說法不能算錯，但「新聞」顯然還不只是這樣一種東西，而且韓拉的定義雖然很長，也不見得怎樣明白切實，所以不能說是好的定義。第二名福克斯的定義，比較得是簡明扼要，但以此作爲「新聞」定義，仍舊是不够的。第三名西墨氏的定義也還不錯，但仍不能說怎樣好。以上所舉的定義都是出之於美國學者之手，美國是新聞學最發達的國家，但看各定義中却有一個共同觀點，這觀點就是着重趣味，他們在定義中都特別提出趣味二字，所以說趣味是美國新聞學的特色，也不爲過。

日本的新聞教育比美國遲得多，而且對新聞學也沒有貢獻，不過新聞學在日本也相當發達，出版物也頗不少，大約日本學者方面對於「新聞」所下的定義，不像美國學者的只着重興味，却特別着重實益，今引一二條如下：

「新聞是把最新的事實，精確而迅速地印成了使許多人感到興趣而有實益的。」——後藤武男。

「新聞紙第一是報告當日發生的新聞，第二是使讀者明瞭新聞的意義，……而且這些應給讀者以娛樂和實益」。——新聞講話。

關於中國學者對新聞學所下的定義，因爲根本在中國新聞學出版物寥寥可數，而且這幾本出版物也多是根據美國和日本書籍而編成，殊無什麼特別創見，只有許多年前徐寶璜氏在他所著「新聞學綱要」一書內替新聞所下的定義，却至今爲大家所樂用。徐氏的定義是根據美國學者海德（C. M. Hyde）對新聞所下的解釋，予以綜合而成。海德氏對新聞的解釋是這樣的：

（一）必須是最近發生的事變。

（二）必須任何人都能感到興趣，不論其對此事有無關係。

（三）必須多數讀者都認爲有興趣的事實。

徐氏就根據上列解釋，替「新聞」下了一個頗爲恰當的定義道：

「新聞者，乃多數閱者所注意之最近事實也」。這定義可說是簡潔明瞭，不像若干外國學者所下定義的嚕囌空虛，而對新聞二字的本意却能得其要旨，不過它沒有把興趣包含在內，所以我們不妨再把它再加修正如下：

「所謂新聞，是極大多數人所注意，或感到興趣的最近事實」。

把「新聞」二字的定義既確定，那末新聞學的定義就很容易說了。我們平常所稱爲新聞紙者，就是登載新聞的報紙，因此新聞學的定義簡單點說來，該是：

「新聞學是研究新聞紙的理論或實踐的科學」。

這定義看起來好像太簡單，其實是很够了，所謂理論，是指新聞學本身性質的研究，而所謂實踐則指一切新聞紙的實際工作而言，新聞學的範圍雖廣，但所加研究的內容，也總不能越出這二點的。

第三章　新聞和新聞學的本質

新聞二字的意義，在前面我們已經有過較爲詳細的解釋，現在我們不妨進而作新聞本質的分析，說得明白些，也就是新聞所具備的要素究竟是些什麼。關於這，我們可以綜合各方面的意見，來給以敘述。

新聞本身所具備的要素，足以決定新聞價值；反過來說，新聞價值的有無，須以它所具備的要素爲斷。然而新聞要有價值究竟須包括些什麼要素呢？美國米蘇里大學校長威廉姆氏（Walter William）提出下面六點：

（一）和著名人物或者著名場所建築物有關係的事項。
（二）在新聞紙發行地距離不遠地帶所發生的事項。
（三）非常奇異的事件或非常稀有的事件。
（四）很重大的事件，其中或更含有重要性質的事故。
（五）能夠喚起大家興趣的事件，以及含有極多人間趣味成分的故事。
（六）應時的新鮮消息，絕對不是舊聞。

另外有一位白萊耶（W.G. Bleyer）教授，也提出他對於新聞的意見：

（一）每個人都想知道的事情。
（二）能夠引起每個人興趣的事情。
（三）和人類福利有關係的事情。
（四）人類社會一切的活動。
（五）大多數人最注意的最近發生的事情。
（六）從前未曾發生過的事情。

以上是美國人的意見，日人方面的意見，可舉日人棟尾松治的話爲例，他論新聞價值是這樣說的：「和人類社會生活有關係，或者對於社會生活有影響的一切事件，都是新聞。凡新聞價值愈高者，那末這新聞對讀者的關係必愈密切，他所影響的重要性也必愈多」。這幾句話中，很明白的是說新聞價值必須看它對於讀者的影響如何，這所發生影響的大小，可以斷定這新聞本身價值的大小。

上面各家所說的內容，還不很清楚，我們歸納各人所說，可以把它列舉起來，這些都是新聞的要素，如果一件新聞能把這些要素都能舉備的話，那末這新聞已達到新聞價值的最高峯了。這些要素是甚麼呢？舉之如下：

第一是時間性　既然是新聞，顧名思義，就可得知決不是舊的東西，所以新聞的必須具備極大的時間性，必須是在現在最接近的時間中所發生的事件。譬如說到現在你仍把第二次歐戰爆發時的緊張情形，給以記載，那實已屬陳跡，毫無新聞價值，因爲人家早已聽得厭倦了，最多也不過以之爲一種史料而已。所以新聞最重要的要素，該是時間性，近來報紙的儘量使消息傳遞，達於最迅速方法者，其用意也在使新聞能保持最近的時間性，使它有較高的新聞價值。

第二是重要性　新聞單單有着時間性還不够，更得有重要性。隔壁的王家太太因病死了，雖然你得悉非常快，極有時間性，但這誰都知道決不是新聞，因新聞必須具有重要性，說得明白點，該對國家或社會多少有點影響。所以如果隔壁王家太太的死是仰藥而死，那就有意思，因爲仰藥而死必有其內在原因，或爲深受刺激，或爲經濟壓迫，無論如何已構成一件社會新聞了。假設新聞而不需要重要性，那末可記之事太多，每日報紙雖出十大張廿大張，也決難以容納。

第三是距離的接近性　發生事件的距離接近性，也構成新聞價值的大小。因爲每一個讀者多少總帶着地域的觀念，大家都把接近自己的事看得重要些，譬如上海發生戰事，上海人的關切當然無以復加，必須用最詳盡的文字來記載，但在新疆西藏方面雖然覺得此事極爲重大，然其關切程度到底要減少多多，這還是指大事件而言；他如自殺這種社會新聞，在距離接近的本地讀者看來，往往感到特別關懷感興趣，但在距離較遠的地方，他們簡直漠然不感興趣與關切，在報紙上不必記載。爲了這原因，任何報紙都得帶有點地方色彩，每份報紙的都用大量篇幅來刊載本埠新聞，這些本埠新聞除特殊重要的外，在外埠報紙中是不會發見的，可見距離的接近性也爲構成新聞價值的要素之一。

第四是新奇性　有時一件新聞時間性已屬過去，又無十分重要性，而距離又不接近，却報上往往予以登載，大多讀者覺得津津有味，富有新聞價值，這是甚麼緣故呢？這是因爲它有其特別的新奇性，這新奇性是非常態的，超出平常知識之外的，譬如說在一月前某深山叢林中有人發現巨蛇，大如水桶，長逾十丈，頭上有角，這消息時間已在一月前，對國家社會均無其重要性，距離更屬遥遠，但大家看到這件新聞登在報上時，必都紛紛談論，認爲饒有興趣，足資飯後談資，這就是爲了這新聞極爲新奇，這樣大的蛇是超出我們平日想像之外的。凡是這類新聞，平常報上都鑲以花邊刊出，表示他的特殊而新奇有趣也。

第五是顯著性　所謂顯著性云者，是說出於顯著人物的言論舉動。茶館中張家伯伯大談太平洋局勢前途，沒有人會得去予以很大的注意，因爲張家伯伯是一個雜貨店的老大，他談太平洋局勢不過是發抒其個人高論，所談既不會正確，也不代表某一方面的話，更於實際情形無所影響，然而這話如果出之於羅斯福之口，那就大不相同，各國或許會紛紛反響，市場或許會大受刺激，至於新聞紙上有大號鉛字刊出，當然是沒有疑問的了。他如重要人物的小行動，有時也極引人注意，對於他們的偶有病痛，更能引起重大的關切，這是因爲若干重要人物的生死是身繫國家社會的安危的。

第六是進步性　人類社會無日不在進步中，科學的新發明，推動人類文明力量尤大，所以大家莫不樂予知道。所以關於學術上的新成就，科學中的新發明，報紙都給以刊載，既爲大家急需知道的東西，自爲上好的新聞材料，有其新聞價值。

第七是有人性的　凡是人類都有同情性，所以關於能够激動人性的事件，都足構成有價值的新聞。譬如中國黄河大水災，這消息傳到外國，甚至賑款紛至。又如在某國某地發生礦山爆裂、大火傷人等事件，也能引起讀者最大的同情和援助。

新聞的要素已約略備述如上，其他還有比較小的要素，都可歸納到上面七項中去，毋庸再多所列舉了。

第四章　新聞的歷史進步

在這裏，我們預備把新聞來作一番歷史的敍述，使大家能得進一步的瞭解。

新聞的起源是怎樣的？自然這裏所說的新聞並不是指新聞紙。一般學者都很贊同「新聞本能說」，「新聞本能說」創之於英國新聞史學家威廉姆斯氏（J. B. Williams），他在所著「英國新聞史」的卷頭語中就這樣說：「希望曉得每日發生的事情，遠方友人的舉止，以及異國發生的遭遇，都是人類所具有的本能」。根據「新聞本能說」，那末新聞的起源和人類的起源簡直是同一時候的，因為新聞既是人類的本能，有人類當然就有新聞了。

關於「新聞本能說」，大多數人是表示反對的，因為這種說法太簡單，如果依照這種說法，那末新聞的起源簡直和人類的發生為同時的了，換句話說，凡一切毫無價值的話，以及一無足述的舉止，都變成所謂新聞了，這種說法，無論如何是不夠澈底，有些人認為這是一種偷懶的辦法，是因為避免研究的困難而推諉謂新聞起源於本能。

實在的說來，新聞的起源固不必一定要有文字發明後而才發生。大致新聞初發生是以語言的產生為前提，有了語言，新聞的原始形態「口頭新聞」即隨之產生，自然「口頭新聞」到現代非但沒有消滅，反而效用更大，許多從遠方傳來的廣播消息，不都是最好的「口頭新聞」嗎！

原始形態的「口頭新聞」是怎樣的？這在今日已無法得知，但傳說羅馬時代，羅馬人常在公共集會場所及浴室等地相互交換消息，凱撒大將也常在羅馬邊境設立許多關卡，專從往來的旅行者的口中，探聽一些消息，並調查各國的政治、社會、兵制、民生等情形。在羅馬並有專門以出賣消息為職業的組織，一種組織因饒有興趣，後來為高盧人所賞識而在巴黎也有出現。在德國則有街頭歌唱者，把時事編為歌詞，以之為賣唱之用。近來上海街頭也常有人手指口講，詳述其世界大局，中國近情，四周圍聽人數，往往很多，這情形和德國當時街頭賣唱時事小曲者的情景，恐怕有若干是類似的。

從「口頭新聞」更進一步，自是「手寫新聞」了。「口頭新聞」的工具是語言，而「手寫新聞」的工具則已進而為文字。原來語言發達之後，文字隨之產生，「口頭新聞」在當時無疑要受到時地的限制，而且難於保留，有了「手寫新聞」，對於上面的缺憾自可補足。

手寫新聞的確定發生期，也是難以斷定，不過根據歷史家考證的結果，該以羅馬時代凱撒大將所發行的官報為濫觴，那時有二種官報，為「元老院會議官報」（Acta Senatus）和「國民會議官報」（Acta Diurna Populi Romani），然這二種官報並不會遺留至今，所以詳情如何，仍屬未明底細。

關於手寫新聞的趨於活躍的時候，該是十一世紀十字軍東征的時代。十字軍東征七次，遷延一百餘年，其中出征者的家屬，以及歐洲人士，自然都極想得知戰爭情況和外面的實情，所以那時就有一種手寫新聞叫做 Novella 的出現，專載戰況及軍需情形，這種手寫新聞至今還保存在威尼斯的圖書館裏。

以後手寫新聞就逐漸的發展起來，常有以新聞為職業的記者，手拿紙筆，出入公共場所，隨時筆錄發賣。到十七世紀的時候，英國消息和輿論中心，乃在倫敦的咖啡店內，一切有地位的人士，都在咖啡店內大談時事，交換新聞，惟其如此，在各地方的豪紳，便僱用通信員駐在倫敦，每星期把消息傳遞給他們，這種手寫新聞，叫做 News-Letter，當各地方收到之後，上中社會中人就把這些通信聚集起來，作為通信談話的材料。並輪流給加入此項組織的會員閱覽。有時遇有特別有趣的報導，並把筆錄給各親友隣居傳觀談論，這種巡迴輪讀的通信，就是「迴讀手寫新聞」，在德國稱之為 Zeitung，較之英國，發展尤早，因為在十七世紀初，德國已有郵政的創設，於是「迴讀新聞」便成為定期的新聞刊物一樣，可按期由郵政遞送了，而通信員也改用筆寫複製，直接分送給預約者。

不過歷史是無情的，等到印刷興起後，「印刷新聞」就取「手寫新聞」的地位而代之，一五六六年義大利政府刊行的政府官報 Notizie Scritte 是印刷新聞的第一次出現。不過在營業組織下發刊的印刷新聞，卻當推德國爲最先。

最早的印刷機當然是非常不靈敏的，譬如說最先用手力推動的印刷機，在十小時內只能印出七百張新聞紙，而且已是最高額了。

德國在營業組織下創刊的印刷新聞是在一六一五年，英國最早的印刷新聞則在一六二二年，在法國又較遲，在一六三一年。美洲在一六九〇年創刊，日本更遲至一八六一年，而且是由英人經營的，要說到日人自己經營最早的印刷新聞，則是一八六二年的事了。

說到中國，印刷新聞最早的該推道光七年（一八二七）在廣東發行的一種英文紙，名爲 Canton Register的。若說用本國文字的印刷新聞，要直到咸豐四年（一八五四）才在香港發行「中外新報」，次之在咸豐七年（一八五七）在上海有「六合叢談」的發行，還都是中國最早的印刷新聞。

一般把中國新聞的發達史，分做四個時期，特爲錄下，以供參考：

第一期：官報時代

（這是指嘉慶道光以前的「邸報」和「京報」時代）

第二期：外人編輯報紙時代

（這是指十九世紀中葉約一八五一年起，到一八九四年中日戰爭時爲止的一個時代）

第三期：中國新聞開創時代

（這是指一八九五年到一九一一年一個時代，還是革命以前的事）

第四期：中國新聞勃興時代

（這是指一九一二年民國成立後一直到現在的一個時代）

第五章　新聞紙的職能

現在讓我們來討論一個比較切實而重要的問題，也是每一個要想研究新聞學必須知道的問題，那就是：新聞紙的職能究竟是甚麼？

新聞紙是刊載新聞的紙，平常大家稱之爲報紙，在新聞紙上，包羅萬象，凡政治、經濟、社會、文化、教育等各方面消息，莫不藉新聞紙的媒介而傳達給大衆。惟其如此，所以新聞紙的責任異常重大，而發生的效果也足使人對新聞紙給予極大的重視。譬如目下孤島人士與中國政府相隔萬里，但一切政府的言論活動，都能每日早晨和孤島人士相見，使孤島人士雖然和政府睽違萬里，但仍如近在咫尺，孤島民氣的猶蓬勃如昔，或且勝過者，微新聞紙之力，曷克臻此！

於是，就讓我們來試一分析新聞紙的職能究如何？也可說新聞紙的責任究何在？因爲新聞紙的職能如果有誤，那末這種新聞紙對社會國家，只有其害。我們可用二種方法來說明，一種是綜合的來看，一種是個別地來看。

綜合的來看新聞紙的職能或責任，可分二點，（一）供給正確消息。（二）代表嚴正輿論。今姑分別予以解釋。

第一，供給正確消息。　消息有正確與不正確之別，這大家想來都該知道。大概不正確的消息可分三種：

（一）訪問或調查不實的消息。這消息因訪問和調查未得事實的眞相，於是登載在報上的便也成爲與事實不符的消息。這類不正確的消息自然在新聞紙上儘量排除，但是也有其事實上的困難，譬如說在深夜十二時發生一件綁票案，因爲發排等時間上關係，又因時間太晏許多採訪上困難的關係，就難免有誤傳或不盡眞實之處，不過這類不正確的消息，雖非新聞紙所應有，但欲完全避免，在勢實不可能，好在這種不正確消息在性質上講是最輕的，對於讀者也不致發生過於重大的不良反響，所以在新聞紙的職能上講來，這種不正確消息的登載，尚有可以原諒之處。

（二）有意識的不正確消息。這種消息登在新聞紙上可以發生很大的作用，於是就有人要利用這種有利的作用，來達到其某種目的。舉一個最顯明的例來說，上海的存米熟知內幕者都知道不在二百萬担以下，而來源又復絡續不斷，蜂湧而至，但是米奸商却會造作蜚語，故意放出存貨缺乏，來源將絕的消息，有的新聞通訊社居然替他們發稿，編新聞的人一時不察，在報上發刊，讀者看到就大受衝動，紛紛大量購備，市上需要一增，米奸商乃得一再大抬價格。拆穿了說，這些消息完全是有意揑造，揑造這些不正確消息的原因，乃在米奸商圖達到其高抬米價，大大地剝削一批的目的。凡屬於這類不正確消息，性質重要者足以發生極爲重大的不良或嚴重影響，毎一張良好的新聞紙，必須審愼避免刊載，以中奸徒惡計，這是新聞紙職能的重要的一種。

（三）非法組織的非法消息。非法組織的非法消息，自然是不正確消息的極重要的一種，這是非常明顯的。這類非法的不正確消息，在近年來爲尤多，因幾年來由於日本的武力入侵，在東北，在江寧，以及在各淪陷區內，都有非法組織的成立，那些非法組織也居然發號施令，不自知其荒謬，但是一張良好的新聞紙，都能明白這些消息都是非法的，不正確的，而斷然不予刊載，結果只有那些非法組織自拉自吹的「新聞紙」，才像煞有介事的滿紙滿版，一一登出，徒令讀者暗自好笑。老實說，凡是非法組織所發出的，無論命令也好，法令也好，那都是不值一顧，而在實際上也沒有一點作用的東西，良好的新聞紙對於這些所謂消息，自然不屑一顧，站在新聞紙的職能上，予以完全排除。

不正確消息大致不出以上三種，新聞紙對於上面三種不正確消息自然不應刊載，因爲消息通過了新聞紙的刊載，就得在讀者中發生很大的作用，這些不正確消息對讀者必發生不良好影響，尤其是後面的二種，良好的新聞紙簡直駁斥指出之不暇，自斷不爲之刊載流傳。

關於新聞紙的第一點職能——供給正確消息，已略述如上，綜合起來說，新聞紙是大衆每日的精神食糧，這食糧必須是要健全的，豐富而沒有毒素的，而一切不正確的消息，裏面就或多或少的含蓄毒素，這些毒素對於讀者的精神健康是有殺害的危險的，所以我們要肅清一切不正確的消息，要儘量使新聞紙所登載的消息都是正確的消息，這是每一張良好新聞紙應該負起的責任，也是每一良好新聞紙的重要職能。

第二，代表嚴正輿論。新聞紙的第二個重要職能是代表嚴正的輿論，因爲任何事件都有是和非的分別，但是社會芸芸大衆，一則對於消息的來源，沒有新聞紙的靈通，一則許多讀者的判斷力，沒有新聞紙的工作者那麼强，所以良好的新聞紙，對讀者負着一種重大的責任，那就是發出立場嚴正的輿論，來給讀者以正確的指示。

甚麼是嚴正的輿論呢？這點其實是不難理解的。嚴正的輿論是說一種立場嚴正的言論，立場嚴正的意思，是說站在民族國家的立場，站在社會大衆的立場。凡是違反民族國家利益的言論，就是一種不嚴正的輿論，同樣凡是違反社會大衆利益的言論，也是一種不嚴正的輿論；而且有時不僅是不嚴正，更可說荒謬的，狂悖的，或是反動的。

在目前，尤其是在目前的孤島，何者爲嚴正的輿論？何者爲反動的輿論？在聰明的讀者面前，是業已無法逃遁的。今日的孤島上，有着種種色色的新聞紙，若干是站在民族國家的立場上艱苦奮鬥，但也有若干是站在國家叛徒的方面在散播毒素。雖然在表面上，那些散播毒素的新聞紙，也頗振振有詞，不過剝開它的外衣，就把原形露出來了。

我們不妨在這裏再把輿論一詞的意義略加申述。關於輿論的意義，外國學者聚訟紛紜，各人有各人的見解，但是這種紛雜的見解是無謂的，我們認爲輿論一詞在大家口頭上已經成爲一個普通的名詞，而在大家的心裏也自然而然的有一種了解。所謂輿論者是什麼？我們可以說：輿論是多數人對於某一事件的共同見解。舉一個例說，米價被奸商操縱，大家都主張制裁奸商，制裁奸商是大家對於抑低米價一事件的共同見解，這是輿論。輿論既經發出，就能發生出一種力量，對某一事件的解決就或多或少的發生若干效力，這是輿論的力量，也正是輿論所不可輕視的地方。

輿論既然是社會公衆共同的見解，又有着很大的力量，而藉以傳遞給大家者，則是新聞紙。新聞紙負此重任，又怎能把荒謬的、狂悖的、以及反動的輿論來欺騙讀者或毒害社會，新聞學第二個重要職能在代表嚴正輿論者，其理卽在於此。

新聞學的綜合的職能，已略述如上；若再就分別的來說，我們又可分爲下列諸點，自然這不過是就重要的而言。

（一）政治的職能　就觀察所得，指陳得失，發揮政治上重要的主張，貢獻政治上重要的意見，凡是一張有地位的新聞紙，都應該做到這一點。

（二）經濟的職能　在一般商人說，可利用報紙，廣刊商品推銷的廣告，以達成其目的；不過就新聞紙本身說，它所負的經濟的職能，該是指導合理的經濟生活，譬如今日黑匯大緊，新聞紙就該指出其原因，並糾正人心恐惶之爲多餘，此種指導性的職能是頗有功於社會的。

（三）教育的職能　新聞紙是大衆每日的精神食糧，這是大家承認的，唯其如此，這食糧必是清潔的、健全的，非但不能含有一些毒素，而且必須使人吃了能有益，新聞紙的教育職能，卽在於此。舉個例說，記一件社會新聞，如果把它誨淫誨盜地敍述起來，或未始不能得一部份讀者的歡迎，但當你想到這樣寫法將使在讀者中引起不良反響時，就不能不一方面忠實的敍述必要事實，一方面又夾敍夾議地指出其中的錯誤處，使大家看了知道其不當，而決不有任何惡劣後果。

新聞紙其他職能尙多，上面不多舉其一斑，限於篇幅，不再多講，舉一反三，是在讀者。

第六章　新聞學與其他科學的關係

關於新聞學本身方面的最粗淺知識，在上面幾章內我們已有一個大概的敍述，現在我們要來討論新聞學和其他科學，有點什麼關係？

平常我們翻開新聞紙，那龐雜的內容，簡直使我們無以分辨這裏面到底牽涉到多少種類的學科，因爲新聞紙所記載的東西，可說無所不包，於是新聞學就差不多和任何其他科學要發生關係。

不過若是說新聞學與各種科學都有關係，那末研究新聞學者勢必對任何科學都得加以研究不可，這是不可能的事。所以只可就其關係最密切，對研究新聞學的基礎不可或缺者加以提出，其他次要諸項，則不妨使一般作特殊研究者去注意或探討。

和新聞學關係比較密切的科學，有下列諸項：

（一）政治學　新聞學和政治學的關係，最爲顯然。每天報上都載着連篇累牘的政治消息，不論是國內政治建設的進展，或是國外政治的變化，其必都與政治學有關，則無疑義；換句話說，研究過政治學之後，對於新聞紙上的政治方面的記載，才能更多瞭解。舉一個例說，最近報上常載中國將益向民主化邁進，所謂民主化的意義，是必須在政治學內才找得到解釋的，不讀政治學，對此就無法充分理解。

（二）軍事學　世界差不多沒有眞正完全平靜的一天，在每一日總因或大或小的在發生戰事，近三四年來的烽火連天，自然是更厲害的了。軍隊的作戰既然根據軍事學的原理，要了解戰事的發展，自然最好也能明白軍事學的原則，譬如說最近日美戰爭甚囂塵上，但是日美戰爭雙方的力量，以及一旦展開後的形勢，自然非藉軍事學之助不可。

（三）經濟學　人類的生活莫不和經濟事情有關，所以新聞紙的記載，也獨多關於經濟方面的事情，若不稍懂經濟學，若干新聞記載簡直無法作深入的瞭解，就是讀新聞紙的人，若不具備必要的經濟學知識，恐怕亦難免格格不入之苦。最近報上常看到美國將凍結資金，許多人就不懂，這還是比較專門的；至於普通的，如物價升降，匯市變化，幾乎是日常見諸報紙的消息，但必要懂得經濟學若干必要的知識，對此才能作適當的了解和處置。

（四）法律學　法律學也是一件和新聞學非常有關係的學科，以人類社會關係的複雜，其間所發生的糾紛，殆不可以勝計，這些糾紛的解決，在今日殆莫不以法律爲根據。讀報的人，每日都讀到許多有關法律的記載，如債務糾葛，如離婚訴訟；至於各種事件的合法和非法，爲新聞記者的人，更有明辨的必要。然後新聞紙上才不致刊登非法的新聞記載，譬如說某投機商替自己的投機行爲辯護的新聞，如果知投機爲非法行爲，這種新聞卽應擯不刊載。

（五）社會學　人是組成社會的細胞，人類的活動不能跳出社會以外，社會學就是研究一切人類社會的活動和現象的一種科學，而新聞學所刊載的資料，則也不出人類社會的活動和現象，其間關係之密切，於此可見。懂得社會學，對於新聞的看法可以比較正確，譬如說逸園最近曾發生糾紛，羣衆因受迫過份，乃有縱火之事發生，如果你明白一些社會心理，就可知道這種行動絕不是外國報紙所說的中國觀衆沒有道德和不懂體育精神，而是羣衆在憤慨的時候（因裁判明顯的偏袒），再加以極度壓抑，（巡捕用棍濫打，更有用手槍威脅者），然後才造成不可遏制的行動。

（六）歷史和歷史學　歷史和新聞紙是不可分離的，新聞紙在每天的當日，固然都是最新鮮的資料，但是到了明天，那末已經變成舊聞，也可說已經可置諸歷史之列了；說得明白些，歷史就是每日的新聞彙積，沒有每日的新聞，根本就無從有歷史，其間密切的關係，毋庸多說。至於歷史學，那是研究歷史法則的科學，對於歷史法則的理解，自然足以增進時事進展的認識；必須要有認識，編制新聞時才容易有一個完整的系統，如果缺少這種認識，或者說一個新聞紙的編輯者沒有明確的認識力或理解力，那末就很難把每日的新聞材料處理得井然有條了。

（七）地理和地理學　新聞的發生雖然在世界每一個角落裏都有發生，但總不能在地球之外，（天文學上的事好像是例外，但其實它的影響也必及於地球上的某一區域），因此，地理和新聞乃亦不可分離，每一個研究新聞學的人，對於地理必先得打一點基礎；每一個編新聞紙的人，對地理自然更得有明確的概念。至於地理學，至少說到地理對於人文的影響一部份，對新聞也不是毫無幫助的。

（八）文學　文學是每一種學科的基本工具，沒有文學的修養，就不能表達你的一切，尤其新聞學或新聞紙，因爲新聞紙是藉文字的力量來和大衆見面，如果你的文學上的功夫不够，少則無法獲得讀者的共鳴，甚則根本不能把你的意思傳達給讀者，這樣豈非完全失去新聞紙的本意了嗎？所以文學與新聞學的關係密切非常，凡有志於新聞學的人，第一是該對文學先打好基礎，然後從事新聞工作，才能充分發揮，無所障礙。

（九）外國語　處於今日這時代，所見新聞，已不能以囿於本國爲已足，尤其是新聞紙的從業員，更須從各國的雜誌報紙以及廣播中，採擷精英，來供給讀者，但若要做到這一步，就勢非懂外國語不可；懂了外國語，對於材料的採取以及消息的獲得上，都可有許多便利。譬如就上海說，因爲租界的行政及警務機關是由外人負責主持的，所以許多消息，非從外人方面去探聽，就不迅速，於是外國語對於新聞的幫助更大了。一個新聞從業員如能多懂外國語自然最好，不然至少一種外國語似乎是不可缺的。

（十）體育　這比較是最不重要的一種，但現代新聞紙對體育，莫不闢有專欄，可見體育新聞已經頗爲一般所重視。體育新聞也有許多專門的知識，如各種球賽的規則等，亦須有透切的了解，然後所記所述，才能深中綮要，爲讀者作指導，並亦爲讀者所愛讀，所以體育之對新聞學，關係實在日趨密切之中。

以上所舉，尙其犖犖大者，我們說過新聞學是包羅萬象，宛如一部百科全書，需要各種科學作爲它的基礎，如國際公法等等，莫不佔重要地位，上面所舉十種，不過舉其最重要者而已！

下篇　報紙的初步知識

這本小冊子上篇所述，是關於新聞學本身的各種問題，比較的是屬於理論的；而下篇所述，則是關於新聞紙（報紙），所以敍述時不免瑣碎些。又下篇則所述各節，都另有專冊，爲避免重複，只作提綱挈領式的略述而已！

第七章　報館的組織

報館正好比工廠一樣，有經理，有發行職員，有工人，不過工程師的地位，則由編輯任之，商品當然就是報紙了。

報館的組織大致可分爲集權制和分權制，不過分權各部獨立，在各種應付上效力反而削弱，所以近來各報館無不採取集權制，集權制也大致可分三種，一種是由社長集權，一種則由總管理處集權，還有一種則由總經理集權，這三種方式的集權制，報館都有採取的，如中央日報社是採取的社長制，申報館是採取總管理處集權制，從前的文匯報採取的是總經理集權制。

社長集權制的組織系統如下

社長
- (一)編輯部
  - 編輯系（電訊、通訊、本埠新聞、副刊等均包括在內）
  - 校對系
  - 材料系
  - 評論系
- (二)經理部
  - 文書科
  - 總務科
  - 會計科
  - 庶務科
- (三)營業部
  - 發行科
  - 廣告科
- (四)印刷部

一般社長制下營業部和印刷部也有歸屬於經理部的。

總管理處集權制的組織如下：（以申報館爲例）

- 總管理處
  - 稽核科
  - 交際科
  - 文書科
  - 人事科
  - 計劃科
  - 編輯部
    - 總務科
    - 國內電訊科
    - 國外電訊科
    - 地方通訊科
    - 本埠新聞科
    - 經濟新聞科
    - 教育新聞科
    - 副刊及增刊科
    - 參考科
    - 翻譯科
    - 校對科
  - 營業部
    - 廣告科
    - 發行科
    - 會計科
    - 庶務科
  - 印刷部
    - 活版科
    - 印刷科
    - 製版科
    - 鑄字科

此表中對報館各部門，都已列舉，讀者看後，當可明瞭。

總經理集權制的組織如下：

- 總經理
  - 編輯部主任
  - 營業部主任（廣告部屬之）
  - 發行部主任
  - 印刷部主任

以上三種集權組織，自不過舉爲一種模型，其中因報館規模的大小，當然許多小地方是難免有所不同的。

第八章　報紙的內容

報紙的內容到底包含些什麼東西？每天讀報的人雖然大多數都已看得十分熟了，但是未必都加以分析。

其實，一張報紙的內容，除了與報紙本身無關的商業廣告外，各種文字的性質，可以分作下列幾類：

（一）社論（或時評）
（二）專論
（三）專譯
（四）電訊
（五）通訊
（六）本地要聞
（七）專訪
（八）特寫
（九）文藝和雜聞
（十）插圖（包括照片、漫畫等）

大概一份報紙的內容，分析起來總不出上列十種，今姑各予解釋：

（一）社論（或時評）

一張報紙必有一個立場，一個見解，所謂時評或社論者，就是代表一張報紙對於某一事件的主張和意見。社論不但是代表一張報紙的意見，有時並能指導讀者，造成一種力量；社論如達到能造成一種力量的時候，已經可說是輿論了。凡是一張有地位的報紙，它的社論差不多可代表社會的輿論，足以稱爲大衆的喉舌。

社論在報紙中的地位，既屬十分重要，因此一張報紙對於社論的撰述，也十分愼重。大多數報紙都有社論委員會或社論會議的組織，特約館內外人士，輪流寫述，而由總主筆任審閱之任，因爲社論對外影響極大，特約撰稿者難免有時發生若干隔膜，或與報紙的立場偶而參差，所以必須由總主筆負責審閱，必要時加以刪改或重撰。

社論的內容，並無一定的範圍。社論在報紙上排列的地位，當然是在最顯著之處。

（二）專論

專論是指由專家撰述的特約評論，它和社論有幾點不同：第一，社論不署名而專論須署名。第二，社論代表的是報紙的意見，而專論却只代表撰述者的意見。第三，社論每天都均有一篇，而專論則無限定，一日可發表二篇，也可數日發表一篇。

專論的內容大約也不外問題的討論或時事的分析，其用意所在，也是使讀者對於讀新聞多一點認識和理解。

（三）專譯

專譯是說把外國報紙雜誌的專門論文或社論等翻譯過來，其用意和專論一樣，使讀者看到一些外國人方面的意見，俾得有更進一步的理解和認識。

專譯最重要的是迅速，在外國報紙雜誌上一發見之後，即刻翻譯過來，必須保持時效，才不致有明日黃花之譏。

（四）電訊

電訊是來自各國各地的電報消息，這是每日報紙上的最重要的材料。

電訊可分二種，一種是國內電訊，一種是國外電訊。平常大家所看到的如「中央社重慶某月某日電」這種字樣的就是國內電訊，（近年來上海報紙上中央社三字已不標出），在中國只有中央社佈置得最嚴密，國內電訊，多半依之；其他外國通訊社在華分社也常常發電報告中國各地情形，當然亦屬國內電訊。（在內地各外國通訊社分社的國內通訊，都由中央社審閱發出）。

至於國外電訊，是指國外各地來的電報消息，中國報紙所載的國外電訊，莫不仰給於各外國通訊社，如路透、合衆、哈瓦斯、塔斯、海通等都是，自國外電訊發達，世界發生任何重要事件，頃刻即傳至中國，便利殆莫與倫比。

（五）通訊

通訊有國外與國內之別，但其性質是一樣的。大概電訊報告，不能過於詳細，而着重迅速敏捷，於是就不能不用通訊以補其不足。就時間說，自然通訊太慢，往往失去時間性，但因其能補足新聞，可作參考，只要寫得活潑，讀者也不致因其失去時間性而感覺無興趣也。舉個例說，從前每天登着英法戰事電訊報告，大家注意其發展，未嘗不十分淸楚，但若有關於西線目擊的報告通訊，當然更覺得親切有味了。

（六）本地要聞

所謂本地要聞者，乃指本埠新聞，也就是報紙出版所在地所發生的新聞，其中內容包括極廣，就上海而言，如市政的改進（自上海淪陷後，此種消息目下暫時停止），租界行政的變動，金融市場的變化，以及社會的黑暗面如盜刧綁票等，莫不爲本地要聞中的資料；不過又有把它略爲區分的，即把有關政治，經濟、商業等稱爲本地要聞；而把社會黑暗面的敍述則稱爲社會新聞。

（七）專訪

專訪其實也是本地新聞內的一種，不過略有區別者，本地新聞的來源大多來自各通訊社，各報都屬一律，報紙爲了要獲得一點特出的資料，就只出諸專訪一途。舉一個例說，今天有某要員抵滬，這消息各報必千篇一律，假使某一家報紙能派人去專訪一次，把某要員的生活，狀貌，以及此行目的描寫一番，必能獲得讀者的興趣，且亦足以補異聞之不足。

（八）特寫

特寫也是屬於本地新聞的範圍之內的，它的作用和專訪相彷，使在新聞中不甚詳盡的東西，儘量的給予渲染描寫，以引起大家的興趣和注意，所以文字必須特別生動活潑，能够引人入勝。譬如說某畫家舉行畫展，這在新聞中是佔地位很小的，有人或者毫不注意。但在特寫中，你可把會場中的花絮，美麗畫面的觀感，一一寫出來，就能使人注意了。

（九）文藝和雜文

文藝和雜文，多用之於副刊，因爲新聞比較得苦燥乏味，所以不能不另闢副刊，登載小說、散文、以至詩歌等軟性的文字，以調劑精神。不過近來副刊所取材料，也自趣味性而漸變爲嚴肅性，自消遣性而變爲戰鬥性的了。

（十）插圖

插圖包括照片，漫畫等等圖解式的東西，可以增加版面的美觀和活潑，並亦足以輔助新聞。譬如今日蔣委員長廣播演說，在演說詞傍放上一張蔣委員長的照片，就更覺得生動而親切了。其他如戰時照片，使讀者對於戰爭更多一層認識；諷刺漫畫，使人對之作會心的微笑，在一張良好的報紙上，這些是都不可缺的。

以上所說，只就文字性質方面分類；若再就版面來劃分的話，因各報篇幅的多少，並不一律，所以分配方法也各有不同。大致頭上的幾版，總是電訊版，第一二版普通都是國內電訊版，專載國內大事，第三版爲國外電訊版，則專載國際新聞，但有時如國外電訊有十分重要消息時，也可放到第一版去，如歐戰爆發的消息，當然放到第一版的最重要地位。本地要聞和社會新聞都放在次要的版內，如第五版第六版，這裏面電訊差不多是沒有的。副刊則放於最末後的幾版，一般人稱之爲「報屁股」者，也卽基因於此。還有一個敎育版，是電訊和本地通訊社稿混合編成的，體育消息也都歸併在這一版。

報紙的內容，簡略的說，不過如此而已！

第九章　編輯的程序

談到編輯二字，眞是頭緒紛繁。讀者每天接到報紙，隨意翻閱，總覺得分門別類，條理清楚，文字通暢，讀之便易，不知在編輯者編輯的當兒，實費去過不少的精神和時間，茲特就編輯的程序，略加敍述，詳細情形，請看我們的另一譯著「實用編輯術」。

編輯的程序，大致講來可分三步：（一）整理稿件。（二）撰製標題。（三）計劃版式。我們試分步予以解釋。

（一）整理稿件

當編輯者坐上辦公桌上的時候，各通訊社的稿子，雜然並陳，如果是一個沒有經驗的人，縱然你的學識極豐富，也必斂手無法，不知從何處着手。

自然第一步工作該是分門別類的整理，無論編電訊和本市要聞等都是這樣，把性質相同的稿子放在一起，但是應該敏捷，因爲除了副刊之外，編稿是在一個指定時間內進行，譬如本市新聞大約在晚上九時到深夜一時，國內電訊約自晚十二時到次晨四時，任編輯之責者，就必須在那個時間內，把稿子整理編就，否則就將影響早晨出版時間，編新聞與編書本最大不同之點，亦在此時間上的從容與偪促耳！

新聞稿件並不是一次送齊的，這也是相當麻煩的事，譬如說編國內電訊，在十二時的時候，不過只收到一部份稿子，其餘的稿子要以後陸續送來，遲的稿子差不多要在截稿時相近才送到，但是編新聞的人却決不能等到稿子到齊後才開始發稿，因爲等到稿子送齊，截稿時間將至，縱有天大本領，也不能不使報紙出版時間延遲，所以這就得編輯人運用眼光，在第一批稿子到後加以整理時，得先予以判斷，某一稿因立場不正確或多半不可靠不必保留，拋之紙簍；某一稿尚得等待繼續發展的消息，須暫擱置以觀其後；某一稿不致有繼續消息，而本身有發展價值，則可編好交排字房發排。以後稿子陸續送來，就陸續這樣的處置，或拋棄，或保留，或發排，這工作說似容易，但做起來卻頗不易應付，單看書本是沒有用的，必須要有相當時間的實地練習，才不致有手忙脚亂之慌。

編輯人在審閱稿子時，頭腦固須清楚，觀點尤應純正，除審辨稿子內容的眞僞，是否值得刊登等外，更應審辨稿子對於社會大衆是否有利或有害，許多編電訊的不顧把不肖份子攻訐政府的狂論發表，編本市新聞的人不願把奸商掩護自己的罪行談話發表，編社會新聞的人不願把誨淫誨盗的稿子發表，都是因爲這對國家社會人民有害而無益，新聞記者應該保持新聞道德，這新聞道德是每一個良好的新聞記者應該向國家、民族、社會、以至全體國民負責的。

關於稿子的來源，電訊版多由各電訊社所供給，本市新聞、社會新聞、教育新聞等除由本地通訊社供給稿子外，尙得由採訪員臨時採訪，因爲許多事情或爲通訊社所漏，或時間太遲所發生的事件，都非自己派員奔走寫稿不可。又對稿子的修改和潤飾，也是整理稿件所應注意的。

（二）撰製標題

整理好的稿子，要發到排字房去發排，必先在稿子上做好標題，普通電訊稿上多無標題，本埠通訊社雖做好標題，但也多不適用，所以撰製標題，是編輯人的重要工作之一。

做標題沒有一定的方法，這可以說是一件變化無窮的事情，但是也決非毫無原則的，所謂標題的原則云者，是應該有力、簡潔、動人、切合、活潑、新穎，自然一個標題不能兼具各種條件，但是必盡可能的使能多具備這些優點。

做標題的時候，先須把新聞的原稿有一番了解，然後再把稿中的重要之點標出來，依據新聞的重要性，做出大小不同的標題。普通標題上的應用字體，有下列各種：（這裏所舉字體是不完備的，不過示其一斑而已）！

美　七行字
並　五行字
使　四行字
貿易總額—五號方體

濤　頭號方體
題　頭號老宋
隊　二號方體
以其能讀—五號老宋

海　新二號
始　三號
兵　四號方體
簡　四號老宋
向祖國獻金—新五號

凡以上各種字體，做編輯者都應熟記在心，尤其每一欄可容納某號字體多少，都該熟知。（欄俗稱皮，普通新聞的標題，大致是從一欄到六欄，詳細請參閱實用編輯術講義）。當把標題做好發排的時候，必須在標題上註明白用幾號字，並須在標題紙上寫明用幾欄排出。

（三）計劃版式

標題做好，新聞發完，編輯的任務還不能說完畢，因爲版式的如何拚法，也應加以指導。

版式第一要活潑，要整齊，要美觀。這是編輯人在編稿時就要注意，先看版面共有多少地位，依照這樣的地方可以編多少三欄題目和二欄地位，或者是否須有一個四欄題目，先有一個預計，編稿時就不使超出這個預計。然後再計劃有幾條新聞可以做横題，或者應該放一條文字排二欄長的新聞，更可用一二條花邊新聞來點綴。

等到新聞都排出之後，編輯人更得指導拚版的工人如何拚法，那一條應該放在上面，那一條應該放中心，次序應該如何安置，都須有一個大概的指點，有時廣告的地位足以妨礙美觀或整齊，則在可能範圍內不妨把廣告的地位予以遷移。遇有新聞可利用照片時，則更可刊登照片，無論是新聞照片或肖像照片，往往是以增加版面的活潑，並足以助讀者的興趣，可說是一舉而二得。

版式拼好之後，編輯的責任全了，雖然還有大樣須看，但這在報館方面總是另有專司的，不過若遇有重要新聞的時候，該版編輯人是非至看過大樣，總是不大放心的。

第十章　印刷和發行

關於印刷是屬於印刷工人方面的事，而發行則是屬於營業員的事，在想學習作為一個新聞記者的人看來，或者不能感到興趣；但是否感到興趣是一個問題，而新聞紙必須由印刷而成，由發行而傳達給大衆却是事實，所以討論到新聞學，不能不對印刷和發行的大概情形，略予敘述。

先說印刷的事。

印刷最基本的東西自然是鉛字，規模大的報館都是有澆字科，具備着各號大小字體的銅模，澆出各種鉛字，供給排出新聞。當然這不是排新聞時的各種鉛字，都須臨時由澆字科澆出，不過逢缺字時由澆字科設法補充罷了。有的報館並沒有澆字科的設立，一切鉛字都到鉛字店去買；不過澆字科是大小報館都需要的，因為新聞中常常發見一些普通鉛字中所不備的字，或者在鉛字店中雖可購得但在深夜又無法購買，於是乃不能不由澆字科工友臨時刻起來，讀者有時在新聞標題或文字中發見一個和其他各字不甚相稱的字，這些字就都是澆字科工人臨時鑽沙鍋而成的。

普通排稿子是這樣的，各種鉛字分門別類的排在各架子上，當稿子從編輯室發下去時，即由排字頭腦分配給工人，（長的稿子由頭腦剪開交各人分排），工人拿到稿子，便到鉛字架上照稿集字，集好的字一般叫做毛胚，亦如文章之初稿也。毛胚插好後在打校樣的架子上打好樣子，連同原稿，送到校對部，這打好的樣子，一般稱爲小樣，因爲這僅僅是一條新聞，而且是印在小紙上的。校對把小樣照原稿一一用紅筆改好，再交給排字房，由改樣的工人依照紅筆校正各字，先後改剔，這樣等到每一版的新聞發排齊完，由各版工人頭腦依照該版編輯的指定順序，拚成一版，這時各稿小樣都已校過，但仍難免有錯誤，所以拚好後仍須再在打樣架上打一個整版的「大樣」，一方面送給校對部作再度的校正，一方面再送到編輯部作最後審閱，以防有所更動。

排字房方面等到大樣打好後，除非有特別原因，需要更動，他們的責任就算完了，他們把最後大樣上校正的字改剔好後，便把這排好的鉛字版送到紙版房去。(2)

紙版房的工作是在打紙版，先由工人把塗着藥品的合成紙，一張一張地舖到那排好的鉛字版上去，爲了使紙張和鉛字吃住，所以先用毛刷敲打，使鉛字的印子能深深刻入紙內，毛刷敲的時候必須平均而長久，使全版都能有平均的清楚。打好紙版，因打的時候紙上染水，紙版是很潮溼的，所以必須把紙版搬到烘紙版的爐上烘之使乾燥，烘乾後紙版便成功了。紙版成功後，原來排好的鉛字版已無用處，仍舊退回給排字房，待次日排字工人再拆散歸還鉛字原處，以便次日排字之用。

紙版完成後，本身並不能印刷報紙，必須再澆鉛版，紙版上的字都凹進的，如果紙版眞能直接付印，那印出的字都變黑底白字了。澆鉛版的方法，是把紙版裝置在澆版機裏，再灌進鉛銻錫的合金鎔液，就很快的鑄成爲鉛版了。

等到鉛版澆就，已將近到最後階殺，工人們把澆好的鉛版搬到印刷間去，在輪轉印刷機上裝好鉛版和捲筒紙，機一開，報紙便源源印了出來，而且經過了摺報機，印出來的報紙都已經摺好的了。

印刷的事情大致如上，再談談關於發行的事。

發行云者，是指報紙的發賣和推廣，說到報紙的推廣之道，當然報紙本身的內容是重大決定的因素，不過二份同樣內容的報紙，若是銷路有多少，那就是推銷之力了。

凡報紙既經印刷完畢，以後便是發行部的事了，發行部所做的工作是很多的，如登記，配報，補報，收款，以及郵寄等等，事情相當複雜。大約歸於發行手續，不外二種，一種是直接發行，一種是間接發行，略述如下：

直接發行是指直接定戶而言，每一種報紙都有大量的直接定戶，有的在本埠，有的在外埠，不過他們都直接向報館訂閱，其中沒有第三者經手，報館對於此類定戶，比較最爲重視，因爲直接定戶手續既較便捷，而且未經第三者之手，利潤也可多些，所以報紙發行部的主要方針，每每盡力推廣直接定戶，這種辦法不是沒有理由的。

間接發行是指報館批報紙給報販，再由報販發售及轉送各定戶。大致在上海的情形，間接發行多爲若干報販頭目所包定，他們每日包定一定的數目，再分發給各報販（街頭賣報人）以及送報人，他們向報館批得的價格，往往可照原價打上一個極大的折扣，所以定報人在報販處定報，並不比直接訂閱價貴，有時報販頭目因競爭的關係，其訂閱費甚至在直接訂閱之下。

發行手續，已盡於上，至於推廣方法，種類極多，各報發行部時常用各種不同的新穎方法，那是舉不勝舉了。

新聞學的基礎知識測驗題

第一章習題

（一）新聞學是科學嗎？爲什麽？

（二）新聞學是否就是新聞術？試舉例說明之。

（三）新聞紙在什麽時候起才發展大速，其原因何在？

（四）試用歷史學的被公認爲科學，說明新聞學也是科學。

（五）新聞學在我國發達嗎？

第二章習題

（一）試從外國語源來說明新聞二字的意義。

（二）新聞的定義怎樣？

（三）試批評韓拉氏的新聞定義。

（四）日本學者對新聞所下定義和美國學者有何不同？

（五）新聞學的定義怎樣？試詳加說明。

第三章習題

（一）威廉姆氏的新聞要素可以說是完全的嗎？爲什麽？

（二）新聞價值爲什麽要由其所具備的要素决定？

(三)試列舉重要的新聞要素。

(四)爲什麼新聞必須具有重要性？

(五)新聞價值的大小，和該事件發生距離的遠近有什麼關係？

第四章習題

(一)「新聞本能說」能够成立嗎？爲什麼？

(二)試略述「口頭新聞」的過去和現在。

(三)「手寫新聞」和「口頭新聞」有何區別？較「口頭新聞」有何優點？

(四)什麼叫做「迴讀手寫新聞」？

(五)試述印刷新聞的發生經過。

第五章習題

(一)新聞紙的責任爲什麼十分重大，試詳論之。

(二)不正確的消息對於讀者有什麼影響？

(三)爲什麼有人要有意虛搆不正確的消息？

(四)試詳述嚴正輿論的意義及其重要。

(五)試分別的來說明若干重要的新聞學的職能。

第六章習題

(一)新聞學是否爲一種孤立的科學？試述其理由。

（二）新聞學和政治學有什麼關係？
（三）新聞學和社會學有什麼關係？
（四）新聞學和文學有什麼關係？
（五）新聞學和外國語有什麼關係？

第七章習題

（一）什麼報館和工廠相彷嗎？爲什麼？
（二）報館的組織大約可分幾種？
（三）試述社長集權制的組織系統。
（四）試述總管理處集權制的組織系統。
（五）試述總經理集權制的組織系統。

第八章習題

（一）何謂社論？它在報紙上佔着怎樣的一種地位？
（二）何謂專論？和社論有什麼不同之處？
（三）試略述電訊的意義及其種類。
（四）何謂通訊？和電訊的分別怎樣？
（五）專訪和本地新聞有不同嗎？試詳釋之。

第九章習題

（一）編輯的程序可分幾項步驟？

（二）整理稿件的第一步工作該怎樣？有什麼麻煩？

（三）編輯人在審閱稿子時應該有何戒心？並當如何處理之？

（四）試述撰製標題的原則。

（五）試述計劃版式的重要。

第十章習題

（一）何謂澆字？何謂刻字？這些工作重要嗎？爲什麼？

（二）普通排稿子的程序怎樣？

（三）紙版房的工作是什麼？其手續怎樣？

（四）何謂發行？其所工作大約如何？

（五）直接發行和間接發行的區別如何？試略述之。

新聞讀法

一　導　言

新聞是報紙的中心，但報紙所刊載的材料，不限於新聞，除新聞外，還包括評論，專稿，副刊和廣告，本課所指導閱讀的是以新聞爲主，因此，不稱爲「報紙讀法」，而稱爲「新聞讀法」。不過，這並不是說讀新聞的人，只須閱讀新聞而不必閱讀評論，專稿和副刊，（事實上不但閱讀評論，專稿，副刊，可以幫助讀者對新聞的了解；便是閱讀廣告，也能够幫助閱讀新聞，並且還能够發現很有價值的新聞。）而是因爲新聞爲報紙的中心，必先能讀通新聞，纔能够讀通報紙，了解報紙的價值；所以本課專以閱讀新聞爲指導的目標。

報紙是人人所應讀；在都市裏，凡識字的人大部份都愛讀報紙。不過讀報的人，目的與趣各有不同：有的是要廣泛地知道一些國內國外的時事和本地的情況；有的專注重市場動態；（如商人）有的專注重體育比賽（如中小學生）；有的根本不讀新聞，只看廣告，目的是預備今天到那一家戲院看戲，或到那一家公司買東西，這些人對於新聞事業，根本沒有甚麼興趣，當然無須知道新聞讀法。本課的目的是專爲一般對新聞事業有興趣，渴欲研究新聞事業，或準備將來做新聞記者的青年，指示一條最淺近的門徑，使讀者對於新聞工作，得到一個初步的認識。

二　新聞的定義和分類

甚麼是「新聞」？簡單的定義是：「全世界各國各地及本國本地新發生的一切有重要性，特殊性，趣味性的事情」；是：「人類社會活動發展和自然現象變化發現的實跡」。（關於各國新聞學專家對「新聞」所下的定義，以及「新聞」一詞在學術上所應賦予的嚴格適當的定義，參看新聞學基礎智識課講義）

新聞怎樣分類？

甲、依據新聞發生的地域分類，可分爲：

（一）國際新聞：包括世界各國及國與國之間的事情。

（二）本國新聞：包括以國家爲主體的各項活動及各省各市各縣的事情。

（三）本地新聞：或爲本省，如江蘇省；或爲本市，如重慶市；或爲本埠，如香港及目前的上海；或爲本縣，如岷山縣。

乙、依據新聞內容的性質分類，可分爲：

（一）政治新聞：包括本國及各國政治動態及政治設施，如選舉，政府改組，任命官員公佈法令等。

（二）外交新聞：包括本國外交，各國外交及國際間外交活動，如國際會議，外交談判，外交當局及外交使節的行動與談話等。

（三）軍事新聞：包括本國對外戰爭及各國間的戰爭，如現在正在進行中的中國抗戰及歐洲戰爭。

（四）經濟新聞：包括本國及各國財政經濟政策，交通實業等經濟建議，金融及商品市場動態，對外貿易的情況和趨勢，國際間的經濟關係和活動等。

（五）教育新聞：包括中國及各國文化事業，教育設施，學術發明及創作，文化界動態等。

（六）體育新聞：包括本國及各國體育事業，運動比賽，運動技術紀錄，國際間運動比賽等。

（七）社會新聞：包括本國本地及各國社會奇聞，趣聞，瑣聞；惟因新聞的價值具有地域性，外國的社會新聞，一般人不感覺興趣，故報紙所載的社會新聞，大多限於本國，尤其偏重於本地。（詳細分類方法和舉例，參看新聞學基礎智識課講義）

三　新聞稿

把新聞用文字或圖照紀載起來，供給報紙刊載，傳播給大衆閱讀的紙面工作叫做「新聞稿」；用文字紀載的新聞稿，是新聞工作者的主要工作，用圖照紀載的新聞稿如地圖，照片，漫畫，無線電傳影（中國報紙還沒有採用）等，不過是補助文字紀載所不能做到的輔助工作，分析文字新聞稿的體例，約有下列數種：

（一）電訊：用有線電或無線電傳播國內和國際重要新聞的新聞稿，叫做電訊；如有特別重要新聞發生，（如德軍進兵波蘭，華軍攻克南寧）常先用急電（Bulletin 或Flash）發出簡單的消息，使世人早時得知，再發出詳細的電訊。

（二）普通新聞稿：用紀事文的體例，記述一件新聞發生的主體，時間，地點，眞相，原因，經過，結果，影響，並指出其重要性；如一件新聞發生後，事態發展延續到數天或數月之久，則可逐日或遇有新發展時繼續紀載，直至結束時爲止。這種體例的新聞稿，專用以紀載本地新聞。

（三）通訊：通訊的作用，是記述本地或本國的重要新聞，寄至外埠或外國報紙刊載。通訊的體例，約有下述數種：第一種，用敍述文的體例，有系統地敍述一件新聞的始末，這是通訊稿最普通的體例。第二種，用遊記文的體例，紀述記者本人赴某地考察的旅途經過和到達目的地以後的觀察所得，寄回本地或各地發表。這種體例，雖偏於靜態的記述，但因發表地的讀者，並沒有獲得作者所獲得的經驗，讀起來仍覺得新鮮有味，所以也是有新聞的價值。第三種，用生動輕鬆的報告文學體例，描寫記者所在地的情況，使外埠或外國讀者，獲得簡單而深刻的印象，這種體例的通訊，它的效用和第二種相同。第四種，搜集許多瑣碎而有趣的新聞，（這些新聞都沒有發電報，寫長篇通訊的價值）用最簡單生動的筆調寫出來，併合在一起，用「某地鱗爪」，「某地點滴」的方式，寄至別地，如果取材精巧，很可引起發表地讀者的閱讀興味。

寄遞通訊的方法，大都是用快郵或航郵寄遞；但也有因內容特別重要而用電報傳播的；例如南寧收復後，中央社記者劉竹舟曾先進入南寧城，他所寫的南寧航訊「復興中的邕城」一稿，（見廿九，十一，十一中美日報）便是先由南寧航寄至重慶中央社總社，再由該社用無線電廣播，不過用電報傳播通訊的方法，一般的報館很難辦到。

（四）特寫：這是一種採用還沒有多年的新體例：或用生動輕鬆的筆調，把一件新聞寫成小說化；（以不失新聞的眞實性爲條件）。或刻畫社會某一面的靜態和內幕，或在逢到重要紀念日和習俗令節時描寫當地一般的印象。特寫的主要目的，是增進讀者閱讀新聞的興趣。（關於各種體例新聞稿的寫法，參看新聞寫法課講義）

四　新聞稿的來源

報紙上每天所登載的各項新聞稿，它的來源約可分爲下述五項：

（一）通訊社稿件：報紙每天所需登載的新聞稿，範圍太廣，數量太多，單靠報館本身的物力人力，決不能完全供給那麼多的新聞稿件；尤其是國內電訊和國際電訊，如果要每一則新聞，都由報館所派的訪員拍發專電，更絕非一個報館的力量所能辦到；而且即使能辦到，也太不經濟。通訊社的組織，便是適應這個需要而產生。有了通訊社以後，報紙都以通訊社爲供給新聞的主要來源，通訊社的稿件，也就佔據報紙上大部份的篇幅。通訊社所供給的新聞稿，凡報紙所登載的各項新聞如國內電訊，國際電訊，國內通訊，國外通訊，本埠新聞，社會新聞，（其實是本埠新聞中的一種。）教育新聞，體育新聞，經濟新聞等，都應有盡有，因此一個經濟力不充裕的報館，只須訂購各種通訊社的新聞稿，便可每天用之不竭地編出一份報紙，而不必另請記者和訪員採訪新聞，拍發專電。（當然這樣的報紙決不能希望她內容充實，有精彩特色，或和別報競爭。）各報採用通訊社稿件，照法理講，應該每一條都標出那通訊社的社名；可是上海報紙一般慣例，都只於採用電訊稿時保留原稿上所註社名，如：「路透社重慶某某日電」，「合衆社倫敦某某日電」；而於採用本埠新聞稿時，則大多把原稿上所註的社名删去；除非遇到一則新聞稿內容有問題，（如眞實性問題，責任問題。）或係外國通訊社（如路透社，合衆社）所發，纔把社名標出。這一個慣例，實有剽竊版權之嫌，祇因一般發本埠稿的通訊社，不堅決據理力爭，致相沿成習。

（二）專電：　報館自己所派的外埠訪員所發的電報叫做專電；報紙登載專電時，必標出「本報某地某日專電」字樣，表示還是自己專有的特殊消息。抗戰未爆發以前，上海各報在南京，北平，天津等重要都市，大多派有訪員，佈置「新聞網」，因此各報常有專電刊出。現在各淪陷城市僞組織，根本不容許立場嚴正的報紙派駐訪員，　透露眞實的消息。自由中國各城市，則因對上海的有線電交通，已完全斷絕，無法拍發電報，唯一可能利用的工具，只有無線電；因此如要在自由中國各城市拍發專電，必須在該城設立無線電發電台，或能利用該地政府機關的電台，（這都不是一般報館所能辦到的）否則便沒有辦法。此外只有香港一地，還照常和上海通電，上海報紙派員從香港拍發專電，比較容易；香港報紙也可派員在上海拍發專電；但是兩地電報局裏，都駐有電報檢查員，（上海電報局裏檢查員，當然是日方所派）。所有收進發出的電報，（包括新聞電）都須經過檢查；因此於日方不利的消息，兩地報館都不能收到。

（三）本館外勤記者訪稿：一個報館，要使它所出的報紙內容充實，有特色，決不能單靠通訊社供給新聞，必須聘用若干外勤記者，採訪各項新聞，纔能表現出報紙的特色，和別報競爭。外勤記者的任務，約有下述數項：第㈠，採訪爲通訊社所未訪得的特殊新聞。第㈡，證實通訊社所發的新聞稿，內容是否確實。第㈢，採訪通訊社稿件中所載新聞的繼續消息和詳細情形；例如通訊社稿件中有暗殺案的新聞，記述被殺者受重傷送入醫院，如果該被殺者地位很重要，報館外勤記者便應於夜間隨時探詢他傷勢發展如何？醫治經過如何？是否已因傷重不治而斃命？然後把報紙付印前最後所得的消息，補入所用通訊社的新聞稿中。第㈣，夜間發生突發事情時，（如某處大火）出發採訪，報紙登載本館記者的訪稿，必冠以「本報專訪」「本報特訊」「本報訊」等字樣，或在新聞稿中註明「據本報記者探悉」字樣，俾和通訊社稿件有所區別。在抗戰未爆發前，上海政府機關很多，且常有政府要人來往，各報外勤記者採訪新聞的範圍很廣，因此各報都儘量多聘外勤記者，以從事新聞採訪的競爭；自國軍西撤後，上海已失去政治上的重要性，外勤記者所能活動的範圍日益縮小；在幾家立場嚴正的報館裏服務的記者，且有隨時被奸徒暗設綁架的危險，因此各報記者都不能够像從前那樣，自由出外活動，只能在館裏多利用電話採集新聞，這樣一來。報館外勤記者的效能，便無法儘量施展了。

（四）本埠特約訪員訪稿：因新聞來源的範圍太廣，專靠報館裏幾位外勤記者，決難巨細不遺地採得一天內各方面所發生的新聞；因此不得不多用特約訪員的訪稿，以補不足。本埠特約訪員有兩種：一種是採訪某一方面的新聞，供給各報採用，報館按月付予稿費；如法院訪員，浦東訪員，滬西訪員等，他的任務略等於通訊社，另一種專用電話報告消息，並不寫稿，報館記者根據他所報告的消息，記錄下來寫成新聞稿；如遇有特別重要的事情，自己再出去採訪，以求詳盡。担任這種訪員職務的人，大都是火車站，警務處，救火會，醫院，旅館等機關團體的職員，利用職務上的便利，向一家或數家報館，報告新聞或新聞線索，（如火車站訪員報告要人行蹤，警務處訪員報告盜刼案，救火會訪員報告火警等）。由各報館按月付予酬勞，特約訪員是附屬於報館的人員，並非報館的直屬職員。

（五）外埠特派訪員通訊稿：外埠特派訪員是報館職員之一，他的職務除拍發專電外便是寫寄通訊稿，有時亦可剪取當地報紙上所載內容充實的通訊稿，寄供自己的報紙轉載。報館任用駐外埠特派訪員，雖亦有從報館職員中選派人員担任，但大都是由派駐地的報館或通訊社裏的職員兼任，這樣不但在報館方面可節省經費，（薪給可比特派專任訪員少）担任訪員的人，工作也比較便利。報紙刊載自己特派訪員的通訊稿，必註明：「本報某地特訊」「本報某地通訊」「本報某地航訊」等字樣，亦有註出訪員姓名者，大公報之所以被譽為國內報紙權威，主要的原因便是能多派外埠訪員，報紙上常有內容充實的通訊發表。

（六）外埠特約訪員通訊稿：外埠特約訪員的地位，和本埠特約訪員相同，職務則和外埠特派訪員略同。簡明的說：他是向一家或數家報館投寄通訊稿，（並不拍發電報）供報館採用，刊出後按篇計算稿費，並非按月計薪，更非報館職員。報紙刊載特約訪員通訊稿時，必註明：「本報特約通訊」字樣。多約特約訪員投稿，常可得到各地有價值的通訊稿，是報館布置新聞網最經濟的辦法。

（七）讀者投稿：讀者投稿，大多限於副刊文字，但亦有本埠讀者投寄特寫文稿，外埠讀者投寄通訊稿者，惟數量極少；報紙刊載讀者投稿時，多註出作者姓名或筆名，按篇數或字數給酬。

五　通訊社

通訊社News Agency是供應新聞的機關，好像商業上的批發所。通訊社的主要業務，是採集新聞（包括電訊，本埠新聞，通訊等）分發各報採用。通訊社發新聞稿給報館，由報館付給稿費，表面上似乎純粹是商業行爲，實則無論規模怎樣小的通訊社，如單靠稿費收入，決不能維持它的存在，規模大的更不必說。因此無論國內國外，幾乎沒有一家通訊社沒有背景和立場。有的是正式代表國家政府對外宣傳的官方通訊社；有的表面上是商業機關實際上與政府有關的半官通訊社；有時則以某一黨某一派或某一機關某一個人爲背景。至於發本埠社會新聞稿的通訊社，它們雖沒有一定的政治背景和立場，但往往收受私人津貼賄賂，以挹注經費的不足。

通訊社以國家政府爲立場，盡對外宣傳的責任，原是通訊社應有的職能，因此世界上每一個國家，都有一個代表通訊社，以爲對外從事宣傳戰，對內執行新聞政策的工具，英美蘇德等各國報紙刊載新聞，對於國內新聞，固然絕對採用本報記者的專電和訪稿，或本國通訊社的新聞稿；便是對於國際新聞，也都以本國通訊社所發的新聞稿爲標準。至於目前我國的報紙，對於國內新聞，雖以我國的代表通訊社中央通訊社所發稿件爲標準；對於國際新聞，却不能不採用外國通訊社所發的稿件。

各外國通訊社，既各以它的國家立場爲立場，所發的新聞稿，自不能避免含有宣傳作用。尤其是在兩國交戰的時候，關於戰事進行的情形，不但是兩交戰國的通訊社所發的戰事新聞，內容常互相抵觸甚至完全不符，（如果是眞正成了事實，失利一方當然也不得不承認失利）。便是中立國的通訊社也不會發出絕對公正不偏的眞實消息。因爲：第一，中立國通訊社的訪員派駐的地方，仍不外是交戰國的京城，或前線交戰國軍隊的司令部，新聞的來源既仍出於交戰國方面，自無法絕對不偏；而且卽使這訪員能夠探得不利於他駐在國的消息，他也無法逃過交戰國新聞檢査員的銳利眼光而洩露出來，第二，中立國通訊社所代表的國家，也有她自己的立場，對於交戰國兩方面，多少有所好惡，不能完全中立不偏。在這樣的情形下，交戰國和中立國的報紙，當然以採用本國通訊社所發的新聞稿爲原則；惟我國的中央通訊社既還沒有辦到直接派員到外國去採訪國際新聞，發電回國，供國內報紙刊載，自只能多採用友邦通訊社的新聞稿。（如美國的合衆社，英國的路透社，蘇聯的塔斯社）這在新聞應求眞實公正的原則上講，似乎不無問題，但在國家的外交政策和新聞政策上講，則是應當如此的。

一般讀者閱讀新聞，往往只注意新聞的內容，而忽略發出這條新聞的通訊社，實則發出新聞的通訊社，比較新聞的本身還重要。因此，讀者如果對於各通訊社的立場不能明瞭，便不能算是眞能閱讀新聞。茲將對上海中文報紙供給新聞稿的通訊社，分節略述於下。

六　我國的代表通訊社——中央社（附國民社）

中央通訊社 Central News Agency 簡稱中央社，英文簡稱 C.N.A. 是我國的代表通訊社，是國內報紙最主要的新聞供應所。該社爲中國國民黨中央黨部宣傳部所辦，初辦時規模很小，民國廿一年五月中央委任中宣部祕書蕭同茲氏任社長，負責改組，並決定三項原則：一、中央通訊社的總部須在中央黨部之外；二、負責人可以自由行使職權去改組它，但須使它成爲一個代表通訊社；三、它的編輯政策是半獨立的。中央社經蕭氏努力經營，社務蒸蒸日上，組織也日臻嚴密，抗戰未爆發前，該社總社設在南京；廿三年先在上海，天津，北平，西安，漢口，香港六地設立分社；廿四年設立南昌，成都，重慶，貴陽四個分社；廿五年設立廣州分社，抗戰爆發後又設昆明，蘭州兩分社，各分社規模以上海為最大。廿六年七月蘆溝橋事件爆發，該社平津兩分社首先停閉；十一月上海國軍西撤，上海分社奉工部局令停止活動；十二月南京淪陷前，該社總社遷至漢口；廿七年十月廣州，漢口失陷前，廣州分社停閉，總社由漢口遷至重慶。該社平時除在各重要城市設立分社外，並在全國各地設有特派訪員或特約訪員，新聞網遍佈全國；抗戰軍興後，則派遣訪員駐在各戰區司令部，採訪戰訊。

中央社的業務，包括下述數項：

一、國內電訊：總社及各分社均設有無線電台，包括播音機及收音機，收發電訊；分社播音機電力較弱，惟必要時亦可用以廣播。總社將首都重要新聞，摘成電訊廣播各分社發稿；（發電時夾用電報密碼）各分社則將當地重要新聞摘成電訊，發至總社，再由總社擇要廣播並發稿。在該社總社及分社所在地的晨報及晚報館，可向該社訂稿，按月付給稿費，數額極廉。如報館所在地未有該社分社，祇須購備無線電收音機一具，並聘用收報員及譯電員，亦可向該社訂稿，由該社按月發給電報密碼一份，然後直接收聽。各報採用該社電訊稿時，須標出「中央社某地某日電」字樣。上海各報在戰前原係向該社上海分社訂稿，自廿六年十一月該社上海分社停閉後，各報只得自備無線電收音機直接收聽該社廣播，所用電訊稿亦不註出「中央社」字樣。現在各報所載電稿標註：「某地某日電」者，均為該社電訊。

二、本埠新聞：總社及各分社均聘有外勤記者，採訪本地新聞，供給當地各晨報晚報採用。

三、各地通訊：將總社，各分社記者及各地特派訪員，特約訪員所撰通訊稿，供給各報採用。抗戰軍興後，郵寄不便，該社常用無線電廣播該社戰地記者所撰通訊稿，第二節所述「復興中的邕城」一稿，即為一例。

四、英文稿：戰前該社總社及上海，天津，漢口，香港四分社，設有英文編輯部，將每日新聞稿譯成英文，發給當地英文報館採用。現在僅重慶總社及香港分社設有英文編輯部，發英文稿。

該社業務範圍，雖以國內新聞爲主，但對國外方面，亦力謀發展。九一八事變發生後，該社卽聘請故名記者戈公振先生爲日內瓦特派員，採訪國聯大會開會新聞，發電回國；後又委派戈先生駐莫斯科，拍發有關我國之電訊。（戈先生逝世後，另行派員駐日內瓦及莫斯科）廿五年秋，世界運動會在柏林舉行，我國選派代表團參加，該社派總社採訪部主任馮有眞（後任上海分社主任）隨代表團前往，於我國代表出席競賽時，在運動場廣播電台用國語向本國廣播競賽情形，由南京中央廣播電台轉播全國；競賽完畢後，再將競賽結果及紀錄發電回國。廿六年該社派名記者陳博生爲東京特派員，（陳氏現任該社總社總編輯兼中央日報社長）所發電訊，國內各報均於顯要地位刊載。最近該社又委派駐倫敦及駐華盛頓兩地特派員，並籌備在新加坡設立分社。駐倫敦特派員已開始發電，駐華盛頓特派員亦已抵達紐約。該社所派國外特派員，目前所任工作，尙僅限於對我國有關的新聞，如我國駐英大使郭泰祺訪問英外相，莫斯科報紙評論中日事件等。對於純粹的國際新聞，暫不發電，而由該社與英國路透社，法國哈瓦斯社訂約，收購兩社中文稿發稿權，代爲發稿發電；如有含有作用或不利於我國的新聞，有權刪削或不予發稿；發出的稿件，用「中央社某地某日路透電」，「中央社某地某日哈瓦斯電」名義，表示經過中央社審核並由中央社發出。

因爲中央社是我國唯一的代表通訊社，所以中樞各黨政機關一切正式文告，都交由該社發表；抗戰爆發後，一切軍事消息亦由該社發表。當抗戰開始時，該社爲發揮對外宣傳的功能，所發消息，不免稍嫌誇張；（實際上比較日本同盟社所發的消息，不知要審愼多少。）後來蔣委員長鑒於我國這次抗戰，是弱小民族反侵略戰爭，是決定國族命運的持久戰爭；爲使全國軍民養成堅毅精神，爲爭取國際的同情和友邦的援助，都不宜過份宣傳自己的軍事力量；特諭令該社當局對勝利消息勿過事渲染，一時挫敗的消息亦不必隱瞞，自此以後，該社所發戰訊力求審愼，毫不誇張，務使符合事實。如去年十月底日軍退出南寧，首先發出消息的是合衆社，其次是路透社，中央社直至國軍前鋒開入城內，始將克復南京的電訊正式發表，於此可見該社發電審愼一斑。

我國發電訊稿並從事對外宣傳的通訊機關，除了中央社以外，還有一家國民新聞社 Kuo Min News Agency 是國民政府的半官通訊機關，爲民國十六年夏（伍朝樞任外長時）所設。該社向駐在我國境內的外國記者，供給我國的官方消息，俾糾正外籍記者自行採訪的消息所或有的疏漏錯誤之處。該社除發國內新聞的電訊稿外，並和美國合衆社德國海通社訂立合約，交換電訊，合衆海通兩社電訊譯稿，交由國民社用「國民社某地某日合衆電」，「國民社某地某日海通電」名義，供給上海各華文報紙，辦法與中央社和路透哈瓦斯兩社所訂的合約略同；所不同的是：國民社只代合衆，海通兩社在上海發稿，並不向內地發電。上海國軍撤退後，該社停發中文稿，僅發英文稿；合衆，海通兩社譯稿，亦仍交由該社審核，惟所發電稿，不用「國民社」名義。

七　外國通訊社（上）

現在在我國發電發稿的外國通訊社，有下列數家：（一）英國路透電訊社，（二）美國合衆新聞社，（三）法國哈瓦斯世界電訊社，（四）蘇聯塔斯通信社，（五）美國國際新聞社，（六）德國海通新聞社，（七）英國快訊社，（八）日本同盟通信社。茲分述如下：

（一）路透社　路透電訊社 Reuters Limited 簡稱路透社，是英國的半官通訊機關，世界規模最大的通訊社，也是在我國境內發稿最早的外國通訊社，該社發稿演進的步驟是：一、專以英文稿供給字林西報；二、向各英文報普遍發稿；三、兼向各中文報普遍發稿，至民國二十三年，中國代表通訊社中央社，與該社訂約交換新聞，取得該社中文稿發電權，辦法是：路透社上海分社將英文稿譯成中文後，僅向上海各中文報發稿，稿首冠以「路透社某地某日電」，而將向上海以外各地發電之業務，移交中央社辦理。中央社上海分社每日接得該社電稿後，即擇要發電至總社，（在南京）由總社廣播全國，並向當地（南京）各中文報發稿。所發電訊，標出「中央社某地某日路透電」字樣，成爲中央社業務之一。至民國二十六年二月一日起路透社向上海各中文報發稿的業務，亦移交中央社辦理。從此上海各中文報所載路透社電訊，亦冠以「中央社某地某日路透電」字樣，與國內各地報紙一致。是年十一月國軍退出上海，中央社上海分社停止活動，因此將路透社向上海中文報發稿的業務，仍交還該社直接辦理。至於向上海以外各地發電的工作，最初是由中央社派員在路透社上海分社辦事處辦理；至廿七年八月一日起，（時我國首都已遷至重慶），始改由該社將英文電發至重慶中央社總社，譯成中文，廣播各地。當然，這種辦法，祇是我國在抗戰期內的權宜措置，至抗戰勝利後，仍舊要恢復二十六年十一月以前的辦法。

路透社所發電訊，以英國的各項新聞爲主，最主要的是倫敦電訊。英國或與英國有關的新聞，如國會開會，首相或其他閣員演說，英國的外交活動，英軍作戰的情況等，以該社電訊最爲詳盡；雖然含有宣傳作用，但我們要明瞭英國政情，便不能不閱讀路透社電訊。路透社的新聞網幾乎遍佈全世界，歐洲、美洲、非洲、澳洲及遠東各國包括中國若干重要城市，都設有分社；中國方面由該社遠東總經理管轄。上海分社爲遠東業務的中心，該社遠東總經理即駐節上海。該社在我國所採集的新聞，除發電報告倫敦總社外，並供給我國報紙及我國境內西文報紙採用。該社所發我國國內電訊，立場尙稱公正；中日戰事爆發後，該社儘量將我國英勇抗戰及努力建設的實際情形，電傳海外，頗能表現其同情我國的立場，對於我國對外宣傳的工作，幫助匪淺。

路透社報道新聞，態度頗爲審愼，不以迅捷取勝；該社所發電訊，除於英國有關的新聞，不免含有宣傳作用外，比較上尙屬可靠。其中文譯稿，文筆亦甚忠實簡潔，爲報館編輯及一般讀者所稱道，故國內各中文報（日僞「報紙」除外）所載國際新聞，採用路透社電訊最多；這一點不僅是路透社本身業務的成功，也是英國宣傳政策的成功。

（二）合衆社　合衆新聞社，United Press Associations of America 簡稱合衆社，英文簡稱U. P.，合衆社中文譯名，初爲美國聯合新聞社，簡稱美聯社；因美國另有一個通訊社名 Associated Press of America 簡稱 A. P. 中文應譯爲美國聯合新聞社；（在上海派有訪員，僅發電，並不發稿）。U. P. 在字面上則以譯爲「合衆社」較妥，因此該社上海方面即於民國廿八年十一月七日起改名爲合衆社，香港方面亦於二十九年二月一日起改名。

合衆社是美國主要報館多家組織的新聞合作社，屬於史克立浦霍華特 Scripps Howard 系報業集團；該社並非以營利爲目的，亦非政府宣傳機關。該社業務，除搜集消息供給該社社員報館採用外，其國外分社亦向當地報紙發稿，並與駐在國國家通訊社交換新聞，其地位等於代表通訊社。該社於民國十八年三月在上海設立分社，開始在中國活動，一面搜集中國消息向總社報告，一面向上海各報發稿。發稿的方式是：（一）英文稿直接普遍發稿；（二）中文稿在上海方面由我國半官通訊機關國民通訊社代發，向國內各地發電則委託中央社代發，（戰前由中央社上海分社代理，現在由重慶總社直接發電）。該社上海分社所發中文午稿，（專供晚報用的新聞稿稱爲午稿）與美商大美晚報社約定，只供給中文大美晚報一家登載，不普遍發稿。

合衆社起先所供給的消息，大部份是美國和美洲各國的新聞，所以不大爲我國報紙及一般讀者所注意。自七七抗戰軍興後，該社在我國大事活動，添發我國國內電訊，因此漸引起各報及讀者重視，前年歐戰爆發，英、法、德都是交戰國，路透、哈瓦斯、海通，既爲交戰國的宣傳機關，所發戰訊，自不免偏於片面宣傳。合衆社以中立國通訊機關的地位，積極活動，報道大量的戰事消息，和交戰國的情形，我國各地報紙都樂於採用，因此，合衆社在我國的地位，乃愈益增高。

合衆社報道新聞的優點：（一）迅速；（二）新聞稿文字生動，富於趣味性；缺點：（一）對於新聞本身的眞實性稍欠考慮，往往早晨發一消息，晚間又自行否認；（二）爲引起報紙編者和讀者的興趣，記述事態，過度誇張渲染，結果反減少新聞的價值；（三）因不脫美國人愛好趣味的習慣，所發新聞，過於注重瑣碎小事及側面描寫；趣味化的報道，用之適度，雖頗能引起讀者閱讀的興趣；用之失當，則失去新聞工作的嚴正態度。此外，該社上海分社中文翻譯的工作，極爲拙劣，譯稿錯誤百出，報館編輯如不加注意，往往鬧出很大的笑話，這也可說是該社缺點之一。

合衆社報道我國國內消息，和路透社一樣，態度相當公正，對我國抗建極表同情，於我國對美宣傳的工作，幫助很大。

（三）哈瓦斯社　哈瓦斯通信社Agence Havas簡稱哈瓦斯社，是法國對外宣傳的半官通訊機關，也是規模宏大的國際通訊社之一，地位僅次於路透。最近由於政治原因，由維希政府收爲官辦，並將內部略加改組，改名爲哈瓦斯世界電訊社 Havas Telemondial 。上海方面於本年二月十七日起改用新名稱發稿。哈瓦斯社正式在中國正式活動，是於民國十八年十二月收買越南的太平洋社 Agence Radio Indo-chine Pacific, A.R.I.P. 以後開始。至民國二十年，纔取消太平洋社的名義，所有在我國的分社，直截地稱爲哈瓦斯社某某分社；上海分社即在這年十月正式成立。遠東經理駐在上海。該社上海分社與巴黎總社（法國停戰後，改設於維希）的電訊收發，均通過上海顧家宅無線電台。這座電台是法國政府所有，專供收發官電之用；哈瓦斯社能利用該電台收發電訊，對於業務上自然獲得很大的便利。

哈瓦斯社在我國發中文稿和發中文電訊的方式，與路透社相同。民國廿三年與中央社訂約交換新聞，僅在上海發稿，而將向我國國內各地發電的業務，交由中央社代辦。所發電訊，冠以「中央社某地某日哈瓦斯電」；至廿六年三月一日，上海中文報紙的哈瓦斯電訊，亦由中央社供給，不過辦法略與路透社不同；路透社是將英文稿送交中央社上海分社，由中央社上海分社翻譯員譯成中文後，經編輯審核發電發稿；哈瓦斯社則係於譯成中文後，將中文稿送交中央社上海分社審核，並發電發稿。國軍退出上海後，中央社上海分社停止工作，將代發哈瓦斯中文稿的業務，交還該社自行辦理；向內地發電的工作，則仍由中央社代辦；辦法是由哈瓦斯上海分社自設無線電發電機，將中文電訊發至重慶中央社總社，經該社審核後擇要廣播。

哈瓦斯社在世界各國所佈置的新聞網，亦極爲週密；所發電訊，以法國新聞爲主；關於法國政治情況，要人演說，外交活動，重要報紙評論等消息，發電極詳。對於歐洲各國消息的傳播，有時比路透更迅捷詳盡，頗能與路透抗衡。前年歐戰爆發後，該社極爲努力，發電數量超過路透，上海各報採用的也很多。至去年六月法國潰敗停戰；政府改組，該社因政治關係，活動大受限制，所能發出的消息，祇是一些法國國內的瑣聞；電訊數量，也較前大減。至最近該社被政府收爲官辦，統制纔稍爲放鬆，法國以外的消息，也可酌量發出，不過質量比較歐戰以前，仍相差很多。哈瓦斯的電訊，以詳盡著稱；中文翻譯的工作，在各外國通訊社中，最爲認眞；中文稿的文字，雖略嫌陳舊繁瑣，但敘事明晰，稿尾常加按語，補充電訊中記載說明的不足，對於一般對國際時事不十分熟諳的讀者，頗爲適宜。該社所發我國的國內新聞，立場亦極公正友好，不在路透合衆兩社之下。

八　外國通訊社（下）

（四）塔斯社　塔斯通信社 TASS News Agency 原名爲「蘇維埃社會主義共和國聯邦電訊局」Telegrasnoe Agentstvo Sovetskis Socialistik Respublik·TASS 一字，係由正式名稱前四字的第一字母所縮成的簡稱。塔斯社是蘇聯政府所主辦，代表蘇維埃聯邦全體，作對外宣傳的總機關。蘇聯的各共和國，雖也各有其通訊社，（例如俄羅斯的 Rosta 社）但僅爲國內的宣傳機關，對外的通訊社，只有塔斯社一家。該社的任務，在派遣訪員至世界各國採訪消息，以供給國內各通訊社。國內的消息，凡與蘇維埃聯邦全體有關的，都須經過該社。各共和國的通訊社，互相交換消息，也必經過該社。自塔斯社起以至各共和國的通訊社，全部都由官辦，此外別無其他通訊機關。

塔斯社雖也派遣訪員或設立分社駐在各國採訪新聞，但所採得的新聞，只供給本國採用，極少向外國報紙發稿。因此，塔斯社的新聞稿（包括電訊和通訊）幾乎全是蘇聯本國的消息。新聞稿的內容，除了蘇聯舉行重要會議，（如蘇維埃聯邦代表大會，蘇聯最高議會，共產黨大會等。）蘇聯政府要人（如史丹林，莫洛托夫等）演說，蘇聯與外國發生武裝衝突，（如一九三八年的張鼓峯事件，一九三九年的諾門罕事件，一九三九——四〇年的蘇芬事件。）蘇聯與外國進行外交談判或簽訂條約，（如一九三九年的英法蘇談判和德蘇互不侵犯協定）蘇聯採取向外發展的行動。（如一九三九年出兵波蘭，一九四〇年收回羅馬尼亞的貝薩拉比亞，兼併波羅的海三小國領土等）等重要新聞，記述特爲詳盡，爲報紙編者及讀者所重視外，平時所發消息，數量很少，大都是關於蘇聯國內的瑣碎事情，宣傳色彩過濃，新聞價值則極少，因此我國報紙上平時不大看得到塔斯社的電訊；這並不是各報不願採用該社的消息，實因該社可供採用的消息太少。

蘇聯統制新聞，最爲嚴密，報紙完全官報化。對外宣傳政策，則採取極端沉默矜重的態度，平時不輕易發表有關蘇聯政治立場外交動向的消息；如遇必須闡明立場或表白態度時，僅由政府授權塔斯社發表一則簡單有力的聲明，即使發生於蘇聯本身有關的事情，發表消息也極爲審慎。如一九三八年七月張鼓峯蘇日衝突事件發生後，事隔兩日，日方所發消息，早已喧騰國際，蘇聯塔斯社纔發表一則詳細的官報，原原本本地敘述衝突的經過。又如自去年下半年以來，關於蘇聯對於遠東局勢和巴爾幹半島局勢所採立場，國際間謠言很多，蘇聯塔斯社却只於謠言傳佈後，由官方授權發表幾則極簡單的否認聲明，表白態度。由於蘇聯所採對外宣傳的政策過於沉默，使國際間一般人士，對於蘇聯都抱着「神秘莫測」的觀念；同時由於蘇聯平時不輕易發表有關政治立場，外交動向的消息，各報編者如看到塔斯社新聞稿中載有由政府授權發表的消息，必極爲重視，刊載於顯著的地位，並冠以大字標題，以引起讀者注意。蘇聯政府闡明立場的方式，除政府要人發表演說，授權塔斯社發表聲明外，遇有比較複雜的問題時，常授權官方報紙消息報，

（政府機關報。）眞理報（共黨機關報）發表評論，而由塔斯社發出電訊；我國各報爲使讀者明瞭蘇聯的立場，對於塔斯社所發上述兩報評論的電訊，也儘量登載。

塔斯社現在在重慶（戰前在南京）和上海設有分社，向兩地中文報發稿，不取稿酬；並委托中央社代轉該社電訊，向其他各地發電。該社在我國國內所採得的消息，並不向我國報紙發稿，僅發電報告其莫斯科總社，向其本國各報發稿。我們常在報上看到蘇聯報紙稱譽我國軍事勝利和建設進步的電訊，可知塔斯社向其本國所報道的消息，立場十分公正，態度十分忠實；使我國對蘇宣傳的工作，獲得不少幫助。

（五）國際社　國際新聞社 International News Service 簡稱 I. N. S. 屬於美國哈斯特系 Hears 報業集團，是美國三大通訊社之一。（其他兩家卽美聯社 A. P. 合衆社 U. P.）該社到遠東來活動的時間還不久，開始活動的地方是日本，該社遠東經理卽駐於日本，在上海所設分社，規模很小。去年一月該社遠東總經理楊格，由我國遊歷返日，揭露日軍在我國作戰失利的實情，被日當局逮捕，歷時月餘始被釋放；從此我國一般人纔知道國際社在遠東活動。去年秋間，該社開始向上海中文報紙發稿，惟所發消息，數量不多，該社仿照合衆社與大美晚報訂約的辦法，將中文午稿售予大晚報專用。該社消息的特點，也和合衆社一樣，注重迅速與趣味化；但其報道不實與紀述誇張的缺點，則較合衆社爲尤甚。因此各報編輯於採用該社電訊時，不能不特別愼審。讀者如讀到該社所發的新奇驚人的消息，也應嚴加審辨，不宜過於輕信。因爲傳達新聞，是報館編輯的職責，如果遇到新奇重要的消息，縱然編者本人對於這消息的眞實性，十分懷疑，也不能過分武斷地把它拋棄不用，只能在標題上表出編者的懷疑態度，（如在標題上加一「傳」字）讓讀者自己憑常識去判斷，並待事實證明。

（六）海通社　海通新聞社 Transocean News Service 是德國對外宣傳的機關。德國有二大通訊社，一爲德意志通訊社，是在一九三四年一月一日由華爾夫通訊社 Wolffs Telegraphic Bureau 與聯合新聞社 Telegram Union 合併而成的。另一卽海通社，它是大西洋通訊社的化身 Trans- Atlantic Bureau

。自希特勒上台後，這兩個通訊社都受到國社黨宣傳部的統制，德意志通訊社專司國內新聞的供給；海通社則執行對外宣傳的任務，對於國內報館，並不供給新聞。

海通社在重慶（戰前在南京）和上海也設有分社，發稿和發電的辦法，與合衆社相同，即上海發稿由國民社代辦；向國內各地發電，則委託中央社代發。海通社所發消息，數量極多，但大都是德國的瑣碎新聞，而且宣傳色彩太濃；所發關於英美的消息，多含有「毒素」。我國報界因德國政府外交勾結日本，內政推行法西斯政制，與我國國策，背道而馳，所以不願多採用海通社的電訊。不過，遇到該社發表關於德國的重要新聞，如德國的軍事行動，外交活動，德政府發表文告，希特勒發表演說，及其他爲別通訊社所無的消息時，則不得不予採用。

「八一三」事變發生後，該社所發中日戰事的消息，公然偏袒日方，後經我國政府警告，纔改變態度。現在該社仍發我國政治軍事的消息，表面上態度雖尙公正，但各報於採用時，仍十分謹愼，嚴防「中毒」。

（七）快訊社　快訊社 Fleet news agency 雖由英人弗立特 Fleet 所設，却非英國的宣傳機關。成立到現在，不過四五年，據說與蘇聯方面有某種關係。該社對我國極表同情，對於我國軍事勝利的消息，竭力宣傳。該社所發消息，包括國際電訊和我國國內電訊；國際電訊，價值極少，間有關於蘇聯方面的消息，爲塔斯社所無。國內電訊，大都是由無線電收聽而得，有許多消息，表面上看來，似乎很有價值，實則內容非常空虛。從新聞價值上批評，快訊社的地位較其他各外國通訊社，相差很遠，它的消息，不值得我們重視。

（六）同盟社　日本同盟通訊社 Domei news agency，是日本官方的通訊社，由外務及遞信兩省設立；該社是於一九三六年一月由日聯社和電通社合併而成。同盟社在上海設有分社，七七事變以前南京也設有分社，至戰事爆發，該社南京分社纔撤消；現在除上海及淪陷區各城市外，自由中國各地，已沒有該社訪員的蹤跡。上海方面，該社於八一三事變發生後，仍繼續向各報發稿，直至去年五月，南京偽組織改立偽「中央電訊社」（日偽報紙上所載的「中央社」「消息」，便是偽「中央社」所發。）同盟社將向上海各中文報（包括偽方報紙，但日方所辦的「新申報」除外）發稿的業務，交與偽「中央社」代辦，各報不願訂用偽「中央社」的新聞稿，因此同盟社的消息，也就不再在報上看到。

由於日本侵華野心，積蓄已久，同盟社以造謠者，間諜的伎倆在我國活動，所發關於我國的消息，不外是造謠中傷，挑撥離間，幾乎沒有一條消息不含有毒素。因此，即在七七事變以前，我國報紙除了關於日本的消息以外，很少採用該社的新聞稿。抗戰爆發後，該社造謠的伎倆，愈益肆無忌憚；關於戰事消息，所作誇大狂的無恥宣傳，更拙劣得使人發笑，同盟社造謠，爲擧世所公認，它所發的「消息」不特常由我國及各國當局所痛斥，最近連日本派駐荷印的專使芳澤，也公開指斥該社所發的消息（關於日外務省發言人大橋所發對荷印的談話）不確，（雖然這樣的指斥，目的僅爲掩飾侵略野心）其造謠的程度，也就可想而知了。

九　本埠新聞通訊社

本埠新聞通訊社是指專發本埠新聞，不發電訊稿亦不向外埠發電的通訊社而言。戰前中央社上海分社亦兼發本埠新聞，另有申時電訊社（與時事新報，大晚報，英文大陸報合稱「四社」，可稱爲小規模的報業集團。）亦兼發電訊稿及本埠稿，不過電訊稿的數量很少。現在上海所存在的本埠新聞通訊社，都只發本埠新聞稿，不發電訊稿。

本埠新聞的性質，原限於本埠方面所發生的事情。就上海論，在戰前本埠新聞的來源很多，如：中樞要人來往，本市黨政機關會議，黨政領袖演說，市府與各局的行政設施，紀念日及其他民衆集會，交通金融機關的業務報告和人事更動……等，都是各報本埠新聞版的好材料。國軍撤退後，市黨政機關隨之撤消，從前的市區，都成了無恥奸徒們蠅營狗苟的黑暗場所，牠們的一切醜劇，只有日僞「報紙」替牠們捧場獻醜。正當報紙本埠新聞的來源，只限於兩租界彈丸之地，地域既小，人事活動又受種種限制，本埠新聞通訊社自無法每天搜集大量的本埠新聞，供給報館採用。現在各報本埠新聞版所載的消息，除了兩租界當局的行政措施，外國官員來往，納稅人會議，屬於經濟新聞範圍內的市場動態，政治性的暗殺和綁架，火警盜案等社會新聞，是純粹的本埠新聞外，其他消息大都越出本埠新聞的範圍以外。通訊社和報紙，爲了補救本埠新聞的貧乏，常把本埠市民所關切的外埠消息如浙東戰事，滬寧路一帶游擊戰事，滬寧路火車被炸等消息，當作本埠新聞的好材料發表，甚至本埠外國報紙雜誌的論文譯稿，也載在本埠版的重要地位。

普通所稱本埠新聞，是專指本埠所發生含有政治性的新聞；（或稱爲硬性新聞）至如盜案，火警，訟案，姦殺等事件，則稱爲社會新聞。（或稱爲軟性新聞）因此本埠新聞通訊社，大都不發社會新聞的消息，而由另一種專發社會新聞的通訊社供給。各報館所聘的記者，工作也是這樣分配，採訪政治新聞的和採訪社會新聞的，各司其事，各專其責。在報紙的版面上，硬性的本埠新聞和社會新聞，也分版刊載；例如中美日報第五第六兩版，都是本埠版：第五版所載的是硬性的政治新聞，（即普通所稱的本埠新聞）第六版所載的是社會新聞；不過有時因篇幅關係，也採取混合的編制，此外教育新聞，體育新聞，經濟新聞，雖大都是本埠的事情，因性質較爲專門，各報都分版刊載；（教育與體育常併刊一版）由專門採集教育新聞，體育新聞，經濟新聞的通訊社，分別供給。

在第四節裏已經講過，各報所載新聞，除了專電，各報記者特訪的消息外，大都是通訊社所供給：可是上海報紙一般慣例，只於採用電訊稿時保留原稿上所註社名，而於採用本埠新聞稿時，則大多把發稿通訊社的社名删去。因此一般讀者只知道發國內電訊，國際電訊的通訊社，而不知道發本埠新聞的通訊社。茲將上海現在供給本埠新聞，教育新聞，體育新聞，經濟新聞的通訊社社名，開列如下：

(一)新聲通訊社　發本埠新聞稿，注重經濟商業新聞，民國十八年成立，現在上海國人所辦的通訊社，以該社資格為最老。

(二)大通新聞社　發本埠新聞稿，注重交通，氣象新聞。民國二十年成立。

(三)大光通訊社　發本埠新聞稿，注重團體，工界新聞，八一三後成立。

(四)大中通訊社　發本埠新聞稿，注重外交政治新聞，民國廿八年八月成立。

(五)平明通訊社　發本埠新聞稿，兼發社會新聞。民國廿九年三月成立。

(六)大華新聞社　發教育新聞稿，八一三以前成立。

(七)申江通訊社　發教育新聞稿。民國廿九年成立。

(八)國光新聞社　發體育新聞稿。民國廿五年成立。

(九)上聯新聞社　發體育新聞稿。

(十)滬光通訊社　發社會新聞稿。民國廿四年成立。

(十一)社會新聞社　發社會新聞稿。民國廿八年成立。

(十二)經濟新聞社　發經濟新聞稿。民國廿六年成立。

十　閱讀新聞的基礎智識

上面我們已把報紙上所載新聞的來源，詳細敍述，現在我們要研究怎樣能讀通新聞？怎樣能澈底了解新聞的內容？一般青年每以為報紙是一種很普通的讀物，閱讀新聞並沒有甚麼困難；實則並不是新聞容易閱讀，而是一般青年，把閱讀新聞當作消遣，只是隨便閱讀，不求甚解，遇有疑難的問題，也不加以深刻研究；這樣的閱讀，決不能算是眞能閱讀新聞的讀者。要知道報紙上所載的各項新聞，雖然文字並不怎樣深奧，內容卻包羅萬象；有些新聞，且包含着極專門的問題；因此，讀者必須具備豐富的智識，纔能澈底了解新聞的內容。茲將閱讀新聞的所應具的基礎智識，分述如下：

（一）國文　國文是閱讀書報最基本的工具。新聞文章，大都是很淺近的文言文，但如國文程度過低，亦必難以讀通。一般對閱讀新聞有興趣的青年，如感覺自己的國文程度，尚不能完全讀通報上所載的新聞稿時，應力求精進；同時也可以報紙爲自修國文的補助讀物。

（二）地理智識　這是閱讀軍事新聞和國際新聞所不可缺少的智識。例如最近報載：國軍在豫南大捷，連克舞陽，西平，遂平，正陽，上蔡，項城，方城，南陽，汝南，駐馬店，明港等地；這些地方究竟在那裏？又如：日本準備南進，攻擊新加坡與荷屬東印度；德軍開入保加利亞，將進攻希臘；究竟新加坡與荷屬東印度，在甚麼地方？日本從那裏進攻？保加利亞是一個怎樣的國家？假使德軍果眞從保國進攻希臘，希臘領土的那一部份，最先受到攻擊？讀者如果對於中外地理的智識太缺乏，便不能眞正了解上述兩新聞的內容。因此讀者於閱讀新聞時，應同時研究中外地理，並須置備比較詳細的中外地圖，以供參攷；報上所附載的新聞地圖，可與新聞對照參看。

（三）歷史智識　現時世界上一切事態，都是由過去發展演變而成；對於一件事情，如果不明白它發展演變的起因經過，決不能了解這件事情的眞相。例如：中日戰爭和歐洲戰爭，是目前世界時局的兩件大事，也是報紙新聞的中心；我們如要眞正了解這兩件大事的眞相因果，必須對於中國近代史和歐洲近代史，有相當的智識，才能徹底瞭解。因此讀者於閱讀新聞時，應同時閱讀中外歷史，尤其是近代史；並注意報紙雜誌所載根據歷史解釋時事問題的文章，以幫助對時事的了解。

（四）政治智識　報紙原是一種政治性的讀物，它的主要目的，是使一般國民了解本國和國際的政治情況和演變。本國的國勢和在國際上的地位，俾發生愛國心，做一個奉公守法的公民；換句話說，報紙的主要任務，是輔助政府，推進國民政治訓練的工作。因此，政治新聞佔據報紙最重要的地位，爲新聞的中心；新聞的讀者，必須具備相當的政治智識，纔能讀通新聞。所謂政治智識，關於國內方面，包括本國的政制，政府組織，中央及地方政府的負責當局，軍事將領，重要法令等；關於國際方面，包括國際公法，國際政治組織，國際條約，各國政制，各國政府領袖等。

（五）外國文字　讀中文報紙，雖似不必懂外國文字；但因報上所載國際新聞電訊，都是根據外國文字的原稿譯成，最普通是英文。各外國通訊社裏的翻譯員，在極怱促的時間中，把外國文字譯成中文；難免沒有譯錯之處；（合衆社譯稿，常有錯誤），報館裏的編輯，於收到新聞稿時，看不到外國文的原稿，除了極顯著的錯誤可立即加以改正，或向發稿通訊社的編輯質疑外，對於不容易發現的錯誤，自無法改正，在這樣的情形下，讀者如能通達英文，同時閱讀英文報紙，便可不致被錯誤的翻譯所蒙蔽了。此外，國際新聞中有許多專門名詞，新名詞，外國地名人名，譯成中文時或者譯意不切當，或者譯音不統一，讀者如果不能知道那些名詞或譯名的原文，便不能完全了解新聞的內容。

【附註】關於國際新聞專名，上海珠林書店經售「國際新聞辭典」一書，可供參考，惟內容並不完備。關於外國地名人名譯名，過去中央社上海分社代發路透哈瓦斯電稿時，曾從事統一譯名的工作，各報編輯與一般讀者，都極感便利，現在該社總社雖仍繼續做此工作，然上海各報，因各外國通訊社分別發稿，已無法統一；有時連一張報紙中，所用外國地名人名的譯音，亦不一致；由於譯音的不統一，一般讀者很容易把一地誤做兩地，一人誤做兩人，這於對新聞內容的了解，妨礙很大。

上述五項，祇是指閱讀一般的新聞而言，如果讀者要進一步對各項新聞，從事專門研究，如研究戰事局勢，國際問題，經濟問題，或社會問題等，那便更需具備有關各項問題的專門學識，纔能有所成就。

十一　閱讀新聞應注意的事項

具備了閱讀新聞的基礎智識，能够毫不困難地讀懂新聞稿的文字並了解其內容後，可說已具備閱讀新聞的能力，但却還不能算是真能閱讀新聞。茲再列舉關於閱讀新聞應注意的事項如下：

（一）注意報紙立場　任何一張報紙，都有它獨特的立場：有的以主持正義爲立場；有的以宣揚或黨爲立場；也有的把辦報當做一種商業，只求廣告多，銷路好，不講求甚麼立場。至於那些受敵人奴養，替敵人做傳聲筒的僞方「報紙」，則根本不能算是「報紙」，當然談不到「立場」。由於各種報紙的立場不一，一般讀者如欲從閱讀報紙獲得實益，首先應該嚴密選擇立場嚴正，意識正確的報紙閱讀，纔不致誤入歧途。報紙的立場是否嚴正，很容易辨別，只須看它所載新聞的內容，標題的意旨，評論的論調，便可明白，但是，也有些某種「報紙」（如已停刊的「總匯報」與現仍出版的「上海時報」）表面上故意裝得和一般立場嚴正的報紙一樣，蒙蔽讀者的注意力，實際上却含着很深的毒素；還對於明眼的讀者雖然欺騙不過，可是智識較淺的青年，却很容易上當；因此讀者於選擇報紙閱讀時，應該十分注意。

（二）注意編輯方針　立場嚴正的報紙，編輯方針，並不盡同；例如報紙的內容，有的注重言論；有的注重國內政治新聞；有的注重國際新聞；有的注重社會新聞，有的注重體育新聞，有的注重副刊。新聞的取材，有的力求嚴謹，甯缺不濫；有的則有聞必錄，務求新聞完備，評論與副刊：有的文字通俗，適合一般人閱讀；有的水準較高，宜於智識界人士及大中學生閱讀，讀者於選擇報紙時，除應注意那報紙的立場外，還應注意它的內容和文字，是否和自已興趣和程度相合。但如對於新聞事業有興趣，準備從事於新聞工作的青年，則應選讀內容不過於專門，各版平均注重的報紙，俾能對各項新聞，都獲得相當的智識。

（三）注意編輯技術　編輯是報紙的中心工作，編輯技術高，不特可引起讀者閱讀新聞的興趣，且可使讀者對於新聞的內容，獲得正確的認識，因此準備從事新聞工作的青年，必須選擇編輯較精的報紙閱讀，以資學習研究。關於編輯技術的表現，列如：取材是否適當？衡量重要性是否合度？編排是否有條不紊？標題的詞句是否精警有力，權能標出新聞的重心，並能使讀者對於這條新聞的內容和重要性，獲得正確的認識？版面是否美觀？這些都是評判報紙優劣的尺度，也是從事新聞工作的人所最應注意研究的事項。

（四）注意新聞檢查　新聞檢查是政府或地方當局管理新聞事業的一種技術上的措施。辦法是：由政府或地方當局設立新聞檢查機關，依法執行檢查新聞的權力；如各報所載新聞中，發現有違背國策，妨礙友邦邦交，洩漏軍事外交秘密，影響地方治安，妨害社會風化等消息言論或詞句；新聞檢查員可禁止登載或酌予刪改，在戰前上海市黨政軍機關會合設新聞檢查所受中樞黨政軍機關所合設之中央新聞檢查所指導，檢查上海各華文報紙，國軍撤退，該所撤消後，日方雖另設「新聞檢查所」，强迫各華文報紙接受檢查，但所有美商或英商經營的華文報紙，均一致拒絕受檢；僅接受公共租界工部局警務處的善意指示和警權處分。（如美商中美日報因刊載反日反汪的新聞，曾被處罰三次停刊。）至去年八月間，工部局警務處被日方所迫，開始對界內華文報紙，（包括外商報紙及日僞方面所辦的「報紙」）實施檢查。檢查的辦法是由警務處政治部書報檢查科每日派定外籍職員二人華籍職員二人，輪流赴各報館執行檢查的職權。檢查的對象，包括國內電訊，本埠新聞，社論，副刊；檢查的範圍包括：（一）禁止國內電訊與本埠新聞中用「敵」、「漢奸」、「僞」「傀儡」、「抗戰」等字樣。各報遇新聞中有上述字樣時，只得改以他字代替，如：「敵軍」「敵方」改爲「日軍」、「日方」；「漢奸」改爲「奸徒」；「僞組織」、「僞方」、「僞軍」，改爲「汪組織」（僞滿改爲滿洲組織加一括弧）「汪方」，「傭軍」；僞某某機關，初改爲「所謂某某機關」，後亦禁用，僅將某某機關之名稱加一括弧，以示爲非法組織。「傀儡」初改爲「寶貝」取其音義與英文 Puppet 相近，後亦禁用；「抗戰」改爲「作戰」、「奮戰」、或「抗建」。（二）禁止戰事電訊中暴露日方施用毒瓦斯，日軍燒殺淫擄，及日軍反戰厭戰等暴行醜態。（三）中央及國府所發宣言文告，林主席、蔣委員長及其他中樞黨政當局演詞，僅可刊載綱要，（有一時期，連綱要甚至一簡單之新聞電訊，不准登載。）全文須經警務處政治部長審核，決定是否准許登載，上海方面凡用市黨部或三青團上海支團部名義發表之宣言文告，絕對禁止登載。（四）新聞，社論，副刊等文字中不准有辱罵日僞，鼓勵人民抗日反汪，及其他含有刺激性的詞句。（五）禁止各報勸募慰勞抗戰將士，購置飛機和軍械等獻命。

工部局警務處檢查辦法實施後，各報已不能自由登載讀者所欲知道的新聞，有時且因新聞被檢，不得不聽任大好篇幅，爲大塊空白所佔據；這種情形，各報編者和讀者，當然都感深切痛苦。所幸檢查的範圍，並非漫無限制，各報遇檢查過於苛刻不公時，亦儘有據理力爭的權利；而且工部局檢查新聞，原爲抗戰期中臨時權宜辦法，一至抗戰勝利，上海市政府恢復行政權，此項辦法，自卽隨之取消；因此，目前上海的華文報紙，雖然處境十分艱困，却絕無沮喪灰心的理由，同時，讀者於閱讀立場嚴正的報紙時，雖然感到新聞被檢的遺憾，仍可隨時注意各報編者所用的掩蔽方法，而讀到所欲閱讀的新聞。

十二　結論

以上各節，已將閱讀新聞所應具備的技術上的常識，概略說明；下述數點，雖於新聞技術無關，但爲閱讀新聞尤其是有志研究新聞事業的青年所應注意實行，茲特列舉之以爲本課結論。

（一）連續閱讀　新聞是現代歷史，每一項新聞的發生、進展、演變，都有連續性，有前因後果；因此閱讀新聞的人，必須有恆心，務須每日閱讀，不可間斷；這樣纔可完全明瞭新聞的眞相和發展，不致感到事出突兀，摸不着頭腦。

（二）比較閱讀　各報每日所載新聞，除最重要的消息外，並不完全一樣。由於各報篇幅大小不同，編輯方針不同，編者評價新聞的眼光不同，致常有同一新聞甲報登載，乙報不登；甲報記載詳盡，乙報內容簡略；或甲報用大字標題刊於重要地位，乙報則僅冠以一欄高的標題，刊於不顯著的地位，在這樣的情形下，有志研究新聞事業的讀者，無論爲求多知新聞，明瞭時事，或求觀摩編輯技術，訓練評價新聞的判斷力，都應該多讀幾種報紙，以收集思廣益之效。不過，這裏所指的報紙，是純指立場嚴正的報紙而言；日僞方面所辦含有毒素的「報紙」，則絕對不宜閱讀；以免被欺人的宣傳麻醉，毒素的文字所蠱惑。

（三）做筆記　報紙讀過後，容易遺忘，讀者最好於每日讀報完畢後，將重要新聞摘要記錄；記錄的方法，或按日順次記錄，或分類記錄；前者較爲簡便，後者則便利檢查。

（四）做剪貼工作　報上所載本國與各國具有歷史性的重要文告，條約及要人演講，都是極好的現代史料，讀者應把它剪下來，另備貼報簿，分類黏貼保存，以便將來查閱參考，至於各項新聞，如亦能逐日擇要剪貼，自屬更有價值；但因這項工作，麻煩費時，且須按日爲之，不能間斷；如積累過多還需要很大的地方堆置；這都非個人的力量所能勝任。因此，大規模的剪報工作，還是讓公共圖書館去做，（各報館雖亦做此工作，並不公開供人查閱，）較爲適宜，而且能够做得完備。不過讀者如果對於某一種新聞，（如軍事新聞，國內政治新聞，國際新聞，經濟新聞等。）或某一項問題，（如最近中央整飭軍紀問題，戰時糧食問題，美、英、蘇、各國遠東政策等。）有特殊研究興趣，不妨專搜集自己所需要的材料剪貼，費力不多，得益很大。

總之，閱讀新聞，尤其是爲研究新聞而閱讀新聞，並不是一件很容易的事情；必須具備相當的學識，下一番研究的工夫，纔能够有所心得，本課所述，僅指示閱讀新聞的方法；至於各項學識的進修，新聞學理論和技術的學習，國內外時事問題的研究等，尚須讀者自己用功；如於閱讀新聞時，遇有疑難問題，可向本會實用新聞研究組書面質疑，當儘量答復。（完）

新聞讀法測驗題

(一)試述新聞的簡單定義。
(二)新聞怎樣分類？
(三)什麼叫做新聞稿？
(四)新聞稿的體例，有那幾種？
(五)甚麼叫做電訊？
(六)通訊的作用怎樣？
(七)通訊有那幾種體例？
(八)新聞稿的來源，可分那幾項？
(九)報紙爲甚麼要靠通訊社供給新聞？
(一〇)現在上海各報館如要派員駐在外埠拍發專電，有甚麼困難？
(一一)外勤記者的任務怎樣？
(一二)本埠特約訪員的任務怎樣？
(一三)外埠特派訪員的任務怎樣？

（一四）通訊社的主要業務是什麼？什麼是通訊社應有的職能？
（一五）代表通訊社的任務怎樣？
（一六）在兩國交戰時，中立國通訊社所發的戰事新聞，是否完全公正確實？
（一七）我國代表通訊社中央通訊社，是那一個機關所辦，試略述它發展經過。
（一八）中央社發表電訊稿的手續怎樣？
（一九）中央社現在在那幾個國家派有特派員？
（二〇）中央社和那幾家外國通訊社訂約，代發國際新聞？
（二一）國民新聞社的性質怎樣？它和那幾個外國通訊社訂約交換電訊？
（二二）路透社是那一國的通訊社？所發新聞稿有什麼優點？
（二三）合衆社是那一國的通訊社？所發新聞稿有什麼優點和缺點？
（二四）哈瓦斯社是那一國的通訊社？現在改名爲哈瓦斯世界電訊社，是甚麼原因？
（二五）塔斯社是那一國的通訊社？所發新聞稿內容怎樣？
（二六）國際社是那一國的通訊社？所發新聞稿有甚麼特點和缺點怎樣？
（二七）海通社是那一國的通訊社？所發新聞稿的內容怎樣？
（二八）快訊社是那一國的通訊社？所發新聞稿的內容怎樣？

（二九）同盟社是那一國的通訊社？所發新聞稿的內容怎樣？

（三〇）試摘錄報載路透社、合衆社、海通社所發關於同一事件的電訊，指出其互相牴觸之處。

（三一）普通所稱的本埠新聞，是指那一種性質的新聞？和社會新聞有甚麼分別？

（三二）試列舉現時上海發本埠新聞稿的通訊社名稱。

（三三）試列舉現時上海發教育、體育、經濟三項新聞稿的通訊社名稱。

（三四）閱讀新聞爲甚麼要具有地理智識？

（三五）閱讀新聞爲甚麼要具有歷史智識？

（三六）閱讀新聞爲甚麼要具有政治智識？

（三七）諳習外國文字，對於讀中文報紙有甚麼補益？

（三八）試舉報紙中國際地名人名譯音不統一的實例，並述其流弊。

（三九）閱讀新聞爲甚麼要注意報紙立場？

（四〇）閱讀新聞爲甚麼要注意編輯方針？

（四一）閱讀新聞爲甚麼要注意編輯技術？

（四二）新聞檢查的作用怎樣？

（四三）不公允的新聞檢查，對於新聞事業有甚麼妨害？

（四四）試述新聞須連續閱讀的理由？
（四五）試述新聞須比較閱讀的理由？
（四六）閱讀新聞爲什麼要做筆記
（四七）閱讀新聞爲什麼要做剪貼工作？

實用採訪術

第一章 緒論

第一節 採訪的意義

新聞記者為獲得任何新聞資料而作的一切活動都可稱為採訪工作。嚴格的說，報上所登載的一切新聞，都經過採訪記者的勞力而來。雖然採訪的方式不一，有得之於訪問（Interview），有得之於觀察，也有得之於電話的報告者，但其為採訪則一也。即有時新聞轉載自他種報紙，或譯自外國報章，但該新聞的由來亦無非經過採訪手續者。

採訪中最通常的方式而應用技巧最多的是「訪問」，所謂「訪問」，不限於新聞記者要求對方會見之謂；凡政府當局或社會領袖為發表意見或解釋某項傳聞，需藉報章公諸於世，而和報社或通訊社記者會見，也可視作訪問，因為這種情形，新聞記者也一樣要運用訪問的技術。

第二節 記者的職責

新聞記者是公衆輿論的介紹者，他的一篇記載，一段新聞，足以影響整個社會，改變社會人士的視聽。辛亥武昌起義，上海報紙當時登着「京陷帝崩，千眞萬確，萬確千眞」十二個大字，上海的老百姓如同夢中醒過來一樣，上海也就此光復了。民初，袁世凱要稱帝，梁任公發表了一篇「異哉所謂國體問題者」的洋洋大文，各報競相轉載，遂給籌安會以致命的打擊，袁世凱洪憲帝制的夢也做不成。報紙版面所刊載的文字，其影響的廣泛和深入有如是者。

新聞記者職責的重要，可以從兩方面看出：第一，從記者的記載中可以轉移社會的視聽，因此他無形中是一個社會中的領導者，甚或站在革命的前端，而為一個戰士。抗戰以來，奔走前後方的新聞戰士，在抗建大業中所起的作用就不容忽視。第二，一般利用職務上便利以為非作歹的新聞記者，恰恰和前者相反，他可以傷風敗俗，為社會中的渣滓；甚或作了民族的罪人，抗戰以後的上海，更多着這種例子。總之，不論是忠是奸，新聞記者的作用不可謂不大。一個記者如果不願做民族罪人，忠於職責，那至少要做到如下數端：（一）站在時代的前端，領導羣衆走向新的時代；（二）深入社會基層，為勞苦大衆作正義的呼聲；（三）啓發民衆的智慧，作推進民衆教育的工作。記者的職責當不止此，以上不過僅舉其犖犖大者。

第三節　外勤記者應有的修養

採訪新聞不是一件容易的事，更不是一般人所想像的那樣富有羅曼蒂克的意味。作為一個訪員，須有多方面的修養，茲舉應該特別注意的數點如次：

（一）具備豐富常識　一般訪員或因應酬繁忙，或因私生活的欠規律化，往往有忙碌終日，閱讀書報都無暇兼顧的，致貽「新聞記者不讀報」之譏，這是極應矯正的。一個訪員應該勤讀書報，即使在舟車旅行中，也應利用空暇時間披閱報章，俾獲得豐富的常識，然後才會有獨到的見解，不致流於庸俗。

（二）隨時隨地撰稿　訪員的生活富流動性，寫稿時間又多異常侷促，所以要養成在任何環境下皆能於極短時間內製作新聞稿的習慣。尤其是戰地採訪，最要有「上馬殺賊，下馬草露布」的本領，方能勝任愉快。

（三）克苦耐勞的精神　記者的生活不是像一般人所想像的那樣華貴豪奢，雖然新聞記者所接觸的儘多是達官貴人，豪紳鉅賈，因此也不免染些貴人習氣，然而這是缺點，不是一個成功的記者所應有的。相度的，一個成功的新聞記者必需具有克苦耐勞的精神，摒棄一切不良習慣。不要說出入戰地或深入民間的採訪工作需要這種精神，就是求見達官貴人，也非如此不能達到目的。因爲達官貴人的門禁深嚴，架子十足，要和他們對坐在沙發上談天，是無不經過很多挫折的，假如沒有具備上述的精神，也就無法打破這重難關。

第二章　一般採訪常識

第一節　新聞的要素

採訪新聞須把握新聞構成的要點，方不致掛一漏萬。所謂五W者，乃任何一則新聞所不可或缺的要素，玆列舉如次：（一）何事，（What）指事件的性質；（二）何人（Who）指事件的主體；（三）何處（Where）指事件的地點；（四）何時，（When）指事件的時間；（五）何故，（Why）指事件的原因。

任何一則新聞無不具備以上五種要素，缺其一卽不能完成一段新聞。但所謂要素者，祇是新聞的骨幹。有此骨幹，擴大之，可成爲一極詳盡的新聞記述；收縮之，卽使三言兩語，也不失爲一完整無缺的新聞。

第二節　訪問的技巧

外勤記者在採訪新聞之前應有相當準備，因爲訪問的時間很短，若對訪問的對象沒有充分認識，臨事必不得要領。事前的準備可分兩種：

（一）蒐集材料　無論採訪的對象是人或事，在訪問之前，記者須將那人物過去的歷史或那件事演進的經過拿來參考，然後去訪問才有頭緒。被訪問的對象，若發現訪問者對於他的歷史如斯詳熟，或驚訝於訪問者常識的豐富，談話就不致有所遮瞞；訪問者因此也獲得了比較詳盡的新聞，更不致發問時橫衝直撞，招致意外的侮辱。

（二）準備問題　對於訪問的對象，應該問那幾個問題，事先應作充分的準備。發問的要點不外前節所列舉的五W要素，但作訪問時決不可死板式的發出問句，有時須正面的採訪，有時則須旁敲側擊；事先儘可預備一些大綱，臨事却要隨機應變。

一則新聞採訪的成敗，大半繫於發問技巧的優劣。發問者要會察對方的性格和當時的心境。譬如遇着滔滔不絕的好發議論者，往往談了一大套，但一點不着邊際，這時訪員就要設法將話頭插入，轉移他的談鋒到本題上來。如果所遇的對象是沉默寡言的，就要用種種方法打開話匣子，或從側面發問，譬如，故意說外面發生某種和他相關的謠傳，使其不得不有所辯正，再乘機發問到正題來。

此外，訪員在訪問時還須隨時隨地注意自己的態度，禮貌和談話時的措詞等等，這些都不是紙上談兵的事，是須實地去體驗的。

第三節　訪問的敘述法

訪問記述方法不一，通常可分為如下三種體裁：（一）直敘體，（二）問答體，（三）特寫體。訪員作訪問後以何種體裁製稿，自可自由決定，而不必拘於一格。製稿時最要緊的是不可參入訪員自己的意見，因為新聞是新聞，評論是評論；記者若有意見，儘可在社論、短評以及編者按語中表示，而新聞記事中則不容有夾議夾敘的文字。

第三章　各種新聞採訪方法

第一節　政治新聞的採訪

政治新聞的範圍很廣。自國民政府以至地方政府和各級黨部，無不包括在內。此外尚有特殊環境下的市區，如上海的兩租界行政當局，領事團等等，也無不屬此。

大凡政治機關，類多有公報之類，按時發表，或有專施對外宣傳的人員，向外界發表政聞，故一般政治新聞實無庸採訪。自己會尋上門。但這種新聞類多官場化，或遲延發表。譬如政局明明在醞釀變化中，但局內人深恐天機洩漏，諱莫如深，這時就要靠訪員日常的佈置和運用技巧去探得其眞相，先行露佈，庶不致落在人後。

佈置政治新聞路線，最重要的不在當政者，而在和要人的祕書、省、市、縣府的科員，以致要人的汽車夫、衙門的傳達員、茶房等取得聯絡。因爲求見要人不是件容易的事，上面所舉的那些人物比較容易聯絡，許多新聞線索可以得自於此。

不論訪問要人或次要人，事先都應該有充分的準備，茲列舉於次：

（一）研究對方　訪問之先，須將對方的履歷、籍貫、性情、政治主張等等加以研究，作爲準備，以免發問時無所依據。

（二）請人介紹　訪問之前能有間接關係作一有力介紹，自可以省去許多麻煩；但介紹不是訪問的必要步驟，有時雖未經人介紹，也會得到美滿的結果。

（三）預備問題　因爲訪問的時間很短促，要人中雖然也有滔滔不絕，好發高論者，但大多數都是時間極經濟的，所以訪員發問的問題以簡單扼要爲佳，務期於極短時間內完成任務而別，免多打擾。因此，訪問之前須先擬定若干問題，依次發問。訪問時，主要幾點問過後，假如時間還過得不多，也不妨將臨時想到的問題向對方詢問，或請他發表感想之類。訪問時間，從訪員與對方握手爲禮起至辭出止，通常以二十分鐘至三十分鐘爲宜。但這是一般的說法，所謂「酒逢知己千杯少，話不投機半句多」。談話時間的長短，其實是很難有一定準繩的。

訪問政治人物，見面時略事寒暄後，便可依照預擬的問題依次發問。談話時當以隨機應變爲佳，有時可無須拘泥於預擬的幾個問題；因爲問題中還可以有問題，問題以外更常有許多好新聞。但發問務求中肯，遇有對方不便坦直表示的問題時，又得從側面去發問，用旁敲側擊之法，使他表露意見。

發問最忌不着邊際，如「對某事有什麼意見」，「這次回國有何觀感」等等，被問的往往苦於無從回答，若遇不願多談的人物，他就可答以「並無意見」一類的話，但訪員却不能翌日在報端發表「昨訪某某，據談對某事並無意見云云」這種毫無內容的新聞；而事實上，主筆先生也不會讓你發表。

下面舉的一個例，是戰前日本大阪「每日新聞」記者訪問蔣委員長的對話。該日本記者所提問題的有層次，是值得參考的。至於委座的答話，有如斬釘截鐵，準備抵抗任何侵略的決心，表現無遺，但又不露急燥之象，益足以看出領袖的偉大。

（中央社電）蔣委員長二十七日接見日本大阪每日新聞記者，作如下談話：

（記者問，以下簡稱問）中國對日態度，似尙有繼續抵抗之傾向，一說中國欲於一九三五、一九三六年，當日本處於難局之際，投入國際紛爭之漩渦中，與日本一戰，未知確否？

（蔣答，以下簡稱答）中國一部份之國民，不免有此思想，但明瞭世界形勢與東亞大局之人，決不願世界有戰爭之危機。蓋世界之和平，乃東亞之福，亦即中國之利。中國不但不希望有此危機，亦不願有此危機也。

（問）委員長對　日本有何感想？

（答）中日本爲東亞兄弟之邦，應以道義相交；除以道德信義爲基礎外，再無其他方法可言。

（問）滿洲事變以來，中國欲依賴列國與國聯解決對日問題，得毋因此反誤東洋大局乎？

（答）中國既爲聯盟之加入國，則遵守聯盟規約，實爲當然之事。

（問）滿洲事變以來，列國之勢力，或軍事的，或經濟的，漸次大大的侵入中國，是否與日本相提攜之旨相反？

（答）以本人所見，近年來歐美列國在華之權利不獨未有增加，而且不斷的歸還於中國。

（問）解決現在中日關係之方法如何？

（答）中日兩國惟有以道德與信義爲基礎，方得解決一切問題，前已言之；但此事之關鍵全在日本之本身，而不在於中國。

（問）日本在倫敦軍縮會議之主張，不外欲確立東洋獨自之立場，委員長之意見如何？

（答）本人對此問題，尚未詳細研究；不過軍縮會議能得圓滿解決，則世界將日臻於和平，此本人所希望者也。

（問）日本甚希望國民黨不爲今日之國民黨，而還原爲孫總理以大亞細亞主義爲根本之國民黨，委員長之意見如何？

（答）現今之國民黨，始終遵守孫總理一貫之遺志而行，並無前後區別。而且本黨自有本黨的立場與主義，如果實行孫總理所主張的平等互助之大亞細亞主義，我想世人不致有所反對。

（問）中國之統一政策如何，西南是否再有問題？

（答）中國早已統一，西南決無問題。本人可保障中國不致再有內戰發生。

（問）如全國民衆推戴事實上獨裁者之委員長爲大總統時，是否有就任之意思？吾人以委員長爲中國之墨索里尼，希特勒，基瑪爾，尊意如何？

（答）中國與義大利、德意志、土耳其國情不同，故無獨裁之必要。至對於大總統問題，本人腦海中實無此考慮之餘暇，在吾腦筋中者，惟有中國國家與本人之責任而已。

（問）新生活運動之抱負如何？

（答）發揮中國固有之舊道德，使中國人人成爲現代之國民，此新生活運動之目的也。

（問）邊境問題之方策如何？

（答）凡中國領土要由中國人自己治理，此乃全中國國民之共同思想也。

第二節　社會新聞的採訪

社會新聞可大別爲兩種，就是突發的和預期的。前者如暗殺案、火警、盜案、誘拐、婚變之類；後者如各社團的集會和經常工作、各種社會事業的動態、慈善機關的活動等等。

一、突發新聞

關於突發新聞的採訪，通常一個報館都佈置好周密的新聞網。因爲突發的社會新聞的來源不外如下數種，所以佈置新聞網也只要在這幾種地方着手：警務機關、公立醫院、救火會、衛生局、監獄等。對於以上幾種機關的問訊處或電話接線生，由報館給予若干津貼，使一遇有新聞發生時，便以電話通知報館。訪員從電話中獲得新聞線索，便可按照新聞的來源，或用電話詢問，或直接前往新聞發生地點，訪問事主，以得詳盡的新聞。玆以前年十月間威海衛路中社禮堂的大血案爲例，略述採訪的經過和步驟：

A、電話中先獲悉端倪　那是一個星期日的下午，威海衛路中社禮堂有杜姓和陳姓兩家假座舉行結婚典禮，賓朋甚衆。豈料婚禮正在進行當中，突有刺客多人混入賀客中，向禮堂中央開槍，彈如聯珠，賀客抱頭奔避，結果有多人受傷，刺客則乘紛亂中逸去，經捕房聞警趕到，將受傷各人分送醫院求治。這次血案經過的略情，訪員既在電話中從捕房方面得悉，便可按圖索驥。

B、先至出事地點視察　訪員既獲悉出事地點所在，便可驅車前往視察。中社禮堂出事後，婚禮當事人和賀客，不用說，餘悸未定，當然早已星散了。這時訪員便可詢問中社的職員和茶役，俾明瞭出事的經過：兇手幾人，開槍若干響，死傷情形，再證以目睹牆上、天花板和玻璃窗上的彈痕，以及禮堂內的紛亂情形，都是大好資料。同時更可在四壁尙未卸下的許多喜幛的上下款，發現新郎新娘的姓名，主婚人姓名等等，這些都是新聞中不可少的要素。

C、醫院訪問傷者並視察死者屍體　在醫院中和傷者談話可以發現不少新聞。至如有因傷重畢命的，也要視察屍體，詳記死者傷痕所在，穿着服飾；最好能攝成照片，更覺生色不少。

D、分訪當事人家屬　舉行婚禮的乾宅和坤宅，經此變故，驚魂甫定，難免要躲到什麼地方去壓驚了。那次中社大血案中的新郎杜本仁是某方「大民會」份子，死裏逃生之後，行蹤自更詭祕，是不易訪問到的。但那次枉死的女嬪相嚴韞玉家屬，因嚴死得莫明其妙，婚禮中的當時人事後又避不見面，圖避責任，因此不免悲憤交集，這時訪員若前去作訪問，一面善言安慰死者家屬，一面相機與談，不但可藉此探悉新聞的內容和眞相，而且更可獲得不少正題之外的新聞。

上面只是說明，像這樣一件新聞，訪員可以而且可能的作上舉的幾種活動，但不是一成不變的。就如上面的「先至出事地點視察」一個步驟，在實際作訪問工作時，往往不一定這樣順利。譬如甫出事後的地方，捕房探捕正在履勘偵察，也許會拒絕記者入內，那時訪員只好另想辦法，或稍待緊張形勢鬆弛後再去觀察。

二、預期新聞

預期的新聞大致也有一定的來源，例如市商會、總工會、各同業公業、青年會、婦女協會、慈善團體等。所謂「預期的新聞」，不是說新聞發生之先便能知其發生的時間地點和它的始末，而是說它有一定的預兆，有根源可尋，訪員欲探悉其始末也有一定的路線可循。一個優秀的訪員固不必去循一成不變的路線，但這些固有的路線却不可不去盡量利用。

本來突發新聞和預期新聞的界線是很難劃分淸楚的，實際上也沒有把它劃分淸楚的必要。我們把它分開來講，完全是爲敍述的便利起見，至於實際上負採訪之責的記者，雖然原則上各有專責，可是有時也無從把突發和預期兩種新聞强行分開的。譬如工潮的發生，好像是突如其來的；加以工人與警務人員衝突之類的意外事件，無疑是屬於突發的新聞了；但是工潮的發生必定經過相當的醞釀時期，當工人向資方提出條件的時候，訪員便可能地從總工會和同業公會方面獲悉端倪，留意事件的演進，罷工的可能發生便在意料中。

訪員爲求消息的迅速詳盡，對於一切社會機關和團體應常去聯絡，卽使沒有什麽新聞發生，也可以前去訪問，寫些訪問記，調査記之類的特寫，旣可以增加報紙內容的活潑，尤可增進讀者的興趣。下面是一個訪員參觀「人力車夫互助會」後寫成的一篇特寫：

人力車夫互助會參觀記

（特寫）上海有着數萬的人力車夫，他們的生活狀況怎樣呢？可以用一個字概括言之，那就是「苦」。

現在單以公共租界而論，雖然人力車輛祇有九千五百輛，可是車夫的數目却四五倍于此，換言之，就是每輛車平均有四五人輪流拉着，假定每個車夫家有五口，那末單是第一特區裏就有二十餘萬人靠此爲生了。

爲欲稍明瞭數萬人力車夫的生活狀況，記者特跑到麥根路「上海人力車夫互助會」的西區分會參觀了一次。走進該會所，見到在涼棚底下坐滿了無數「茶客」，有人說我們是飲茶的民族，這似乎確有些道理，不論大官巨賈以至販夫走卒，都歡喜這一套。人力車夫品茗的時間以下午二時左右爲最忙碌，因爲這是「交班」的時間，十二小時奔波之後，坐下來喝兩杯淸茶，自有一種快慰。這裏吃茶是免費的，憑車夫臂章領取茶壺茶葉茶杯，飲畢後原物歸還，然後取回臂章。

人力車夫互助會的事工，主要分爲醫藥衛生，互濟事業，智育和生活改進等數種。記者承該會負賓人顧君引領參觀該會醫院一週，病房頗清潔，潔白的被單和看護婦身上雪白的衣服，給人很好的印象，每間病房約可住十人左右，和普通醫院的三四等病房比較似無多大遜色。特別重病和應施行手術的病人，則因爲他們限於經費，設備上不足以應付，所以另外有特約醫院。病房下面是診病室，中西醫生都有，請求診治的不限於車夫本人，車夫的親屬也可享受診治和給藥的權利。

衛生方面。該會設有浴室，有淋浴的設備，還有理髮室，每次理髮收費一角，也許因爲理髮一次要大洋一角，在苦力們看來已經奢侈了罷，因此每日理髮的人數只十餘人，理髮匠也只有一個。

此外，有成人識字班和車夫子弟學校，都免收學雜各費，書籍也由會中供給。

最有意義的一部份事工要算是「互濟事業」了，一個車夫死亡後，可以領到三十至四十元喪事費，記者適遇到一個不幸的婦人，因爲丈夫死了，哭喪着臉來會請領喪事費，不由得一陣心酸。領喪費的手續也頗够麻煩，需經過嚴密調查，還要核對死者的指印，要死者打指印倒是件少見少聞的事。其他的互濟事項還有給米，借貸，給衣等，會員因病不能拉車或者妻子生產無力調養，可以請求發給米票，按該會員家庭人數分派，成人每名每日規定是一升，小孩八合。

談到人力車夫互助會的經費，百份之一百〇一是由人力車夫自已負担的。一特區共有九千五百輛人力車，每日每輛的車租是七角，外附加互助會會費七分，那末一輛人力車每月由車主代收到的互助會會費應該是二元一角，但車主每月每輛衹要交給（由工部局轉交）互助會一元五角，其餘的六角據說是車輛的修理費用，也由承租人負担了。

記者偶和幾個車夫談談，他們對于互助會的設施雖然沒有什麼批評，但對于互濟事項，譬如車夫死後請領喪費等手續的麻煩，似乎微有怨言。他們以爲會費的百份之一百零一既由車夫自已担負，那末對于他們自已的事就不該多所刁難，這也許是事實，但擁有四五萬會員的一個互助會，辦事確是够麻煩的。

我們希望互助會由車夫自行辦理，一則可以省去一批辦事人員的薪金，對于自身利益也可用民主化的步驟去實行，這才是貨眞價實的「互助」，但是人力車夫的自治能力也是值得考慮的問題，不是一朝一夕培養得成的，但最低限度，會務由車夫督促和監察是可以先實行的罷！

如上面所舉一類的題材，不一定出諸訪員的寫作，凡對新聞訪問有興趣的讀者，也可以這類稿件投寄報紙刊出。各專科以上學校習社會學的學生，作社會調查時更多是項材料，寫成記載，投諸報章尤其相宜。

第三節　地方新聞的採訪

通常各報社在全國各重要都市和政治中心地點多駐有特派員，以便隨時拍發重要電報，以補電訊社所供的新聞稿件之不足。

茲列舉特派員拍發電報應有的各種準備和佈置如次：

（一）預擬簡稱用字表　特派員與報館方面應預先約定各機關，團體，人名的簡稱方法，如行政院簡稱「政院」，教育部長陳立夫簡稱「教陳」，上海的法租界稱「法界」律師公會稱「律會」，越界築路稱「越路」等是。發電時若遇這種名稱，便可用簡稱代替，以省電費。

（二）訂閱通訊社稿　當地各通訊社稿件，卽不能全部訂閱，但至少幾個辦理較佳的領袖通訊社稿件，必需訂閱，庶免重要新聞有所遺漏。

（三）聯絡各報記者　通訊社稿件供給新聞容有不週，且地方通訊社發稿時間較早，夜深時發生的突發新聞每多遺漏，故須和報館的訪員取得聯絡，俾獲得是項新聞。

（四）熟習電碼　初習翻譯電碼，往往譯得極慢，唯一的補救方法是多譯，把部位記熟，自能逐漸克服困難。

（五）領取發電記者證　報館訪員拍發電報，其電文純係登載在新聞紙上的，稱之爲新聞電。此項電報以「新聞」或"Press"爲標識，以別於普通電報，得按普通電報四分之一收費。特派員在發電之先，可向當地電報局申請發給記者證，以便長期享受是項權利。

此外，特派員更須和地方軍政當局獲得相當聯絡，和一般訪員一樣，這裏不贅。

發新聞電的技巧無他，就是簡、明、速、確四個字，這就是說，字句要簡單，意義要明顯，新聞要迅速，消息要確鑿。

新聞電收費雖僅及普通電報四分之一，但字數一多，況且又是經常拍發的，一個月下來，這筆電報費也就可觀，因此字數不得不力求簡省，以減輕報館的負担。「簡」是容易辦到的，可是必須兼顧意思的明顯，不然簡則簡矣，可惜編輯先生接到你的電報，不知上面說些什麼，苦於無從下手，所以更要注意的是「簡而明」。其次，「速」也不是最難的事，特派員得到各種新聞，便以最迅速的方法拍發報館，但最重要的是迅速中求其確實。好像某外人所辦電訊社，消息異常迅速，常較路透社合衆社爲快，可惜往往失之不確，甚至引起投機市場上無謂的風波。大家雖然不否認該通訊社消息的迅速，可是沒有做到「確」字，却也是一大缺點。速和確應該兼顧，也是重要的條件。

茲列舉拍發電報所應注意的事項如次：

（一）避免和中央社雷同　中央通訊社爲全國組織最龐大的通訊社，全國各重要都市，政治中心，軍事中心都設有分社，或派有專員，一切政治，經濟及軍事的重要新聞，皆由該社各地分社拍發電報至總社，再由總社發佈全國，因此較重要的電報，各報館的特派員可以不必拍發，以免重覆。但中央社電報，在量的方面不多，報館的特派員遇有當地發生重要新聞，儘可加以補充，或作側面的報導。例如民國三十年三月間在重慶召開的第二屆國民參政會，舉凡蔣委員長在大會的演詞，參政員的提案，大會議決案，大會宣言等，都有中央社供給消息，各地報館駐渝的特派員可以不必再將這種消息發電到報館。但這不是說此時的特派員便無法活動，沒有任務了；相反地，任務還是有的，這時特派員可作種種側面的報導，例如訪問主席團張伯苓，左舜生，張君勱，吳貽芳等，請其發表對此次參政大會的希望；又如蔣委員長發表促共黨悔悟的演詞後，當地輿論界的反響；以及蔣委員長宴全體參政員於嘉陵賓館時的花絮等等，都有拍發電報的價值，而這些新聞却是中央社所略而不詳的。

（二）盡量利用簡稱　除前面說到預擬的簡稱用字表，當盡量應用外，餘如遇有提及重要軍政長官姓名者，只須發一姓而略其名，編者自會明白，例如蔣、孔、宋等；次要人物則只發其名而略其姓，例如伯苓，炎培等。

（三）避免用虛字　如「乎」、「哉」、「也」等字應絕對不用，「之」、「與」、「及」、「者」等字也應設法避免，只在不得不用時偶一用之，以節省電費。

（四）電報不必一次發齊　如遇重要新聞，自可拍發較長之電報，但不必一次發齊，隨時有新發展，隨時可以補充，以免延擱。

（五）毋須奉行故事　特派員所駐地點遇有重要新聞發生，自不妨拍發較詳盡之電文；若無重要新聞，儘可不發隻字，不必奉行故事。

特派員在拍發電報以外，遇有冗長的新聞材料，可寫成通訊稿，以最迅速的方法郵寄報館，以補電報之不足。有時新聞的大要已由電報發出，但內容複雜，非有限的電文所能包羅無遺，這時便可以再用通訊的方法作詳盡的敘述。此外，有些頗饒興趣的新聞，但沒有多大重要性，不足以作為發電報的材料，但却足以引起讀者的興味的，也可撰成通訊稿，寄發報館。至於報館方面，除在各主要都市和政治中心派駐特派員外，在次要的地點，也常派有通訊員，或特約當地的文化人撰寫通訊稿，如戰前上海各報在京滬、滬杭兩線各重要地點所佈置的通訊網是。通訊的寫作，也有幾端應予注意的，分述如次：

（一）主題範圍勿過龐大，抓住中心點，不說空話，內容務求充實，每篇字數勿過長，若材料多，可分篇寫，但要避免章回小說的作風，雖前後各篇有連貫性，但每篇最好可以獨立。

（二）動筆之前預擬一個大綱，若寫連篇通訊，更宜注意選點。

（三）文字以清白流暢爲佳，不必堆砌詞藻，尤不可離主題過遠。對於一件事情的敍述，更不可有意見夾雜其中，但當地人士以及輿論界對於某事的見解和態度，則不妨盡量介紹。

第四節　教育和體育新聞的採訪

我國報紙版面多將教育新聞和體育新聞並列在一欄，這是因爲兩者的關係比較密切，也含有提倡體育的作用。

教育新聞的範圍很廣，大略可分爲如下數種：

一、教育行政機關重要政令　如教育部頒佈上海市專科以上學校畢業生赴內地服務辦法，教部公佈修正中學公民課程標準等。

二、教育界集會　如教育界追悼前國立音樂專科學校校長蕭友梅，全國教育會議等。

三、各級學校大事　如上海各學校響應中美日報良心獻金，重慶復旦大學教務長孫寒冰遇難等。

四、文化團體活動　如中華基督教青年會舉辦指導留學生事宜，難民救濟協會推進成人義務教育等。

五、教育界風潮　如興中小學教職員罷教，私立上海中學學生集體退學等。

六、教育界的突發事件　如暨南大學訓導長與修被綁脫險，法租界某小學體育教員遭日方逮捕等。

七、教育界名人言動　如教育行政長官的演說，著名教育學者出國考察等。

採訪教育新聞，首先要與教育行政機關有相當聯絡；上海的中美日報教育消息特別迅速詳盡，就是因爲該報和上海教育行政負責方面的聯絡比較密切。餘如各文化機關、學術團體、各級學校等，都應有相當聯絡，例如上海的中華職業教育社，所屬學校頗多，附設的社會事業也不少，訪員很可以與之聯絡，即平時沒有特殊新聞發生時，也不妨前去訪問，搜集些材料，寫成調查記、訪問記或特寫一類的東西，刊諸報端，向讀者作廣泛的介紹。各學校內如有直接或間接的熟人，不論是教職員或學生，都可以與之約定，隨時用通訊的方法，或以電話報告各該校的動態。大公報在上海出版時很注意學校新聞，各大學和較著名的中學內都有特約訪員，隨時供給新聞，經採用的新聞稿，概給稿酬若干。至於辦有新聞學系或新聞專修科的學校，很可以辦一學校通訊社，專門向各報發送該校各種消息，一方面也是給學生們一個實習機會，如從前江灣復旦大學新聞學系辦理的「復旦通訊社」是。

我國報紙雖多以體育新聞附於教育新聞欄內，但遇有體育界發生重大事件時，常不惜加以大大鼓吹，以體育新聞作「教育與體育」版之第一條，以示提倡。復因近年來一般民衆對於體育比賽的興趣異常濃厚，為適應讀者興趣，各報常不惜以巨大篇幅競載體育新聞。如滬港各地的足球季節，一有較精彩的比賽節目，觀衆無不趨之若鶩，此時報紙對於比賽的陣容排列，球藝評述，比賽的緊張情形等等，當詳述無遺。香港各報遇有重要足球比賽，還以大字標題套以紅字，並刊以各球員照片，版面異常美觀，以吸引球迷讀者；最近上海的正言報也採取這種作風，逸園球場遇有精彩節目，球迷莫不人手一份正言報，一面讀報，一面引證當天的比賽情形。

體育新聞的範圍也很廣，不必限於幾場比賽；而且過份重視於幾場精彩節目，忽略了一般性的體育活動，往往會造成運動界的明星制度，和提倡國民體育的目的也不符。因此，訪員除於各種重要比賽的記載不可有所遺漏外，還應特別注意一般性的體育界新聞，如各主要體育團體會議，田徑和球類新規則的頒佈和解釋，各級學校體育設施近況等，都是不可忽略的材料。

體育記者雖非個個是專家，但對於各種運動規則，球藝等，至少都要有充分的了解，才能觀察透闢，評述得體。下面選的是一篇某名體育記者對於一場不平凡的足球比賽的評述：

裁判溺職未終局　觀衆流血出逸園

「非我族類，其心必異」，這句話是的確不錯的。西聯會的裁判，在甲組及其他重要比賽中，肯公正執法，不故意虐待我中華球隊的，幾乎沒有一個。即以昨天的卡納爾而論，在以前執行東華與其他歐人球隊比賽時，還算過得去，不料昨天在此緊要關頭，他的「異心」終於顯露出來了，釀成了不歡而散的慘局；計開：

東華進球不算

上半時中，東華先打進西捕一球。卡納爾遠在中場，並不就示意將球傳到中心點，重行開球，而判東華勝一球，却緩步向前，向西捕防守諸人，有所詢問。不曉得西捕防守諸人說些什麼，他就不顧東華球員的抗議，判西捕踢球門球，將此所進之球，取消不算。我們固然不知道西捕諸、所說的是什麼話，但裁判既問到他們，他們會自認球有應輸之理麼？裁判既然沒有看清楚，爲什麼就偏聽一方呢？爲什麼他就不問問兩個巡邊員呢？

後來，也在上半時，又有一次，東華一記射門，打在西捕左門柱的裏面，斜彈出來，給守門勃爾賽接了去。此球按照規矩，也應該是東華勝一球，裁判也不算，不管東華隊長莊友仁遠遠地在神情和手勢上抗議，他只將兩手向下壓着，叫大家照常將球踢下去。

這兩隻球都在西捕打破東華大門之前，如果這兩隻球都算，勝敗之局，換言之，東華奏凱，在上半時早就可以確定了。至少，在事變發生前，也是三對三，東華不輸而機會正多，東華那裏會被激得離場。

西捕犯規不罰

引起東華離場的直接原因，是裁判要罰戴麟經離場（？）。這眞是笑話，使人莫測高深了。第一，麟經與克厚隨着球直衝上去，球被西捕守門接去，他們偏從他身邊擦過，西捕守門並未跌倒，更未受傷，他們倆犯什麼規？第二，球罰出來了，麟經走得慢些，一時還沒有走出後衛線，但他既不獨對着球門犯越位，何必吹停比賽，而與麟經爲難？反觀他對西捕的待遇呢？第一，西捕前鋒，就有一次將秦必高衝得爬都爬不起，何以又不罰西捕？第二，西捕所中第二球，是藉着角球得來的。但那時球已在門前七八碼遠的地方，而開角球者却還在底線相近，按之規則，此非越位而何？何以不罰西捕，卻又算進球呢？便是西捕所中的第三球，也有越位之嫌，他都熟視無睹。（這兩個越位不計，巡邊員張樂實在也應該負責，觀衆的大罵他，我說不寃枉）第三，西捕後防人員，在自己門前拖泥帶水的舉動很多，有一次顯然犯手球，他也不罰。這樣西捕自然胆大大心，佔盡便宜了。

裁判卡納爾，待東華是那樣的苛刻，待西捕是這樣的寬容，有血氣的人自然是難於忍耐的。莊隊長的毅然率衆退出，我們與以充份的同情。有人說在第一次打入西捕球門不算時，就可以退出，不必等到形式上三比一，似乎輸了才退出，示人以不廣。這話固然也對。但第一球的不算而不退出，還希望裁判的改過；至於三比一時，時間至少還有三十分鐘，東華攻勢正盛，何嘗便翻不過來呢。因此東華在這時退出我也認爲並非不得時。

東華控制戰局

本來，事情鬧到如此，勝負已可不計，比賽的經過，也可不說。不過我不得不證明，昨天東華所踢的球是好的。當勝而不勝，除了幸運不佳，不能多多打入西捕之門以外，就是裁判的有意摧殘。至於被中三球，其中第二第三隻係西捕利用越位以外，只有第一隻才是大意失荊州。如果此後後衛不離門太遠，留心西捕「偷冷飯」，反敗爲勝是極有把握的，何也，蓋下半時上場後，球就一直像連珠砲般向西捕門前打去，聲勢之盛，實在無以復加。至離場時止，不勝而敗，那就是裁判的作梗了。

法捕大打出手

觀衆因不平而叫囂，而不肯散，乃是情有可原的。後來濫擲東西，那當然是不應該的。巡捕見了這種情形，出而干涉，的確很應當。但我們想像中的干涉，是他們能直接拘捕到那幾個犯法者，與以懲罰，或者提散觀衆，就此完事。可是他們並不如此，卻直接衝上北看台的中央，見人就打！我不知那些被打者，究竟有幾個是罪有應得的。最使人觸目驚心的，往往有一個人被第一個巡捕打了在逃走，而每一個看見他逃過來的巡捕就接連的打着他，使他被打得大有上天無路，入地無門之概。這究竟是什麼存心呢？他卽使是犯法的，已在逃了，既不拘捕他，難道要打死他麼？何況這樣被打的，還有許多是無辜呢！打了男子還不算，連女子也打！流血的男子很多，流血的女子至少大家在馬路上看見一個，由人坐了機器脚踏車送往醫院中去。……總之，巡捕的奉公守法，維持秩序，我們是讚美的，但這樣的小題大做，逢人便打，我們却期期以爲不可。後來的燒稻柴，打玻璃，未始不是這樣激成的。

球事到此時，本來也就要完了。現在以這齣武戲來個不歡而散，倒是誰都沒有想到的。推其禍源，無非洋裁判卡納爾有以促成之。他看見東華球員離場，一去不復返，面孔上也很尷尬，難道他也有些悔麼？因此，我判他爲「溺職」而非「偏袒」，也許已經寬恕他了吧。（錄自三十年三月十六日中美日報）

第五節　戰事新聞的採訪

戰事新聞可分爲前線與後方兩種，前線是戰爭發生的地點，後方是作戰的根據地，兩者的重要性相當，而在現代的立體戰爭中，前後方打成一片，有不可分開之勢。作戰地採訪，不論是前線或後方，都有相當的危險性，要做一個隨軍記者，更應具有和士兵共甘苦的犧牲精神，尤須習慣於軍隊中紀律化的生活。下面的幾個條件是戰地訪員所應該具備的：

（一）强健的體魄　在戰地出死入生，一切生活習慣都要打破，食無定時，居無定處，舟車行旅也不如平常的安定，這種生活非有强健的體魄不能應付。

（二）熟諳軍事常識　如軍隊的編制，兵器的類別，軍事術語等等，都應有相當認識，方能勝任愉快。

（三）製稿迅速　軍隊中生活既不同於常人，戰時的一切交通工具又都受有統制，電報的拍發或通訊稿的遞寄總以愈速愈好；若製稿時間遲延，勢必不能按時到達一定目的地點，新聞的時效盡失。

（四）特殊技能　有騎馬、騎自由車、游泳等技能，最好能開汽車。

採訪戰事新聞的艱苦既異於一般的新聞採訪，復以戰地情況的千變萬化，所以採訪的方法也有異於一般的新聞採訪，試略舉應注意之數端如次：

（一）和軍事當局聯絡　戰地記者須和作戰部隊的司令長官有相當聯絡，方能隨時獲得有價值的戰報。如八一三滬戰時堅守四行倉庫的孤軍，訪員爲採訪其新聞，冒很大的危險，設法進入該倉庫內，這完全是靠他平時與該部隊的聯絡，否則是不輕易辦到的。

（二）嚴守軍事祕密　軍事消息中，何者可以發表，何者須嚴守祕密，要認識清楚，切勿洩露軍事祕密，以便利敵人。

（三）熟記口令　軍隊中的口令，每晚不同，訪員出入防地，須熟記口令，對答迅速，可免不少麻煩。

（四）多方面活動　除司令長官所發表戰報外，尚有許多有價值的消息，可以得諸脫險來到後方的百姓，傷兵醫院中的受傷士兵，慰勞團體等等，都不可忽略。

（五）多寫戰地通訊　除拍發電報報告重要戰訊外，應隨時寫些戰地通訊，以補不足。這次全面抗戰局面展開後，中國新聞記者在前後方活躍的不少，如中央社記者曹聚仁的戰地通訊，文筆生動，尤爲一般讀者所歡迎。

實用採訪術測驗題

第一章

（一）什麼叫做「訪問」？

（二）試述記者的職責。

（三）試列舉外勤記者應有的修養。

第二章

（一）何謂新聞的「五W」要素？

（二）外勤記者作訪問之前，應有什麼準備？

（三）訪問記述的體裁，通常有幾種？

第三章

（一）試述政治新聞的範圍。

（二）怎樣佈置政治新聞的線索？

（三）何謂突發的社會新聞？何謂預期的社會新聞？

（四）試舉一採訪突發新聞的例。

（五）預期的社會新聞，其主要來源約有幾種？

（六）試列舉特派員拍發電報應有的準備和佈置。

（七）試述「簡」、「明」、「速」、「確」的意義。

（八）試列舉拍發電報應注意的事項。
（九）撰作通訊應注意那幾點？
（一〇）各報多將教育新聞和體育新聞併列在一版或一欄，意義何在？試論其得失。
（一一）試分述教育新聞和體育新聞的範圍。
（一二）做戰地採訪工作的訪員應具備那些條件？
（一三）試述戰地採訪宜注意的事項。

新聞寫法

緒論

一件新聞成爲在報紙上所刊載的形式之前，必須經過三種不同的手續，第一是採訪，第二是寫述，第三是編輯。前二者是記者的任務，末一步是編者的任務。三者都是專門的技術，但因爲新聞學根本是一種活的科學，故除若干基本的原則以外，主要的還在作記者或編者工作的人，能够神明變通，隨時改進。

本講義的目的在指示學者若干寫述新聞的粗淺門徑。不過這裏有兩點必須注意，即新聞的採訪與寫述，幾乎是不可分的，同時在寫述新聞時，對於材料的選擇，輕重詳略的分配，如何可以達到明白清楚動人醒目的目的，必須具備一個編輯者所應有的常識。因此祇會寫述而不諳採訪的，固然不能勝任爲記者，但一個良好的記者，尙須懂得一點編輯技巧，方能寫作一篇合於理想的新聞稿。關於採訪和新聞編法，另有專編的講義，學者可隨時參考。

一張報上所有的材料，除評論及專欄與副刊的文字外，其餘的便統稱爲新聞。新聞就形式而分，有電報，訪稿，通訊，特寫，訪問記等；就性質而分，有政治新聞，文化新聞，經濟新聞，社會新聞等；就地域而分，有國外新聞，國內新聞，本地新聞等。

在第一類分法中，所謂電報即爲我們在報端習見的「路透社某地某日電」或「合衆社某地某日電」，這一類是由專門組織的通訊社根據他們所接獲的各地訪電，供給各報的。此外，另有由某一報紙特派訪員駐在某處，隨時將消息拍電報告的，則爲該報所特有的專電。除了電報以外，佔據報紙最大篇幅的，即爲普通的訪稿，一般地說來，大概都是當地所採訪得來的消息或情報。通訊特寫訪問記，均在補充電報訪稿之不足，也是使報紙增加生趣的不可少的「味精」。通訊有靜止性的，也有流動性的，前者指常川駐在國內外重要都市的特約記者隨時供給關於該地所發生的種種重要動靜或一般社會情形的報告，後者指旅行通訊或戰時的隨軍通訊等。特寫是就社會上某一特殊現象或饒有興味的事件（如展覽會，賽馬等）作生動的描繪。訪問記爲對於有「新聞價值」的人物訪問後的記錄。

在第二類分法中，政治新聞不用說佔據報紙上最重要而顯著的地位，其範圍亦甚爲廣大，例如國際間的外交動態戰局變化以及本國外國的種種政治設施，要人的發言行蹤等等，都包括在內。文化新聞指學術界教育界體育界以及文壇藝壇的各項動態。經濟新聞包括財政金融貿易及市場消息等。社會新聞指在現社會中所發生的種種人事上的現象，最習見的材料，常爲男女間的糾紛，盜案，自殺，訴訟等等。

在以地域而分的第三類分法中，國外新聞更可分爲國際性的與非國際性的，前者例如蘇德簽訂不侵犯約，羅斯福發表美國對國際時局所抱態度的演說，近東戰局的發展等，均與整個世界的治亂有關，即使如羅斯福連任三屆總統，雖然表面上是美國內政上的事情，但因對於國際局勢有重大的決定力量，故亦具有國際性的意義。此外如美國取銷禁油律，日皇室誕子等新聞，就純粹是無國際意義的外國新聞了。同樣，國內新聞亦有全國性的與地方性的之分。而本地新聞的揭載，則純然爲滿足本地讀者的需要。

怎樣寫新聞紀事

一　社會新聞寫法

上月二十四日夜間，虞洽卿路大中華飯店五百二十八號房間內，突發生一謀斃案。死者名周修正，湖州人，年二十四歲，在法租界公館馬路十九號利元新元兩報關行充當總賬房，係被人勒斃於該房間內。當時捕房不能查得周死之原因及兇犯爲誰。現老閘捕房華探長劉俊傑，探目張炳春，經一個月之詳細調查後，此案底蘊已完全明瞭，實乃一胞弟謀死親兄事件。

查死者周修正之胞弟修德，現年十八歲，平時不務正業，專事遊蕩，更屢往滬西六國等賭窟賭博，致經濟時感拮据，屢向乃兄通融商借，常遭拒絕。詎修德懷恨於心，竊思乃兄職掌兩報關行銀錢大權，遂圖殺之以奪其所掌之款。惡念既生，罔顧大義，即與歹友某甲商，旋經議定於上月二十八日下午四時許，由修德約其兄修正至大中華五二八號房間後，觀看電影畢，回至旅舍，修德即邀同某甲及通州人陶德豐，海門人倪寶奇，至旅舍共晚餐，一面復召汕頭路皇后嚮導女蘇州人王秀珍（十七歲，爲陶德豐之姘婦）前來勸酒。修德利用酒色以迷乃兄，修正不知是計，竟墮其彀中，至十時半，已酩酊大醉。陶即遣王秀珍去後，遂下毒手，以繩將周修正勒斃，由周修德在死者身畔取得利元新元銀箱鑰匙，前往該報關行內，將美金票五百八十餘元（約值國幣一萬元）及國幣二千六百元之支票一紙竊得，復召王秀珍告以究竟，囑令不得聲張。

周修德等以爲此事神鬼不知，詎即爲探員偵悉，於前日在薩坡賽路豐裕里四十九號周之寓所內將周修德拘獲，復在望志路永吉里五號將陶德豐倪寶奇王秀珍拘獲，而某甲則已避往外埠。據周修德供：自殺兄取得款後，除二百元負於賭窟外，餘款悉已爲某甲取去逃逸云云。而陶德豐則於被捕後畏罪潛吞眼鏡碎片自殺，經探發覺，急送醫院救治。

今晨此案解送特一法院刑一庭，捕房律師汝葆彝以本案尚須繼續偵查，嚴緝逃犯，故請求准予暫押，改期再訊。蕭燮棻推事當向各被告質訊一過，諭令押候改期再訊。

以上是一段相當具有哄動性的社會新聞，我們在未詳述寫述社會新聞時一般應注意之點以前，也許可以暫時先把它作一個研究的例子。

這一段文字並無足爲模範的價值，但也相當淸楚明白，簡潔扼要。第一節先將謀殺案作一交代，第二節敘述案件的眞相，第三節敘述破案的經過，末節敘述解交法庭發落的情形。

我們如果要把這條新聞略加重寫，使更符合理想的新聞條件的話，那麼本文的開端，應當用這樣的句子：

「今晨特一法院刑一庭受理一胞弟謀財糾夥勒斃胞兄之案件……」

這樣開端有兩個理由，第一，因爲上月二十四日夜間的謀殺案，嚴格說來不是「新聞」，不過是今晨特一法院刑一庭所受理的案件的案情追敍。第二，一則新聞如欲引起讀者注意，必須儘可能地在發端處把其中最重要的內容提示於讀者。雖則利用醒目的標題，也可以達到這一個目的，但寫新聞稿者如能依照這一個原則執筆，可以使編者省力不少。

在開門見山式的提示後，應當接敍死者之爲何如人，因爲這是較日期與地點更爲讀者所欲知道的：

「死者名周修正，生前在報關行充總賬房，爲一二十四歲之潮州青年。上月二十四日夜間，被人勒斃於虞洽卿路大中華飯店五百二十八號房間內……」

在「實乃一胞弟謀死親兄事件」之下，應該特別提出犯罪的原因，使讀者有所警惕，如下：

「其殺兄之起因，則爲沉湎濁酒賭窟，索款不遂」。

提要的部分應該注重簡明，以下述事實經過則不妨詳盡，故如周修正生前所服務的報關行名稱及地址，不妨於下文中補充，如：

「由周修德在死者身畔取得乃兄任職之利元新元兩報關行鑰匙，前往法租界公館馬路十九號該行內……」

通常所謂社會新聞，其內容不外人事糾紛（如離婚，涉訟，金錢糾葛，口角鬥毆等），犯罪事件（謀殺、綁架、盜刼、偷竊、虐待、姦淫、拐騙等），或意外事件（火警、汽車肇禍、自殺、餓斃等）。大多偏於社會上黑暗面和各種畸形現象的揭發。但有時含有政治性的犯罪事件，因其所關重大，却不能僅以普通的社會新聞目之。

社會新聞的記者，除了必須信守「忠實」「敏捷」「詳盡」（這裏的詳盡並不指把一切無關重要的瑣瑣屑屑連篇累牘地喋喋不休）的一般原則以外，尤須記住下列幾項條件：

第一、新聞記者本有聞必錄的天職，固應對於社會上的黑暗情形作無情的揭發，但他的立場應當是人民大衆的利益，個人私德的出入，倘不影響於公衆的生活者，不得恣意攻訐。

第二、對於巨奸大惡，當盡力揭破其醜惡的面具，但因一時意志薄弱而誤入歧途者，在下筆時必須寓存忠厚，與以自新的機會。

第三、新聞不僅報道事實，尙有敎育大衆的使命，記社會新聞者，立言須有分寸，在文字中暗存褒貶，指示讀者應該走的正路。

第四、勿作不必要的過分渲染，以迎合趣味低級的讀者。小報式的「噱頭」記載，也許在報紙發行方面不失爲一種生意眼，但負有文化使命的報人，應當着眼於更高尙的目標。

以上所言，都屬於新聞道德的範圍，但却是寫述社會新聞時應有的準則。

新聞非文學作品，因此美麗然而堆垛的辭藻，或紆迴曲折「神龍見首不見尾」的修辭法，都是用不到的，但有時爲了加强讀者的印象，使事實內容更易爲讀者接受起見，也不妨插入若干饒有文學意味的描寫，社會新聞因爲所敍述的都是人間的諸相，性質上最接近報告文學，尤宜力避陳陳相因的腐套。大凡社會新聞所以寫不好的原因，不外乎第一是公式化，第二是低級趣味化。前者的弊病，使讀者覺得某一類的新聞，必有某一類的呆板格式，有新的事件發生時，祇要把人地時，換一換就行了，這樣千篇一律的東西，當然要惹人厭倦，後者的弊病，除了降低報格之外，更足予讀者以惡劣的影響，尤其應該避免。要旣不落窠臼，又不過分得陷于惡劣，誠然不是一件容易的事，何況聳人耳目的新聞，不過偶一有之，日常所發生的，總不過是這一套，初學者祇要能老老實實，依事直書，寫得明白淸爽，不拖泥帶水，也就可說在第一步上已經成功了。

二　本地新聞寫法

上章所講的社會新聞，從地域上曾可以說是本地新聞的一部分，因爲報紙的第一個直接對象是本地的讀者，發生在別地的一條普通社會新聞，對於本地讀者既索然無味，又缺少重大的新聞價值，自無採登的必要。

但是在本地新聞中，倘有意義更爲重要的消息，例如關於市政設施，民食問題，市場變化，民衆運動，……等等有關全體市民或爲全體市民所屬目的消息，這一類消息因爲關係較大，尤其像在上海這種地方，一條本地新聞，有時或具有全國性與國際性的意義，故記者在屬筆時，尤應詳考其來源的是否可靠，立場是否正確，以免爲人所利用，而失却報道正確新聞的原意。

以下是本地新聞的一例：

關於膠州路孤軍營士兵與萬國商團白俄隊衝突事件之如何解決問題，已引起各方之深切關懷。租界當局雖經召開董事會鄭重討論，但未有具體辦法之透露。昨日下午工部局副總辦何德奎曾再度往訪謝晉元團長，惟會談內容如何，無從探悉。

這一段是提要，其中說明了兩點：第一，這條新聞所敍述的中心事實是「工部局副總辦何德奎再度往訪孤軍營謝團長」；這一次訪問的內容雖未探悉，但當與「孤軍營士兵與萬國商團白俄隊衝突事件」有關。在下面一段中，所敍的卽爲同一事實，但敍述加詳：

衝突事件發生後，租界當局曾努力尋求圓滿解決辦法，以免發生更嚴重之糾紛。該局副總辦何德奎氏曾與謝團長一度會談。（以上追敍過去折衝經過）昨日下午一時半，何氏偕同萬國商團司令亨培上校，暨萬國商團白俄隊司令叠恩上校，再度赴膠州路孤軍營，與謝團長會談，約歷四十分鐘何氏等始辭去。（以上敍正面事實）所談結果如何，雖未獲悉，惟聞對於解決辦法，當有若干進步。又據可靠方面傳出消息，謝團長將一秉中國軍人之嚴正立場，根據事實經過，幷要求獲得具體之保證，——嗣後不再發生同樣事件，與租界當局及萬國商團負責方面從事折衝。（以上敍會談之內容）

上面一段中的最後部分，是決定新聞價值高下的地方。如果能夠把會談的內容探訪出來，這一段新聞的價值便要高許多，現在因爲會談內容無從探悉，故僅能以猜測及傳聞作爲代替，這樣的新聞價值雖較低下，但總算仍給讀者一點暗示，聊勝於無。不過在新聞中利用猜測及傳聞，有時是相當危險的，因爲也許猜測與傳聞完全與事實不符，因此記者必須在文字語氣之間表明其可信的程度。（前文中的「來信……」，是一句不着邊際之談，也是新聞記者所習用的「遁辭」）下面是一些可信程度的暗示：

負責當局正式宣佈	100%
負責方面告記者	85%
記者自負責方面探悉	
據可靠有關方面消息	70%
消息靈通方面人士謂	50%
據一般觀察	
某某方面傳稱	25%
謠傳	5%

上面所引的一段新聞，本身已告終了，但爲了有助讀者參考起見，更可以其他有關的事實補充上去，因此，下又有一段記者的實地觀察：

昨日記者復赴孤軍營四週視察，見濛濛秋雨中，白俄團丁四名，仍荷槍兀立於膠州路及星加坡路崗位，戒備異常嚴密。孤軍與外界，已處於完全隔絕之地步。前日曾有人投入香烟兩罐，亦被沒收。據營旁居民目擊，昨日市商會徵得工部局之同意，曾以食物一卡車載送孤軍營。又悉因傷重殞命之孤軍士兵一名，其屍體亦未見運出。記者復見有女學生數名，在營房四週徘徊，面呈惆悵之狀。據悉在未發生事件前，常有女生入營唱歌慰問，今則一牆之隔，彷彿萬里矣。

有了這一段補充，使讀者格外明瞭孤軍的處境，對其發生無限同情，結束部分，尤能給人以深刻的印象。這一段文字固然不能說是宣傳，但報紙如果說是一種宣傳利器之話，便應在這種小處著墨，使讀者能在無形中受其默化。

本地新聞的範圍雖較國內新聞與國際新聞狹小，但就其包含的內容而論，則幾乎可以說並無二致，不過具體而微就是了。譬如市政當局的立法定章，市政人員的更動升遷，市政機關的裁設改組，市民代表的選舉集會，便是小型的政治新聞，和鄰市當局或外國領館等的交往接觸，折衝諮詢，以及重要人物的蒞止訪問，便是小型的外交新聞，經濟新聞則有本地的商業情況，物價升漲，民生問題，生產計劃，投機市場等等的消息。文化新聞則有本地的學校動態，社會教育實施情形，出版事業報導，藝術界活動狀況，以及體育方面種種運動比賽的消息。

因爲本地新聞是對於本地讀者更感到有切身關係的一頁，更因爲見聞所及，消息來源較爲廣博，故寫本地新聞的記者，必須不憚麻煩，各方探訪，以求詳盡。所謂消息的來源，或由直接有關方面所供給，或由間接有關方面所轉告，或僅係道聽途說之辭，在採訪時各種材料雖多多益善，但在寫成文字時，必須在沒有遺漏的原則下，儘量以最正確的消息提供讀者，同時行文必須明白貫串，井然有序，不要前後重複矛盾，這原是寫任何新聞的共通原則，這裏不過特別提起一句而已。

三、國內要聞寫法

國內新聞可分爲二種，一種是各地的地方新聞，一種是有全國性的要聞。前者內容和本地新聞相仿，但因對本地的讀者興味較淺，故除有特別重要的事件發生外，文學以力求簡單爲宜，同時採訪的對象，也該以國內重要城市或爲多數讀者所關心的地方爲限。例如戰時上海的讀報者，對於大後方各地的動態，當然是甚爲關心的；其次如寧紹人士在滬佔極大勢力，故浙東消息亦應較詳；不過上海又是各地人民彙聚的地方，故全國任何地方的消息，也不可完全忽略。但地方新聞在整個報紙中的地位並不重要，而國內要聞纔是讀者（包括本地與外埠的讀者）所最爲注意的，除非國際間發生重大變化（如歐戰爆發等），國內要聞總是報紙第一版的材料，尤其在作戰期間，軍事上的進展，政治上的重要措施，以及領袖人物的重要言論，都是每一個國民所最欲知道的。

國內要聞除了戰時的軍事消息佔據極大部分外，再可分爲國際性的與純粹國內的，前者指本國與外國間的外交活動及經濟上文化上各種合作事宜及發生相互關係的種種，後者包括內政建設財政實業教育文化各部門的重要消息。平常見於報端的國內要聞，大部分均爲由國內外各通訊社供給的電訊，但規模較有完整的報紙，有特派常駐在首都及各省重要城市的訪員，經常供給訪稿。

除了比普通新聞尤須特別注重敏速與正確外，寫國內要聞並無特別的技巧。例如：

據財政部正式宣佈：法幣英鎊之正式匯兌率已自今日起改爲四便士半；其他外國貨幣之匯兌率，將根據彼等與英鎊之市場匯率與新定法幣英鎊匯兌率相比較而定。對外貿易委員會及中交兩行均已通告。

這是直接根據官方文告發表的。

記者今晨會見陳儀主席於某處，吖以福建五年經濟建設之旨。氏謂此項計劃乃民生建設，着重於農業生產，興辦水利，發展小機器工業及手工業，目的在增加生產，培厚民力，充裕國民生活；至於重工業及國防工業，應由國家統籌建設；要之今日能發展民生建設，增加生產，培厚民力，亦即奠定將來龐大國防建設之基礎。記者復以新縣制實施之進展爲問。氏謂目前所可行者，即必須奠定實施新縣制之基礎者，爲：（一）初期訓練幹部十萬人，包括縣各級各部門人員，鄉鎮保甲長，中心國民學校校長師資在內。（二）提高鄉鎮保長待遇，保甲爲縣自治單位下最基層組織，欲保甲健全，必須保長有能而有政治認識，而欲使之辦好一保之事，必須保障其生活，使能專心致志；目前鄉鎮長薪餉月支三十餘元，保長即將規定爲二十至三十元。

這是根據高級官吏談話的紀錄。

一般人對於取消汽油輸入自由中國禁令以三個月爲期之布告，皆甚爲注意。據液體油類統制委員會所發之通告如下：「……（略）」。一般人皆信此舉之用意，係在截斷私人機關私運汽油通過目前之日本海軍封鎖。此間對於私人汽車之限制已見加緊，當局現正檢查汽車是否正當登記。

這一段文字雖頗簡單，但却是一條較爲完備的新聞，因爲其中包括（一）官方的公告，（二）一般的推測，（三）觀察所得的事實。開端的句子也用得頗適當而扼要。

關於戰時的軍事消息，因爲事關機密，往往不能隨便發表，故不能不以官方的情報爲準，非官方的消息，除了不盡確實之外，有時或者是有作用的謠言，寫述時不可不審愼從事。在文字方面，除了列敘事實而外，頗少變化，例如：華軍自攻克南寧西北之石埠老口楊美及南寧以西之龍頭等地，將附近殘餘日軍分別肅淸後，確保各該據點，幷繼續擴張戰事中。竄擾扶南方面之日軍，以邕扶路交通被華軍切斷，極形恐慌，十九日乃糾集一部，圖向龍頭圩反撲，經華軍在龍頭西南之潭西附近猛烈激戰數小時，斃日軍極衆，日勢頓挫。華軍復乘勝衝殺，日軍不支，遺屍徧野，狼狽回竄，華軍正向扶南方面挺進中。

戰事新聞之引人注意，雖然在於新聞的本身而不在於記者的文字，例如「華軍今晨克復武漢」這樣寥寥八個字的電訊，其令人興奮的力量，決不下於一篇有聲有色的戰場描寫文字，但如在每次重大戰役中，能有隨軍記者把實地觀察所得的戰況，寫成詳細生動的報告，一定可以引起讀者更大的興趣。可惜在中國報界中，這一類記者人才尙極缺少。至於在事後補敍的作戰經過，大多已失去新聞的「敏速」要素，祇能作爲補充性的通訊。

除了忠實報道而外，軍事消息記者尤應在國家的立場上，就不歪曲事實的範圍內，儘量揭發侵略者的罪行，藉以鼓發民衆的抗戰情緒，喚起國際的注意。在己國軍隊獲得勝利時，當令讀者明白該項勝利意義的重大，倘或遭遇敗挫，則應示以對於整個戰局並無重大影響的理由。此項任務雖大部屬於執筆寫評論的人，但亦不妨在新聞中與以相當暗示。

怎樣寫特寫

一 特寫的意義

中國報紙對於特寫是素不講究的。在抗戰以前，特寫（Feature Story）的文字幾乎很少見到。披讀在報端的，有時候也許會看到類乎報道性質的專稿，然而不流於過分瑣碎，便失之過分嚴肅。過分瑣碎的東西，使人讀了得不到深刻的印象，因之在本質上也失却了「特寫」的意義。過分嚴肅的東西，令人讀了味同嚼蠟絕不感到興味，因之有等於無，而且還佔去了相當的篇幅，實在是報紙本身的一大損失。

在過去的報紙上何以沒有純正的特寫紀事出現呢？推究其原因，無非是：對於特寫的意義，體裁，風格及其利害關係，都不甚理解，所以縱然眼見各國報紙上都有特寫紀事的一欄，便一知半解地模倣，結果自然很容易失敗。

首先我們應當懂得特寫的意義。特寫，它根本就是新聞的一種，不過它的表現方式，它的表現程度是和新聞記事不同。新聞記事的寫作，有一定的限度，有一定的形式，可是特寫的寫作是自由的，一任記者的自由筆調去決定。換句話說，新聞記事在形式上，必須有一定的層次，例如前面的總冒文字，中間的新聞故事，末後的附錄記述等等，特寫的寫作却是不必拘泥於這種陳舊的套子，它可以用文學的手法，活潑地處理各種不同的題材。同時，新聞記事在報道的程度上，是被固定的形式限制了的，它至少不能深刻和詳盡地報道。特寫的編入却是補救了這個缺陷。正如電影裏的特寫鏡頭一樣，特寫紀事是抓住了事件的某一部分或某一點，予以充分地描寫或發揮，使事件本身有價值的材料完全容納，並且藝術的地表現了出來。

因此特寫的創立，其目的在求滿足讀者的新聞慾，趣味慾。特寫是新聞的輔助讀物，因為它能供給許多在新聞紀事裏所不能容納的東西；同時，特寫亦是吸引讀者，集中讀者閱讀興味的東西。讀者可以從特寫中找到許多別緻的興味和知識。在這種場合，一個報紙的需要特寫，就等於一個人的需要營養。營養不足的人往往面黃肌瘦，沒有特寫的報紙便失却讀者的注視力，很容易使讀者厭棄。特寫的工作愈成功的報紙，它的特點必愈顯著，愈能受廣大讀者羣的擁護。因爲報紙的新聞來源，多半是依賴於通訊社的供給。通訊社既同時供給了許多報紙以同樣的新聞，則各報的新聞內容自是千篇一律了。這種沒有個性的報紙，自然不會獲得讀者的愛好。所以，這樣看來，足以顯示特殊個性的特寫，簡直是報紙的生命線，是一份報紙的性格的標記。

正因爲特寫的涵義是如此，所以特寫的範圍是很廣泛的。凡有關人類生活的各項問題，只要是具有新鮮而興味的新聞價值的，都是撰述特寫的上好題材。例如桃色事件當事人的訪問，被希特勒驅逐出境的猶太人抵滬情形，文化性質的圖畫展覽會，八百孤軍的領袖謝晉元團長的哀榮，基督教華東六大學聯合舉行畢業典禮，暴徒襲擊直隸中央的金融機關，米奸商的囤積內幕，虹口的見聞錄，南市的毒化設施，雙十節國慶日或八一三滬變紀念日的上海市民的動態，濬浦局的變色，孤島新興事業的描寫，特殊人物的速記等等，都有足够的時宜性和興味性以吸引讀者的注意。

但必須注意的，是特寫文字的通俗化，和特寫篇幅的不應冗長。因爲報紙的對象是廣大的羣衆，特寫的文字便應配合大衆的吸收能力，把寫作儘量通俗化，務求一般的普通表現，不必專心於深奧的藝術琢磨。同時特寫的篇幅，應合於急速閱讀的原則，不然的話，即使有很好的題材，很好的表現形式，恐終因累贅的連載，而爲一般讀者所厭棄，或甚至忽略不顧的。

從上述對於特寫的解說，我們便可以得到一個簡單的定義，就是：

特寫是一種文藝性的創作，它的內容是有趣味的新聞資料，它的目的是報道，娛樂和灌輸讀者以現實的知識，它有通俗化的形式，便於急速閱覽的篇幅，鼓動大衆情緒的力量。

撰述特寫，第一步工作就是找尋特寫的題材。特寫的題材到底從哪里去搜尋呢？

從題材的來源上看，它和新聞的採訪實際上並不兩樣：新聞的採訪可以從（一）報紙的記事或廣告，（二）個人的實地觀察，（三）個人的過去經驗，（四）訪問，（五）有關某一問題的書籍刊物以及各種文件公告等等中找到，特寫題材的來源亦正與此相同。

報紙的記事和廣告是特寫題材的有力來源。讀者常常因爲讀罷新聞紀事以後感到敘述的簡陋，有發揮和補充必要的，這便是特寫題材的主要根據。記者可以根據這樣的線索，再去找尋題材，予以充分的發揮。例如新聞中有乞丐因禦寒而睡普善山莊的棺材，而終於被侵人的寒氣凍死在棺材裏的。這自然是極有刺激性的新聞，爲要滿足讀者的好奇心，特寫記者便可根據新聞的紀錄，去到指定的地點去採訪此類新聞，且憑其個人的觀察，用通俗化的筆法，寫述極有興味的特寫紀事。這是由新聞獲得特寫的題材。再例如從廣告中看到某畫家於某月某日在某處舉行作品展覽會等等，則記者根據此項廣告，依照規定日期及地點，去採訪去觀看，並作有價值的特寫文字。這是從廣告獲得特寫的題材。

有些時候，從個人的實地觀察裏往往可以得到寶貴的特寫題材。譬如生活在都市裏的人，仔細地分析起來，可以依照他們職業的不同，階級的不同，家庭狀況的不同，生活條件的不同，個性的不同，嗜好的不同，他們的衣着飾物等等的外表也跟着不同。這時候如果是一位觀察細密的特寫記者，那當他生活在這些人叢中，他定然會由實地的觀察而獲得寶貴的特寫題材。換句話說，他可以從上海市民的衣着飾物上看出奢華的上海社會，從上海市民的衣着飾物的變動上可以看出變換中的上海的都市風氣。一篇特寫「上海的鞋子們」，就是從這種實地觀察所獲得的特寫材料。因爲上海人的鞋子，是市民身份的表徵，要認識上海的各種各色的人物，就得從他們各種各式的鞋子上可以看得出來：同樣，要認識整個上海的社會，也可以從這些大批鞋子的活動上看得出來。

還是就個人生活中的一般的觀察。和這樣的觀察方法同樣但又比較容易的，則是某項事件的特殊觀察。

例如「平糶」是前些時候上海社會裏的一件大事。對於平糶的實際情形如何，上海的市民們必然渴想知道，因此特寫記者應當特地爲了平糶去作實地的觀察。下面便是關於平糶的一篇特寫。——

首批洋米八千包，已在昨天(二十八年九月十六日)上午八時起，開始分五區平糶。五個平糶區的平糶地點是：第一區北河南路靶子路口，第二區愛文義路卡德路口，第三區戈登路檳榔路玉佛寺，第四區西門路呂班路山東會館，第五區西愛咸斯路淡井廟。每區由米號業公會派主任三人，職員八人，老司務三人，和難民協會的監視員一人共同掌理。平糶的時間爲上午八時至十一時，下午二時至四時。每人最多平糶一斗，而且先買米票(計分二斗，五斗，一斗)，憑米票給以洋米。但結果，終因粥少僧多，秩序凌亂，而且還釀成了流血的慘劇。

× × × ×

當記者帶了一些食品，一面咀嚼，一面搭車抵達北河南路靶子路口的時候，錶上的指針告訴我：五點一刻！

上海像一個淫蕩的婦人，依然躺在溫柔的好夢裏。馬路兩旁的店家都沒有開市，僅僅一二輛匆匆忙忙疾馳而去的汽車，打馬路上穿過，劃了個弧形，消失在轉折的拐角了。這頗助長了我的寥寞的感覺。然而可喜的是，在北河南路靶子路口，那里却站立着一大堆人。男的，女的，老的，小的，長的，矮的，胖的，瘦的，各式各種的人都有，祇是他們有一個共通的特點：襤褸的衣衫。

來得這麼早呀，他們！

我便在他們站立的縫隙處擠去，聽取他們的談話。

一個滿臉蒙垢的女人，手裏提着個破麻袋，正向站在旁邊的白髮婆婆這樣嘮叨：「……阿三爸，昨天打廠裏帶回平糶的消息，誰個不叫喜呢？脫句實話，光靠他掙這筆工錢回來，要養活一家大小五口，那末，連呷呷薄粥湯怕還是不够呀！」

白髮婆婆將病態的頭搖擺着，把手提的籃子擱到地上去，沙着嗓子：「可是我哩：兒子在廠裏斷了胳膊以後，誰替我掙錢呵！東洋人沒有開砲以前，虹口的廠裏倒還有卹金給，現在廠叫東洋人的砲轟了，卹金還問哪兒拏？……」

在另外一個人圈裏，我聽到這樣的話：

「……半夜裏起來，天還是烏黑黑的，不敢睡，也再睡不着了。等到天剛放白，拖着這鬼丫頭出來，」她指指坐在地上的，她的面黃肌瘦的小女兒，「可是越走越不能走，越走越沒有氣力了。上個月生了孩子，今天要拖這鬼丫頭走十多里路，真不是玩的！」她把滿是皺紋的蒼白臉孔，苦笑了一下。

圍住她的人：「那末你的男人呢？可以叫他來呀！」

「男人？」她的聲音有些啞了。「他本是××汽車行的車夫，可是在前四個月，幾個東洋客人叫他的汽車去，開到江灣，給打死了！……現在，祇剩我們孤伶伶的母女三個，沒有喫的！……」

隨後圍觀的人愈來愈多。同時，在平糶處已站有數員探捕。然而擠在那邊的人，一推一擁地，幾乎難以維持秩序。八點鐘時候，開始發售米票了，於是人堆更激動起來，好像田野裏被風吹動了的麥穗，又像暴風陣雨下洶湧的海濤。眞的，我們不能責備他們，因爲，當飢餓了許久的平民，一旦眼見白米的時候。……

「格拉！」搭着的蘆席棚子被擠倒了。

「格拉！」門前的木棚欄子被踏斷了。

錯雜，混亂，爭先恐後，沒有秩序。……

× × × ×

九點鐘時候，到了西門路呂班路那里的第四平糶處——山東會館。

那里足有二三千人。他們圍住在山東會館的門口，遠遠近地擠成一塊團體，鉛那麼似的。而且正因爲人數太多，後面的人，生恐購不得米票，沒命地向前擁。被擠在前邊人叢裏的老婦幼童，時時高叫一二次尖聲，令人聽了很是不忍。但後來，突然，「嘩啦」地一聲，人堆更激動了，起了個大的波浪，急激的漩渦。

原來前面攔着的鐵條被擠斷了啊！

有許多老弱的婦人或幼小的孩童，立脚不穩，跌在地上遭人踐踏。所以只聽見一片悽慘的呼聲：「救命呀！救命呀！」

後邊的人以爲大門開啓，可以平糶了，便更蜂擁而前。結果，呼喚救命的人被踐踏更慘重。一個年約六十歲的老婦人，被人踏斷肋骨，血流如注；有許多女人和孩子，頭背胸腰各部，遍體創傷，分不清污泥與鮮血！

是的，這是錯雜而混亂的場面！他們是爭先恐後，沒有秩序的！

然而當你想到一羣飢餓了許久的平民，被飢餓踐踏着的一羣純潔的平民，一旦眼見可愛的白米的時候。……

× × × ×

尼采曾借着蘇魯支的口吻設：「飢餓襲着我了，好像一個强盜！」

然而誰又令這强盜襲擊着他呢？

這篇描寫平糶的特寫並沒有何種特殊的優點，但我們應當指出，它是單憑記者直感的印象主義的作品。這類純粹印象的寫作在文學的其他部門也許是很要不得的，然而在報紙的特寫文字中，它却有其存在的價值。正唯其是根據實地觀察的創作方法，才使作品本身帶有濃厚的新聞意味和報道性質。所以個人的實地觀察，乃是搜尋特寫題材的一個重要來源。

第三，是根據個人的過去經驗。例如描寫上海大水的特寫，則記者可憑過去那幾個對於大水的經驗，可以立刻知道大水在上海的情形是怎樣，給於上海市場的影響是怎樣，使上海市民們遭受到物質乃至精神上的損失和痛苦又是怎樣……。記者可憑其過去的經驗，再加以現在的觀察，便可以寫成一篇內容充實的文藝化了的特寫。這里且舉「東方威尼斯風光」的前三節，作為寫作此類特寫的說明——

東方威尼斯風光

一九三九年十月十三日下午，旱了好久的上海，略有微雨下降。夜，陣雨。十四日晨一時，狂雨。六時，上海已成水裏的都市。

下面是一幅水都的澤寫畫。

白茫茫一片

聽了一夜的雨聲，累極了。從被窩裏爬起來，探頭向窗外遠眺，眼見從來不積水的趙家衖裏，盛滿了雨水；從東端望到西端，滿是白茫茫的一片。

這頗惹起了我的興趣，心想：「莫非一夜的雨水又把上海闢做個水晶宮不成？」於是好奇心驅使着我，把我直帶往水晶宮裏遊歷了一遍。

我從辣斐德路出發，循着亞爾培路，西摩路，赫德路，靜安寺路，南京路外灘，石路，四馬路，西藏路，大世界，福煦路，再由亞爾培路辣斐德路回來。沿路我坐過電車，搬場汽車，公共汽車，黃包車，甚至有三處赤着脚在水裏跋涉。對於水晶宮的觀感的結論，應當是：水，水，水，白茫茫的一片，——在都市裏從來沒有見過的，那樣廣汎的一片白茫茫！

水面多漪漣

馬路成了河流以後，所有的車輛便只能在河流裏爬。電車永遠走着有規則的步伐，不慌不忙地活像一個英國的紳士，昂着頭，噴着白沫，遠去了。駕駛着公共汽車的胖個子，似乎不甘落在電車的後面，偏偏開足馬力，直往前奔。這一來便激怒了河裏的水流了，它非但白花四濺，還掀波作浪，洶湧起了頑强的浪濤。浪濤湧進了人家的門口，湧進了店堂，有時還冲翻了騎着脚踏車的人。在亞爾培路亨利路口，一輛脚踏車被浪濤冲倒了，人跌在水裏，看的人可哈哈大笑着：

「差一點沒呷到泥湯哩！」

水上有行宮

在平時，那些私人汽車，人都稱它作「行宮」。理由自然很簡單：因爲坐在這些傢伙裏，舒服的程度，就不亞於住在宮裏。但現在情景可不同了，在亞爾培路，在南京路一帶，很有許多「行宮」歇在那里，一動也不動，倒是一些黃包車們沒有空輛，沒有停歇，它們忙碌的程度正相當於碧波綠水下的小青魚。

坐在小青魚肚裏的搭客，把右腿擱在左腿上面，微笑着看「停宮」的主人正踏在髒水裏，把車頭蓋打開，似乎在發動機的機件上摸索着什麼。

因此，小青魚現在儼然是「行宮」了。（下略）

這幾節的描寫完全是文藝化了的。滲入於字裏行間的幽默的氣氛，有憑記者的觀察，有憑記者個人的生活經驗——因爲他跋涉洪水，曾經作了親切的實生活的體驗，因之他憑着這種個人經驗，才寫出了比較親切而生動的特寫。

所以個人經驗是由於個人的生活體驗的結果。它不同於個人觀察。因爲個人觀察是客觀的體驗，而個人經驗是主觀的體驗。在文學的重量上比較，後者自重於前者，但無論那樣的文學寫作，總是兼有這兩者的特長的。

其次，說到訪問。訪問是搜尋特寫題材的一個有力來源。它和上面說起的個人觀察不同。個人觀察多半是靜態的，僅僅憑着個人的理智判斷的，可是訪問則剛剛相反：它是動的，在情感的對話方式下進行的。個人觀察只是直接的採訪，訪問是間接的採訪。因爲有許多題材，以其時間和地域的限制，使記者不能直接參與或直接前往，這樣，便不得不借助於身歷其境的第三者的口述。

第三者的口述，雖然已通過了那人（第三者）的主觀情感，但記者可以發揮其警覺能力，從精細的觀察和判斷裏獲得眞確的材料。現在，由於社會的廣大，人事的繁瑣，對於新事件的發生，記者往往很容易漏過。爲補救這個缺陷，訪問便更普遍了。有人且把訪問記的寫作從特寫的範圍裏劃分出，因爲實際上，訪問記和特寫也的確有若干不同的地方。

最後，說到有關某一問題的書籍刊物以及各種文件公告等等的搜集。這一部工作雖然由報館的圖書室或參考部負責進行，然而爲要便利自己的參考，特寫記者很應該依照自己的趣味，搜集各項爲自己所注意的專門問題的參考資料，因爲這些資料可以幫助他充實寫作的內容，幫助他訓練成正確的判斷能力。如果對於一個專門問題的特寫，僅憑作者個人的臆測，並無可恃著作的幫助，那麼這樣的特寫，即使不是錯誤百出，亦會必然空虛浮泛，沒有閱讀的價值。

所以爲了要充實特寫的內容，豐富在作品中所提供的意見，參考資料的經常搜集是必要的。何況在這些參考資料中，作者還很可能地常常會發見新的特寫資料，新的特寫題材和特寫題材的線索。

特寫題材的來源，以及搜集和處理這些題材的方法，大抵在上面這五種範圍內粗粗地說明。總之要把惹人注目的社會事件反映在報紙的特寫文字裏，最最重要的關鍵，還是在於鍛鍊記者的警覺，養成銳利的眼，嗅覺敏感的鼻子，識別事理的耳朵，因爲無論怎樣的特寫題材，都須通過記者的主觀情感，個人機智，然後才能作客觀的敍述和批判。所以特寫的記者是必須在這方面多多鍛鍊他自己的。

三　特寫的體裁

特寫的體裁可以分成這樣的五類，即（一）非人的描寫兼記敍文（The impersonal narrative—

descriptive article）：（二）訪問記（The interview story）：（三）個人經驗談（The Personal experience story）：（四）人物素描（The Personality sketch）：（五）指導文字（The how-to-do-something article）等等。

以上五類特寫之中，除了訪問記另章敍述外，第一種「非人的描寫兼記事文」要算是最普遍的，最常見的，也是最值得我們一說的。現在先從指導文字說起。

指導性質的特寫，在中國目前的日報上似乎比較少見，有之，那是編在副刊裏的副刊文章，絕不是特寫。指導性質的特寫，其寫作的態度應當比副刊文章更爲莊重和嚴肅，文字的組織也該有完整的系統，內容則更應包涵豐富的材料。這類特寫文字的目的，是在使讀者學習一些專門的知識，幫助他們獲得許多實際的方法，例如都市生活應當如何進行健康的鍛鍊，怎樣從某項書籍中獲得特殊的智慧，如何在商業的經營和競爭上得到最大的勝利，對於某一類的人事應當如何去對付等等。寫作的人根據自己或他人的經驗作有系統的報道和描寫。所以這類文字的體裁是沒有固定的方式，可以是採訪問的形式的，可以是問答的體裁的，可以是個人的獨白式的，可以是客觀的敍述的，可以是片段的報道的，可以是讀書劄記式的。總之這類文字的體裁很自由，一任作者的方便而定取捨。又因爲寫作這種純粹指導式的文字，往往很容易令人讀了感到道學的氣味，得不到絲毫的刺激，所以這類特寫是惹不起讀者的注意的。變通的辦法，唯有把指導性質的文字穿插主觀的描寫，把整個資料組織在故事（Story）之中，讓讀者從趣味的描寫中去領略嚴肅的學問。這是應該而且也是必須注意的一點。

其次，說到人物素描。表面上看來，人物素描的體裁似乎相同於人物傳記的體裁，其實却是完全兩樣的。人物傳記的作法是全面性的，是有整齊的資料（把資料愈吸收得多愈好），精細的筆法（愈描寫得事事精密愈好），歷史的感情（每舉一事，必說出發生這一事件的時地根據）。可是人物素描則可以根據集中於某一觀點上的資料，作片面的發揮。描寫的筆法也是以某一問題作中心，着重於某某數點，決不是這一人物的全部生活。描寫既有輕重的區分，處理自然也沒有歷史的感情，而是以接受這篇特寫的多數讀者的興趣作爲依歸。多數讀者對於新聞中的人物，無論是成名的或是無名的，他們都會感到極大的興趣，渴望有人物素描一類特寫體裁的文字去滿足他們的慾望。他們的慾望既建築在興味的基礎上，寫作這類特寫的記者自然不能抹煞讀者的興味，反之，應當集中在這些興味上去描寫。這也就是這種人物素描的特寫，何以受多數讀者普遍注意的原故。

所以人物素描的體裁，可說是片面的傳記體。在人物素描中，可以用野史的筆法描寫，可以將古怪人物的古怪處所强調地暴露，把奇聞逸事的奇特之點予以有力的描寫，把特殊習詞和怪僻論調作分析的研究。在人物素描裏，作者可以充分地應用對話，或插入有趣味的背景描繪，務使讀者如聞其聲如見其人。這便是人物素描的自由體裁，也是這類體裁的優點或長處。

至於個人經驗談的體裁，那是第一人稱的寫法。有時候也用第三者的口吻，但在敍述的時候，第一人稱是多於第三人稱，且亦易於第三人稱。例如經營絲繭業的商人在敍述其經驗的時候，紀錄的人就得依照敍述者的口吻，如是則必更生動和活潑。要是採取第三者的口吻，那麼必定「記者」「記者」地擾亂了讀者的思緒，分散了讀者的興味，且這樣的體裁（即採用第三人稱的敍述），很類似訪問記的體裁，決不適宜於個人經驗談的寫作的。

個人經驗談必須採取第一人稱的另一個理由，乃是使讀者加深對於文字的信仰。因爲第三人稱的寫作，很容易使讀者懷疑作品的眞實。「第一人」的材料由「第三人」去處理，無論如何已多少減弱材料的客觀價值。如果用第一人稱的體裁反映出來，則雖也是通過了第三者的主觀處理，但其眞實性，由於以當事人的口吻（自白的形式）出現，而使讀者感到敍述的親切，因而也忽略了作品的紀述是已經通過第三者的筆墨的。

個人經驗談的特寫，在目前的新聞紙已經不很多見，有之，則都是些訪問記體裁的特寫。

最後，說到第三人稱的描寫兼記敍文。這一類的特寫，其主要的內容並不在「人」，而是在分析或解剖某種制度，某項組織，某個系統，某件事理。爲了幫助讀者的理解，在內容上容許他加添歷史的資料，列舉具體的例證。所以這類特寫是屬於最正常的一種體裁。我們眼見報紙上的新聞紀事，也是通過這樣的體裁而出現的。因之第三人稱的描寫兼敍事文的特寫，便是新聞紀事體裁的形變化，是新聞形式的正常表現。

四　特寫的作法

在這里，我們單說第三人稱的紀敍特寫——也就是特寫的各種形式中最普通最常見的一種。當特寫記者把題材或資料搜集並整理好了以後，如何把那樣的內容用文字表現出來呢？這確是二個重要的問題。爲了敍述的方便，且分作（一）組織，（二）形式，（三）措詞用字，（四）格調，以及（五）表現方法等五方面，說明如下。

在未經作者落筆寫作以前，首先解決的問題，乃是組織的問題，也就是怎樣使材料和文字配合地統一起來的問題。

特寫的組織，在大體上也有一定的格式，換句話說，它的組織頗類似新聞紀事的組織。新聞紀事的組織，總不外乎可以分成（a）撮要，（b）正文，（c）附錄這三大部分。特寫所不同於新聞紀事的是：（一）這三部分的劃分並不是很顯著的，也就是說，特寫的撮要並不就是老老實實的整個內容的撮要，附錄也決不是枯燥無味的記載。它的撮要和附錄都有可以千變萬化的特殊形式。（二）特寫跟新聞紀事完全不同的部分，是在：新聞紀事沒事藝術的處理，而特寫却有紀敍的波浪發展，故事中心之高潮點（Climax）之存在。爲容易理解起見，這里舉出「無事可做的濬浦局」作爲解說的例子。

無事可做的濬浦局

蘇州河一天天地淤塞了，吳淞口外的「神灘」滿積了污沙，黃浦江裏的許多碼頭，如亞細亞，美孚等等，再不能停泊吃水較深的船隻。而且在今年夏天，浦江裏的水更幾度倒灌上陰溝，讓馬路變成河流，讓鬧市暫成澤國，這是爲了什麼呢？是颶風把潮水吹上了灘岸？還是岸上的泥沙坍塌到江心裏？總之這已成爲一個嚴重的問題。但爲什麼這問題到了現在才變的嚴重？爲什麼在戰前浦江裏的水是很平靜的？難道挖泥的工人偷着懶？難道以前沒有泥沙的淤積？抑或是現在缺少爬挖淤泥的器械？

要解答這些問題，我們便不能不提起濬浦局。

濬浦局是主要地開挖浦江淤泥的一種國際性的組織。它的工作對象是（一）蘇州河，（二）黃浦江，（三）吳淞口外的「神灘」。它的工作目標是要使上述三處的水流暢達，水量日增，並且要人爲地消滅江水的泛濫。所以在戰前，它曾運用各式各種的挖泥船，一面挖出淤泥，一面塡補足以阻礙水流的曲折灘岸。經過了長時期的奮鬥，居然把黃浦江犬齒式的兩岸，塡造成許多圓滑的弧形，使水流暢通無阻，並且還把「神灘」的泥沙逐漸挖出，投入崇明島北岸的江水裏。因爲他們企圖着想把崇明島和江北的陸地接連起來，讓東海的水合併往南岸流，於是水流既急，江底沉澱的泥沙自會被急流冲去。這是有利航業的。幾年來，外洋的貨輪，能靠着外灘的碼頭，且在潮汛時期而不致讓上海淪爲澤國的，都是濬浦局的功績。

濬浦局主要的工作自然是淤泥的開挖。說到開挖淤泥的器械呢？那都是裝置在挖泥船上的。因爲器械的不同，挖泥船的形式亦各異。就這些挖泥船分起類來，大別可歸納到這樣三種：（一）水桶式，（二）攫抓式，（三）爬送式。水桶式是把水桶插入淤泥後將淤泥由桶中吸上；攫抓式裝有一種活動的抓犂，抓犂能自己沒入江底，抓取淤泥後出水拋在船中；爬送式則是一種移動的挖泥方法：當船的本身行走時，其側面置一大鐵爬，隨船身的前進而把經過地方的淤泥爬住，並有機器自會送上船艙，再在艙裏將泥塊打爛，然後由自己載着，到指定的地點拋去。這三種挖泥船中，惟有第三類能自動的，一二兩類須得賴小火輪及駁船的拖帶才能行動。所以比較起來，第三類最新式，挖泥的效率亦最高。這種挖泥船現在共有兩艘：

其一是四千噸的「建設」（船名），價值約三百萬元；另一艘則是在德國定製的，迄今因戰事關係而未曾運來的，價值約四百萬元的「復興」。它在世界各國的挖泥船中可算是最新穎最龐大的一艘。

此外濬浦局還有一個重要的設備，和一處自製的產業。前者乃是張華浜的機器廠，後者便是用泥土堆積成的定海島。然而現在統入日人的手了，那些挖泥船以及其他各種輪船，也都遭到同樣的厄運。

所以，誰還說浦江的淤積是由於挖泥工人的偷懶？

進行濬浦的挖泥工人，以前有八百多。現在雖無工作，但雇員人數仍不增不減。至於濬浦局內部的組織，則分成許多等級。最高級的機關便是以浦江商業最有關係的六國代表所組成的顧問局（所以說它是國際性的組織），其次是三位局長(Directors：一位是河泊司，一位是稅務司，另一位局長則是中國人。以前中國局長爲宋子良氏，戰後日僞指定由李建南「掛牌」（因未到局）。局長之下便是總工程師，此席素由外人担任，但自一九三七年五月英人查得利君辭職後，繼任的却是中國人薛卓斌君。薛君係交大畢業，美國麻省理工大學碩士，局中實際事務都由他指揮，權力頗大。以下分成許多科，爲濬工科，建築科，水理科，測量科，祕書科，會計科等等。各科地位雖係平等，然職務上以濬工科和建築科的工作爲最繁重。職員薪俸（附津貼）除總工程師月酬一千五百餘元外，餘自五十元至一千元不等。工人月薪自二十元至二百元不等。現聞因爲生活程度的高漲，所以將依照薪俸多寡再酌予津貼。至於局中經費來源，則都自海關的濬浦捐(Conservancy dues）一項下支出。

現在，濬浦局失却濬浦的器械，工作人員失却工作的材料，眼看着神灘上又漲了汚沙，蘇州河又積起淤泥，黃浦江更患上消化不良症。然而叫赤手空拳的他們如何辦好呢？好在海關的濬浦捐始終還有，職員們的薪俸仍然可以得到，因此他們仍然天天上局裏去，但他們的辦公材料却是些報紙，茶葉和新聞題材了。真的，他們除了閱報，呷茶，和談話以外，別的還有什麼可做呢？

這決不是怠工，他們決不願意於這樣的生活。黃浦江的重患消化不良症亦決不能錯怪他們。

於是乎讀者一定要問：這責任應當由誰負呢？

代替回答的，我應該告訴你這樣一件妙事：正當浦江各碼頭淤塞得將不能營業的時候，日本商人的碼頭如匯山等等，卻是由劫奪來的許多挖泥船開挖着，開挖着，把臨近的江底開挖得深了，更深了……

這種但願「衆人皆濁吾獨清」的企圖，使我們不難窺破挖泥船的劫奪者是有商業獨霸的陰謀的！

一九三九，八，二十五。

從這篇特寫的組織上看、第一段劈頭來了接連着的八個疑問，便可以說是全文的撮要，因爲有了它，然後才引出「不能不提起濬浦局」的正文來。附錄的文字，見於末後的三段。然而這也正是全文的緊要關頭，是作者寫述這篇特寫的最大理由，所以也可說是高潮的地方。——但這顯然不同於新聞紀事的組織。至少它沒有新聞紀事那樣的呆板，固定，缺少變化的自由。

再從形式上看。特寫應該採用怎樣的形式才受讀者的歡迎呢？我們認爲特寫的體裁應當多多變化，文字之中，隨着需要，加入各種有趣味的插畫，廣告或其他印刷物的照片，花邊的運用，現成文句的節錄，一連串的疑問句子，特殊的事例，奇妙的故事，詩意的插話……等等。這些外表和內容的改造，都可增加特寫的新 成分，同時也增強了對於讀者的吸引力。

第三，關於措辭和用字。特寫的對象是社會的大衆，特寫本身具有教育和啓蒙的作用，所以寫作特寫的文字，應當力求淺顯，避免艱澀的字眼。措辭更應當明晰暢曉，可能的話，多用大衆口頭的成語，因爲愈通俗的文句愈能接近大衆，愈受大衆的歡迎。

第四，關於特寫的格調。特寫之所以異於普通的新聞紀事，最大的特徵，乃是在於：新聞紀事只是平平常常地報道了事件的經過，而特寫卻還含有文藝的風味，敎育的任務。所以特寫是備具濃厚的文藝色彩，容許它有形象的說明。

至於特寫的表現方法，那是隨各人的觀感而不同的。普通的寫作法則，總是在未着筆前，先有幾個寫作的綱目(Detail)，敘述的時候，則可以運用以下各種方法，以達成表現的目的。例如：(一)具體例證的舉出，(二)客觀事件的描寫，(三)重要的統計，(四)故事演變的展開。一和三是材料的問題，二和四是技術的問題。

譬如以「無事可做的濬浦局」爲例吧，那末開端的三句，便是三件具體的例證，它幫助作者做了敘述本文的楔子。第三，第四，第五，第七等段，則全是客觀事件的描寫。七段中說到職員的薪俸，都是統計的數字。第二段，第六段以及第十段，都是使故事演變到一個新階段的過渡描寫，純粹是技術的問題。

關於特寫的寫作方法大抵已如上述。但特寫不是一件機械的東西，因之它的組織成分也不是固定的；寫作特寫的人，應當隨着材料的需要，表現的方便，來採取一種最最適宜的表現手法。這是應該而且也是必需的。所以以上所說的特寫製作方法，不過是足以借鏡的一例而已。特寫記者須得打破公式主義，儘量創造他的嶄新的前途。

怎樣寫訪問記

訪問記原也是特寫的一種，不過它以「人」爲對象，並且採取對答的方式表現出來，有時候甚至僅僅錄下對答的語句，所以在其本質上有不同於一般紀事體裁的特寫文字。

一篇訪問記的寫作，首先自然是對於某一人物的訪問。記者根據訪問的談話內容，在當時或事後筆錄下來，然後再整理一過，予以發表。因之訪問記的內容，是決定於訪問時的談話內容，然而訪問時談話內容的決定，却又遠在當記者還沒有作訪問前的準備或計劃。換句話說，一篇訪問記的寫作，雖然必須嵌入被訪問人物之客觀的談話資料，可是文章的組織，討論的主題，却始終由訪問的記者決定的。訪問的記者可以完全控制被訪問者的談話範圍。於此可知，一個寫作訪問記的記者，對於人物的訪問，談話的資料，是應該如何慎重地準備起來。經過愼密準備的訪問，才能寫出扼要而精闢的訪問記。

在訪問一個人物以前的應有準備，是多方面的，例如（一）被訪問人物的歷史，（二）被訪問人物的事業，（三）被訪問人物（及其事業）和社會大衆的關係，（四）被訪問人物（及其事業）的爲一般人所注意並渴知的地方，（五）訪問的重心是那幾點，（六）訪問的時間和訪問的層次是怎樣，（七）被訪問者的個性——尤其是談吐的習慣是怎樣，並且必須在怎樣的訪問下才能適應他的個性。等等。

這里，第一點研究被訪問者的歷史是很重要的，因爲如果不知道那人的歷史，便可能地會不理解那人的談話。一個人在人家的面前批判自己，便往往很容易牽涉到自己過去的歷史——不論是成功的或是失敗的。而當記者和他談話的時候，僅僅顧到目前的成就，浮面的現象，則缺乏歷史根據的結果，記者的認識必然不能深刻，因而訪問記者的內容亦將是不着邊際，不能有深邃的刻劃。而且沒有歷史感情的訪問，根本上也很難有成功的發掘的。

要有成功的發掘，記者不單須研究被訪問人物的個人歷史，同時更須研究被訪問人物的工作和事業。因爲一個人的值得受人注意，接受記者的訪問，其必有受人注意的工作和事業的存在，自不待言。一個人物的所以偉大，是因爲他能創造偉大的事業，並不是他生來便是一個偉大的人物。所以訪問的對象，雖然是一個偉大的人物，或受人注意的人物，但訪問的實際對象，却不是他，而是他的事業，由於他的創造出來的惹人注目的事業。忽略了對於被訪問人物的事業研究，便是等於喪失訪問的最最重要的根據。

但是僅僅注意被訪問者的事業，而忽略了被訪問人物（及其事業）和社會大衆的關係，也是要不得的。因爲大衆所關心的，是在和他們有切身關係的地方，絕不是一件與大衆無關，與社會無涉的完全私人的私事。我們必須撇棄那些純粹「私下」的部分，側重於和社會大衆有密切關聯的地方，這樣的訪問記才有社會的價值，才會受多數讀者的注意。

在這個社會上，社會的事業實在是太多了，有許多社會事業甚至已經普遍得爲大衆所熟習。如果一個記者僅僅注意到事件的社會性，而忽略了那樣的社會事件並不爲大衆所渴知，那麼他的訪問記，必然還是惹不起讀者的注意，也就等於失卻社會的價值。所以寫作訪問記的記者，一個無可忽視的要點，乃是他必須研究被訪問人物（及其事業）的為一般人所注意並渴知的地方。這些地方才眞正的是值得記者的訪問並作訪問的材料。

以上四點是訪問前基本資料的準備。有了以上這四方面的資料搜集和研究工夫，然後第二步，記者應開始訪問的技術準備。

訪問的技術準備的第一點，是確定自己的訪問重心。換句話說，每次訪問必須要確定自己的中心思想，使自己和被訪問者間的談話，能夠集中在問題的中心，不致說了許多浪費的話而還得不到談話的要領。其次，是考慮訪問的時間和訪問的層次。有許多訪問，被訪問者常因時間的局限而規定訪問的時間（例如下面有一例即規定十五分鐘的訪問時間的），這時候記者便應注意訪問的時間和問題的討論層次，如果沒有精密的研究和估計，而且沒有訪問的技術配合，則因訪問時間的侷促，很容易使訪問的結果完全失敗，或至少不得要領而歸。

最後，也就是技術準備的第三點：記者必須研究被訪問者的個性——尤其是他的談吐習慣。每一個人有每一個人的談話習性，有人喜歡在談話的時候大發空頭議論，有人喜歡在談話時聽人家說一些恭維的話語。記者對於這些，事先應從第三者那里打聽清楚，然後在訪問的時候，才能控制對手的談話，獲得理想的成果。

以上七端，是訪問前的應有準備，也是使一篇訪問記寫得完善的應有準備。

現在應當一說寫作人物訪問記的體裁。

寫作人物訪問記的體裁有兩種：一種是特寫式的訪問記，一種是電訊式的訪問記。

特寫式的訪問記，是在訪問時間答的談話之外，參加記者的主觀描寫，例如訪問前的情形，訪問時的環境，訪問後的感想等等。總之是滲雜了記者個人的意見的。

電訊式的訪問記，因爲要節省電費，所以紀錄的僅是幾句扼要的談話——訪問時的主要問答。此外關於環境的描寫，記者個人的感想等等，都是絲毫沒有，也不需要參加進去的。

這里先舉出戰前美國記者柏爾訪問蔣委員長的訪問記，這是一篇特寫式的訪問記。原文是——

常常聽得說年方四十七歲的中國領袖蔣委員長，是世界上最難得會見的要人。這話也許是對的，至少他不是個很容易見面的人。這有三種緣故：（一）蔣先生不輕易接見賓客，（二）他是硬幹實幹不尙空談的領袖，（三）他太忙了，軍事，政治，社會各方面的事情集中在一個人身上；而且常常要巡視各處，幾乎完全沒有閒暇的時間。他之所以不容易見面，就因爲他是世界上事務最忙職責最重的軍事領袖，常常乘着飛機飛來飛去。假使要和蔣先生談一次話，必須腦筋明晰，動作敏捷，有忍耐心，經過繼續不斷的追求，同時還要碰個人的機會。

我得蔣先生約期晤面的消息，後來聽得說牯嶺召集重要會議，我又馬上跑到牯嶺去。在牯嶺，孔祥熙先生住在廬林五十一號，蔣先生住在廬林十三號。孔先生是個氣宇恢宏的政治家，他曾經幫助我會見×××，我現在又抱着滿腔的希望去看他。但是他告訴我，蔣先生病了，暫不會客。我聽了很覺失望。我住在廬林一所木做的小屋裏，蟋蟀瞿瞿的悲鳴着，滿山的樹，被風吹得沙沙作響，山溪潺潺的流動，發出嗚咽欲絕的聲音。我唯一安慰我自己的方法，勉强吃了一餐飯，飲了一杯威司克酒，納頭便睡。睡了好些時候，聽得外面一陣敲門聲，我一面開燈，一面叫他進來（牯嶺房屋，例不閂門），一個黑髮面貌很整齊的中國僕歐呈現在我的眼前。

「旅館裏的電話」，他說。

「你去告訴他，我已經睡在床上了，今晚不能再爬過山頭去接電話」。我扭熄了電燈，依舊躺在床上。中國僕歐悄悄帶上門走了。

第二天早上，有一張紙片靠近門的地板上映射到我的眼簾。我從床上跳下來拾在手裏一看，上面寫着

：「財政部李祕書約請柏爾先生於明晨八時半至九時前往一談」。我如約去會李祕書，他說，「委員長願意在午餐的時候接見你，地點是蘆林十三號委員長公館。可是委員長病體尚未十分康復，同時又忙得不可開交，祇能和你作十五分鐘簡短的談話。」

十五分鍾雖然是很短促的時間，但是一個有腦筋的人，也能夠說很多的話。我在十二點欠十分，跑到委員長公館。門口有兩個綠色制服的青年兵士，攜帶着自動槍竚立着。我遞了一張名片，向屋子裏指了一下，一個兵士持了名片，送到另一兵士的手裏。不一會，有一位漂亮的招待員把我引到了一間冷靜的客房。停了一下，又把我引入寬而短的走廊，上了扶梯，走進一間較大的客房。在這里，陳設得很合式，但並不怎樣華貴。從窗眼裏可以望到外面爭妍鬥勝的翠菊，樹木陰翳的山峽，以及淡灰色的遠山頂。我一眼看見孔博士帶着笑容站在我的前面，他旁邊站着一位漂亮的中國貴夫人，臉上也浮着禮貌的笑意。孔博士和我握過手以後，向雙方介紹說：「這位柏爾先生，這位蔣夫人。」蔣夫人也和我握手，說了聲「幸會」，請我坐在大椅上。她說得一口道地的英國話（她在 Willesleg 大學畢過業，）孔博士也和我們閒談着。

這當兒，我聽得屋子裏發出輕微的足步聲，隨後有一位精明強幹的偉大人物走了進來，房中的人都站了起來。孔博士又替我們介紹說：「這位柏爾先生，這位蔣委員長閣下。」於是我和這個人慇殷握手。這個人未來的歷史，會被稱爲「中國華盛頓」的。我覺得我和他談話的機會，祇有十五分鐘，不能讓一分一秒白白損失掉；但我在未開口以前，不能不犧牲幾秒鐘，一瞻他的豐采。他穿了一件很整潔的藍色長袍，瘦而結實的身體，額高，鼻大，黑鬚，目光炯炯射人，這是我生平所僅見的不怒而威的儀表。假使他和你談話的時候，他會很留心的注視你，如同灼見你的肺腑一樣。你不會相信他是不懂得英語的，也許他有察言觀色的本領。他在未回答以前，很留心的聽翻譯的華語。他回答得很迅速，很柔和，臉上常浮着笑容，然而笑容中自有無限威嚴的氣象。

「閣下」，我開始發問，「我可不可以請教，中國民族在精神上，道德上，體質上，能做第一流軍人嗎？」

「毫無疑義的，能够適合這條件。中國人極忠實，極勇敢，願爲有代價的犧牲。照體質說，可以忍受長期的痛苦；尤其是山東，河南，湖北，浙江之一部，廣東，廣西，都是產生好軍人的地點。中國軍人所需要的，是合乎科學的訓練。」

問：「中國很大的國軍，是不是將來政治之統一，經濟之建設所必需的東西？」

答：「不是的。中國最大的期望是和平。我們最反對軍閥的誇大性，我們無侵略鄰國的野心；也不願維持巨大的軍額，現在正從事整理，以達到核減兵額的目的。我們所需要的兵額，以內足以維持秩序，外足以保護國權爲限度。至於政治之統一，經濟之建設，我們所依靠的不是武力，而是普及教育，以及各領袖的精神團結。」

問：「有些近代的作家常常討論到『征服者』的問題，恐怕在東亞會產生一個『征服者』，把全世界都征服在她的權威之下。」

這段話由蔣夫人担任翻譯，蔣先生的目光閃閃如電的傾聽着。

「你相信會有這種事情嗎？你覺得各民族會不會團結起來，以抵禦這個『征服者』嗎？」我逼緊一步問了這兩句。

答：「我完全不相信『征服者』會要抬起頭來，不管她想征服一部分，或者征服全世界。縱令有一個抱着這種野心的國家或人民，憑着我們經驗的判斷，民族和國家的團體是不容易減削的。牠們（指民族和國家）也許向文化低頭，但決不向『征服者』低頭。整個的征服人家，是不可能的，無論是誰。開始這種不可能的工作，在未達到他們的迷夢以前，必會遭遇到打擊。無論個人也好，一階級也好，國家也好。有的時候，抱着征服全世界的思想，假使他們能够把事實和歷史研究一下，把人類複雜的情感特性想一想，都不難覺悟到全世界或世界之一部，決不容有這一類的狄克推多出現吧。」

問：「誰是歷史上最偉大的軍人？他對於人類可寶貴的東西是些什麼？」

這段話是孔博士翻譯的。他很促切地注視蔣先生，以待蔣先生的答案。我想：你們必定會猜想到蔣先生的答案，不離乎「亞力山大」「凱撒」「漢尼拔」「拿破崙」「惠靈吞」（擊破拿破崙的英國名將）「李將軍」（美國南北戰爭時南方有名的領袖）「格蘭特」（美總統，頗有戰功），這些有名人物了。然而蔣先生的答案出乎意料之外。

答：「我的意思，孫中山先生是歷史上最偉大的軍人。他以最少的困難，最少的流血，最少的破壞，能夠戰勝一切，把榮譽歸於國家，以達到保衛民族及防衛國家的目的。孫先生還有一種別人辦不到的本領，能夠化敵為友，避免戰爭的慘酷。他對於人類最大的貢獻，就是把佔了全世界人口四分之一的民族解放出來，而未經過一場大流血。他的軍隊是和平的軍隊，憑着主義戰勝敵人，而不憑着槍砲。他把廣大的被壓迫的民族解放出來，使他們享受國民應有的權利。」

問：「委員長對於國際和平運動，有沒有真實的信仰？」

答：「我相信和平運動必能得到最後的勝利。否則，世界文化必有被毀滅的一天。因為文化和戰爭是不並容的。我以為戰爭是一種愚蠢的災害，是道德上物質上的大敵人。現在的和平運動，比過去的時代都努力些，未來的公理之實現繫於此，世界的解救也繫於此。」

問：「閣下將如何進行維持世界和平的工作？」

答：「我憑着貫輸一種教訓，履行國際條約的教訓。這種禁止國際間互相侵略的教訓，在任何情形之下，大家是應當絕對遵守的；縱然有些國家受了委曲，也應當採取和平方法以圖矯正。國際間一切動作，都應以和平合作為基礎。」

問：「我祇有一個問題了，這問題即是新生活運動的核心是什麼？」

答：「這是造成一種健全國民資格的運動。我國有四五千年的歷史，民族具有優美的德行，不幸後來失掉了這種德行，我現在想把先民固有的德行追了囘來，掃除奢侈和迷信的陋俗，代之以清潔簡單的生活。」

我和蔣先生蔣夫人孔博士告別以後，回到木製的屋子裏，吃了一頓飯，飲了一杯威司克酒，我覺得味道比昨天的好多了。這一晚蟋蟀還是瞿瞿的叫，好像美妙的音樂；風聲，樹聲，流水聲，無一不清脆悅耳，我好像住在美妙的樂園裏。

× × × ×

這是一篇動人的訪問記。讀着這篇作品的時候，我們有像欣賞詩篇一樣的瀟洒的感覺，令人感到無上的快意。

仔細分析這篇作品的組織，前六段是描寫訪問前的情形，第七段是描寫訪問時的環境，從第八段到第二十四段，是訪問的實際內容，第二十五段是訪問後的感想。其中第十七段，乃是滲雜進去的記者個人的意見（主觀的考察）。

一篇訪問記自然應當把訪問前的描寫儘量縮短，可是像記者柏爾的訪問蔣先生，而且是在十五分鐘內時間限制下的訪問，的確是一段饒有趣味的經歷；記者把經過的情形寫下來，不單不會減煞訪問的主題力量，反且增加了讀者的閱讀興味。而末後的一段回述到蟋蟀的叫聲，風聲樹聲以及流水的聲音，正是第二段文字的極好對照；因爲同樣是那樣的聲音，而反映着的記者的心情却是迥然不同了。所以加添末後一段的環境描寫，一面使訪問的中輟在讀者看來不致感到突兀，同時還使整個訪問記成爲了一件完整的藝術品。

至於這篇訪問記的最大優點，則是在記者所提出的那幾個精確而扼要的問題。在有限的十五分鐘以內，他提出了七個重要的問題，包括了蔣氏的個性，主張和信仰。這是此次訪問的最大的成功，也是這篇訪問記的最有價值的地方。

寫作訪問記的記者，就應當向以下兩方面學習，即（一）怎樣在訪問時提出精確而扼要的問題，使被訪問者不致浪費時間，也使讀訪問記的人不致感覺沉悶；（二）怎樣把訪問的談話紀錄和主觀的感覺描寫（包括環境、感想等等）適當地配合起來，使訪問記成為一件生動有味的完整的藝術品。

但也有許多政治性質的訪問，僅僅紀錄了訪問時的重要談話，把一切的主觀描寫都擯棄了的，——這便是電訊式的訪問記。

這方面最足以代表的例子，是戰前日本記者的訪蔣記。現在先將電報的全文轉錄如下——

【中央社廿七日南京電】蔣委員長二十七日接見日本大阪每日新聞記者，作如下談話：

（記者問，以下簡稱問）中國對日態度，似尚有繼續抵抗之傾向，一說中國欲於一九三五、一九三六年，當日本處於難局之際，投入國際紛爭之漩渦中，與日本一戰，未知確否？

（蔣答，以下簡稱答）中國一部份之國民，不免有此思想；但明瞭世界形勢與東亞大局之人，決不願世界有戰爭之危機。蓋世界之和平，乃東亞之福，亦即中國之利，中國不但不希望有此危機，亦不願有此危機也。

（問）委員長對於日本有何感想？

（答）中日本為東亞兄弟之邦，應以道義相交；除以道德與信義為基礎外，再無其他方法可言。

（問）滿洲事變以來，中國欲依賴列國與國聯解決對日問題，得毋因此反誤東洋大局乎？

（答）中國既為聯盟之加入國，則遵守聯盟規約，實為當然之事。

（問）滿洲事變以來，列國之勢力，或軍事的，或經濟的，漸次大大的侵入中國，是否與日本相提攜之旨相反？

（答）以本人所見，近年來歐美列國在華之權利不獨未有增加，而且不斷的歸還於中國。

（問）解決現在中日關係之方法如何？

（答）中日兩國惟有以道德與信義為基礎，方得解決一切問題，前已言之；但此事之關鍵全在於日本之本身，而不在於中國。

（問）日本在倫敦軍縮會議之主張，不外欲確立東洋獨自之立場，委員長之意見如何？

（答）本人對此問題，尚未詳細研究；不過軍縮會議能得圓滿解決，則世界將日臻於和平，此本人所希望者也。

（問）日本甚希望國民黨不爲今日之國民黨，而還原爲孫總理以大亞細亞主義爲根本之國民黨，委員長之意見如何？

（答）現今之國民黨，始終遵孫總理一貫之遺志而行，並無前後區別。而且本黨自有本黨的立場與主義，如果實行孫總理所主張的平等互助之大亞細亞主義，我想世人不致有所反對。

（問）中國之統一政策如何，西南是否再有問題？

（答）中國早已統一，西南決無問題。本人可保障中國不致再有內戰發生。

（問）如全國民衆推戴事實上獨裁者之委員長爲大總統，是否有就任之意思？吾人以委員長爲中國之墨索里尼，希特勒，基瑪爾，尊意如何？

（答）中國與意大利，德意志，土耳其國情不同，故無獨裁之必要。至於大總統問題，本人腦海中實無此考慮之餘暇，在吾腦經中者，惟有中國之國家與本人之責任而已。

（問）新生活運動之抱負如何？

（答）發揮中國固有之舊道德，使中國人人成爲現代之國民，此新生活運動之目的也。

（問）邊境問題之方策如何？

（答）凡中國領土要由中國人自已治理，此乃全國國民之共同思想也。

× × × ×

這篇訪問記共包含十二個問題。從問答的語意研究，則日本記者的發問，顯然是帶有自負的口吻，但其所提的問題，有着犀利的語鋒，剝繭抽絲的推敲和側詢的技術。同時，蔣委員長的答辭，更是切要而明達，語語隱藏着蓄意深遠的絃外之音。像這樣富有歷史價值的訪問記，才值得我們特別予以注意的。

這篇訪問記因爲是要通過電流立刻報道出去的，所以對於那些比較次要的環境描寫，記者情感等等，都一律省略。這便是特寫式的訪問記與電訊式的訪問記所差別的主要地方。

一個普通的訪員，尤其是政治性質以外的訪問，其所撰訪問記的體裁，應該是特寫式的，——是一幅着色的彩畫，而不是且不宜是一張枯燥無味的墨炭素描。

所以，嘗試寫作訪問記的記者，第一步，應當自特寫式訪問記的寫作開始。因爲這樣體裁的訪問記，是適宜於較多的場合，而且亦是爲多數讀者所樂於接受的。

怎樣寫地方通訊

地方通訊很早就有了，只是始終沒有多大的發展。推究其原因，無非是因爲（一）地方通訊人才的缺乏；（二）尚沒有知道地方通訊在現代報紙上佔有極端重要的地位。直至七七抗戰發動以來，原先寫報告文學的文藝作家，都肩負起新聞記者的任務，開始寫作地方通訊，於是由於人力的充沛，地方通訊的範圍擴大了，對象鮮明了——它以文藝化了的姿態出現在報端，活躍於廣大讀者的心目之中。

這是一個無可抹煞的地方通訊的功績：自從這次民族解放的戰爭爆發以後，地方通訊者曾經把展開在國土上的每一個鬥爭的場面，中華兒女英勇抗戰的精神，以及在艱苦困難中奮鬥的實景，用很迅速的報道，反映和紀錄下來，使每個爲民族生存鬥爭着的中華兒女，能瞭解鬥爭的全面，瞭解每個鬥爭的單位，在全面鬥爭中所起的作用和反應，然後融合這些反應，而形成統一的力量。地方通訊的最大意義也就是在這理。所以地方通訊的寫作，在抗戰時期中已成爲救亡工作的一部分。

關於討論地方通訊寫作的文字，發表在報章雜誌上的材料已很不少，這里便把這些材料搜集了來，略加整理，分述如下。

（附帶聲明）各節材料大抵根據下列各文：

㈠長江：「怎樣發戰事電訊與寫戰地通訊」

㈡高天：「戰地通訊的新動向」

㈢陸詒：「我怎樣在戰地學習」

㈣企程：「雜談通訊的寫作」

㈤范泉：「壁・壁新聞・新聞文學」

㈥司馬文森：「文藝通訊員的組織與活動」

㈦增良，流詒，李良玉：「怎樣寫地方通訊」

第一節　寫些什麼

地方通訊究竟應該寫些什麼呢？

第一，要寫自己所深知的——通訊既是每一個地方發生的事件的實際報導，當然要明瞭事實的眞象，必須對這材料有深切的理解，才能從它裏面產生出寶貴的意見來。故蘇聯之文學顧問會「給初學寫作者的一封信」裏，曾强調地說，一個初學寫作的人，須要寫他會加研究，思慮，受其感動的，以及「消化」了的東西。所以要寫自己所深知的，乃是寫地方通訊的一個特別要注意的要點。

第二，要寫大衆所關心的——雖然要寫自己所深知的，但如果這事件與大衆沒有切身的關係，那末，這樣的通訊，即不能獲得讀者的歡迎。風花雪月一類的東西，早已活完了它的時代；祇有採取與大衆有血肉關係的體裁，纔是合乎時代要求的通訊。

第二，要寫具體的東西——在過去所見到的地方通訊裏，內容大多是空洞而不具體，而作者在裏面常常發些議論，所以我覺得寫通訊應當眞正地身臨其境，去調査和觀察，把事實的環境關係，特徵，很具體地分析，報告給讀者。這樣寫出來的東西，可以使讀者獲得更其眞切的印象。

第二節　關於題材

地方通訊雖屬報道文章，但是範圍廣泛，小可以談葱蒜豐收，大亦可說天塌地陷，惟一的要點，便是不能憑空虛構，必得證據確鑿，親自見聞。

作爲地方通訊一環的戰地通訊，正也與此相同。但是現階段的戰地通訊，顯然有了新的動向。題材的取選上，橫的方面，不再單單報告戰役或戰鬥的經過；而是廣泛地吸取有關整個戰場或每一戰役戰鬥的政治、經濟、文化等等題材，尤其是支持抗戰的主力——民衆運動問題，特別强調它的重要性，聯系到整個戰爭裏面去。從這里，讀者大衆會去用擴大了的目光，看到戰爭的全面，對於抗戰力量的信仰才不致動搖而受到片面論斷的影響。縱的方面，不僅僅從上層關係取得通訊的材料，而是把我們的工作對象採訪範疇深入到下層去；比方要知道某一英勇的戰蹟，從一個士兵訴說中至少要比指揮官的報告更具體而生動一些；要明白傷兵救護的實況，必得從屢經輾徙的傷兵口裏才能更眞實；要問淸某一地方的動員工作，僅從負責人那里得來的一定不够，必須深入到民衆裏去。這樣，才能構成完整的主題，有系統的報導。

把良好的現象儘可能地發揚，擴大它的影響，更把實際戰鬥中體驗得來的各種成爲問題的問題，一面向民衆說明和解析，一面提供政府推動其改進，並批判說明而且指出正確的路向來。如此做下去，才能積極發揮新聞戰的作用。

第三節　怎樣寫作

寫通訊比不得說笑話，最要緊的是眞實，但同樣要緊的是形象化，而惟有形象化的通訊，才是最眞實所謂形象化，概括地說，就是要具體，要生動，要深刻。

怎樣才能寫得具體呢？有兩個原則可循，即由小見大，以特殊見一般。小的東西，特殊的東西，往往是最具體的。爲什麽愛伽堡的報告文學是那麽動人呢？原因之一是因爲他的精鍊的報告文學都是由關於小的特殊的東西的描寫編織起來的。他描寫西班牙的婦女，只寫幾個名不見經傳的女工。但是這幾個渺小的特殊的女工，她們對自由的熱愛，她們的剛毅，她們的嚴肅却正是戰鬥中的整個西班牙婦女的剪影。

抗戰以後，羣衆運動多多少少蓬勃了起來，於是關於羣衆運動的通訊或特寫也就多了起來，什麽羣衆大會啊，遊行啊，演劇啊，農村宣傳啊，竟成了大部分救亡通訊或特寫的內容。描寫羣衆大會之類的通訊，在羣衆運動不發展，很難得看見羣衆場面的時候，偶然來一篇的確能使人興奮。但是在羣衆大會已成爲家常便飯的時候，即使你多寫上幾個「怒吼」，描寫得再激昂些，叫人看了感到的已不是興奮而是膩煩。因爲這樣的描寫已經是太一般太浮泛了。

第四節　具體描寫

現實是多方面的，我們要在通訊中具體地反映現實也只有從多方面，從多種不同的角度來描寫。例如，當舖這一類卑俗的東西似乎是不值得被人寫入通訊中去的，但是它也是我們經濟生活中的一面，從這個角度我們也可以反映出一個國家的經濟情形。例如在一篇講義大利經濟狀況的通訊中，我們就看見有這麽一段：「義大利民衆的悲慘情形可以用關於當舖的統計很寫實地描繪出來。被當物品數量在一九三七年七月是二•五五七•四六四件，到一九三八年七月增到了二•八一四•六一九件。而另一方面，在同一時期裏，被當物品所得的錢，却從四二一•七五四•〇〇〇里拉減到了四〇二•六四一•〇〇〇里拉。從這里我們可以看出來，義大利的飢餓民衆是被迫得把比較不值錢的財物也進了當舖」。這樣的描寫顯然要比說義大利的生產指數降落了百分之幾或國民的收入減少了多少等枯燥數字的羅列更具體更深刻。當然不是說絕對不要引用生產指數或國民收入的數字，而是說最好要從多方面，用各種不同的經濟現象來說明某一國或某一地的經濟狀態。好比拍電影一樣，一定要從不同的角度來使用開麥拉，才能把電影中的場面活生生地顯露出來。

第五節　烘托的兩種手法

要使通訊寫得具體生動，側面描寫也是需要的。本來所謂描寫，就是把一件事物烘托出來的意思。側面描寫就是烘托的手法之一。曾經在一篇講鄂北農村凋敝的通訊裏看到這麼一段：「民衆甚至整年沒有正宗的食糧下肚，吃一點兒稀飯已成了病人才能享受的珍品。因此『吃稀飯』三字竟變了罵人的咒語」。這是一種側面描寫，這一種側面描寫把鄂北農村的貧困很寫實地烘托了出來。

烘托的另一手法是對比，有許多事物本身是不能或不容易顯現的，就得用對比來做一面鏡子。「紅衫綠綢裙，好比南山觀世音」，這是老百姓口中形象化的描寫。有許多老百姓的話往往是很具體很有風趣的。例如描寫貴州的民謠：「天無三日晴，地無三尺平，人無三分銀」。描寫鄂北民性強悍，土匪衆多的諺語「要做官，先拿桿」（桿，槍桿），不是都很具體生動嗎？一個記者也應當多多留意這種材料。

第六節　粉碎通訊八股

用一種模型去寫通訊是最要不得的，因爲這結果一定會成爲通訊八股。單就題目來看，就不外「在××」，「××怒吼了」，「活躍的××」，這是題目的公式化。文字的語句之中，有「我軍浴血抗戰，奮勇殺敵，殲敵無算」或者「我方工事盡毀，××已無扼守價值，我軍爲戰略關係，轉移新陣地」之類，這是語句的公式化。此外還有內容的公式化。例如關於某個紀念日的通訊，可以千篇一律，抹去了日期，就可借用到別的紀念日去，抹去年代，就可借用到任何一年的這個紀念日去，抹去地域，就可適用於任何都市，或任何省份。這類的通訊，所給予讀者的，自然已不祇是膩煩，而且是厭惡了。

要寫活的通訊，使人看了感興趣的通訊，不消說無論如何要走出你的房間，但走出了房間光是到外面去打一個轉還是不够的，必須要走向現實，深入而又廣泛地去觀察和分析現實。寫戰壕生活便得跑到戰壕裏去，和士兵生活在一起，寫某次戰役便得和實際參加那次戰役的下級軍官和士兵作長談。有人以爲既然一個記者可以和某地方來的人談一次話而寫出一篇關於那地方的通訊來，那麼我看了某地方的報紙和關於那地方的材料想必也可以寫出一篇關於那地方的通訊來。當然他有充分的權利可以這樣做，但這種隔靴搔癢的通訊，一定是很概念的，沒有血肉的。

生活的內容是萬花筒般豐富的，只要接觸了生活才能得到豐富的材料。所以一個記者應當像蜜蜂一樣鑽營在生活的花房中，才能採集到生活中的蜜。

第七節　中心思想

每一篇通訊都應當有一個中心思想，但要說明這個中心思想，必須要有各方面的具體材料。比如寫一篇說明上海民衆還在戰鬥中的通訊，就必須把上海各階層人民奮鬥的情形具體地描繪出來。假使只寫些抽象的句子，像「在上海的同胞的血管裏還流着熱愛祖國的血，他們的脈搏還和我們前線的砲聲應和着……」之類，儘管你用上多麼華麗的詞藻，多麼帶文學味兒，還是一篇毫無實感的通訊。

抽象的另一面是論文化。雖然一篇卓越的通訊可以起一篇政治論文的作用，但到底通訊是通訊，而不是論文。把通訊寫成了論文，結果反會失却政治上的意義和作用。一篇描寫民衆幫助軍隊作戰而使軍隊獲得勝利的生動的通訊，其在政治上的意義和作用，是不下於一篇論民衆組織之重要的論文的。要使一篇通訊能起政治上的作用，主要的是透過了深刻而具體的事實來闡發你的政治見解，而不是在於多發議論。

但要把自己的血流一點進通訊裏去不單單是一個寫作技巧的問題，而是一個思想的問題——世界觀的問題。因爲一個不知道熱愛自由的記者，是決不會帶着感激和興奮描寫爲爭取自由的中國民族解放鬥爭的。

第八節　文學修養問題

有人說，一個優秀的記者應當是一個政治家同時也是一個文學家。

其實，一個記者應當不但有文學的修養，而且要有淵博的知識，或至少各方面豐富的常識，才能觀察和分析這複什錯綜的現實，才能善於尋找適當的材料而寫出深刻動人的通訊來。例如法國的記者塔布衣夫人，她是有着專門知識的記者，美國的記者漢敏威，他是有着極高的文學修養的記者——他們才都是理想的記者。因此，一個不斷努力的記者應當工作與學習並重，應該不祇在外面跑，而且也要靜下來多讀一些書，多做一些研究的工作。

茄列銀說：「通訊員是輿論的耳目。他把社會的意見表達出來。他應當有很大的權威。對於他，任何錯誤，都是不能原諒的」。又說：「通訊員應當搜集有趣的事實，寶貴的思想，意見和提議，像蜜蜂採蜜一樣，然後自己再來加以整理。這就是全部工作的要點。如果能把所搜集到的東西，都整理一下，那是一個很大的工作。不要企圖發明些天才的東西。我們是普通的人，我們不是天才者，應當把自己看成普通的工作者。」這些，就是通訊員的工作和修養。

第九節　文藝通訊的寫作

寫作的好壞，表現力的強弱，是隨着每個人的素養和經驗來的，寫作經驗愈多，文藝素養豐富，自然可以寫得出好作品，反之，也就差了。

司馬文森指出了一個文藝通訊員在學習寫作文藝通訊的時候應當特別留意的幾點，就是：

一，一個題材來了，你要好好的去把握住它底中心，範圍太大了，在一篇文藝通訊中什麼都裝進去，自然空洞的議論多。具體的事實少，不能寫得精彩的。比方，一個示威大遊行，或一個宣傳演講會，你應該注意的是幾個要點，如動員的方式，一般的反應，形象地，具體地表現出來，不要像一篇新聞紙上的新聞，平鋪直敘的紀載；到幾個人，在什麼地方，什麼人當主席，講些什麼話，喊幾個口號，散幾張標語了事。這是一篇新聞紀事，而不是一篇文藝通訊。

二，要積極參加救亡活動，才能知道當地救亡工作的中心，動態。對那中心要有眞實的了解，充分的體驗，然後才能寫出有血有肉的文藝通訊。一個親身參加遊行示威的文藝通訊員，所寫的關於行動的報告，一定要比一個沒有參加，而只憑耳朵聞來的人寫的更生動親切。

三，隨時隨地留心可以寫文藝通訊的材料，最好能身邊隨備一小冊子，無論在街上走路，開會或和私人談話，只要有可用的材料都可以立卽紀錄下來。今天不能用，留在後來總會有用處的。

四，文藝通訊員對於事件的發展過程，要加以分析：如何發生，如何發展，什麼是主要推動力量，什麼是主要的困難。發展過程有幾個階段，每個階段中有什麼特點。因此，理論的修養，對於每一個文藝通訊員是十分必要的。

五，寫時所定的主題不要過大，抓住中心，不說空話，寧可小題大做，不要大題小做，材料多時不妨分幾個中心來寫。

六，動筆以前最好先有一個大綱，何者該寫，何者該捨棄，都應該安排好。

七，文字以文藝化為主，但須流利生動，不要作空洞的，文字上的堆砌。無關主題的描寫要儘量減少。

以上七點，是每一個文藝通訊員在寫作時應當具備的條件。

第十節　明日的通訊

電訊始終受字數的限制，在通訊工具無特殊進步的條件下，通訊始終有它重要的地位，特別是抗戰中，有眞實內容，寫作技術成熟的通訊，影響讀者的力量，非常偉大。不過，以戰地通訊而說，目前流行的戰地通訊，已漸漸不受讀者的歡迎，原因是，這些戰地通訊僅僅記述了一些戰地記者個人的生活經驗，以及少數上級軍官的描寫。尤以前者為最多。今天的讀者所關心的顯然是和他們生活有直接關係的戰爭，所以他們所需要的通訊是這樣的兩種：

第一是戰局或一個重大戰役或一個問題的詳細敍述，這裏面不但要有具體週全的經過，而且貴在經過敍述中，有批評的暗示，反映出成敗得失的教訓，顯示出戰事和戰事有關的問題之前途。這是帶有史料性的，我們的態度要莊重嚴肅，要慎重下筆，要嚴守是非曲直的標準。

第二，戰場或人物的描寫。這類通訊的目的，不在周詳地記述多量的事實，而在就特殊事實充分描繪，以濃厚的情感，流露若干深沉的宇宙和人生的至理。

一般的地方通訊今後的發展路綫，可以特別提出的是：

第一，題材方面，將側重於發掘各地抗建工作的展開，救亡活動的描繪。因爲這樣的通訊才是配合着抗戰的現實需要的。

第二，寫作技術方面，將儘可能地偏向於文藝化，從具體的描寫產生了偉大的感人的力量，因而在救亡運動中盡了最大的責職，具備最高的意義。

第三，爲了担負偉大的通訊工作，通訊員的修養亦將日臻於完善，因而有更成功的通訊作品產生出來。……

以上的發展，都是可以預卜的。

新聞寫法習題

(一)新聞就形式而分，有那幾種？就性質而分，有那幾種？就地域而分，有那幾種？試各舉實例說明之。

(二)寫作社會新聞爲什麼需要開門見山式的提示？新聞紀事的層次安排是怎樣？

(三)社會新聞的記者，必須信守的原則和注意的條件是什麼？

(四)試說明本地新聞和社會新聞的異同。

(五)如何决定本地新聞的新聞價値？

(六)怎樣才能使本地新聞給讀者以深刻的印象？記者的實地採訪和補充筆墨爲什麼是應該而且竟是必需的？

(七)寫作本地新聞應該注意那幾點？

(八)國內新聞分幾種？內容怎樣？

(九)一則完備的國內要聞，應包括那幾個部份？

(十)試述戰事新聞的寫作異於普通新聞之處。理想的戰事新聞寫法應該怎樣？

(十一)「特寫」的涵義怎樣？從現代報紙的特寫內容和形式看，就自己的判斷，作一特寫的簡潔而正確的定義。

(十二)特寫題材的來源主要的是那幾種？搜尋題材的方法應該是怎樣？

(十三)根據個人生活的一般觀察和某項事件的特殊觀察而成的特寫，各有何種優點？請各舉例說明之。

(十四)訪問爲什麼是採集特寫題材的有力來源？僅僅根據書報記載的材料，可否寫成一篇生動的特寫？何故？

（十五）特寫的體裁分那幾類？

（十六）「指導文字」式的特寫爲什麼不常多見？在寫作上有何困難的地方？

（十七）人物素描的寫作何以與人物傳記的體裁不同？

（十八）在題材的處理和表現的形式上，人物素描有何異於其他性質之特寫的地方？

（十九）個人經驗談的體裁，適用於第一人稱的寫法，抑或是第三人稱的寫法？爲什麼？

（二十）試詳述特寫的組織，形式，措詞用字，格調以及表現的方法？依自己的意見，有沒有更好的寫作特寫的方法？試舉例以明之。

（二十一）訪問記是特寫的一種，但其材料組織和表現形式，怎樣又不同於一般記事體裁的特寫文字？

（二十二）訪問前何以必須要有縝密的準備？準備的工作內容，主要的是那幾項？

（二十三）寫作人物訪問記的體裁有幾種？從文字的作用（對讀者的影響）上判斷，電訊式的訪問記是否大於特寫式的訪問記？爲什麼？

（二十四）試述電訊式的訪問記和特寫式的訪問記之異同及其優劣點。

（二十五）地方通訊對於中國抗建有多大裨益？地方通訊的活躍，爲什麼要在七七事變以後？

（二十六）地方通訊的寫作對象和寫作原則是什麼？題材在那里？怎樣才能配合中國抗建的發展需要？

（二十七）何謂形象化？如何使通訊的文字寫作得眞實而又具體？

（二十八）要通訊寫得親切，生動和有力，記者爲何必須深入民間，作實生活的體驗？

（二十九）「通訊八股」，「差不多主義」，「貧血表現」等等，是寫作通訊的弱點，何故？怎樣去避免它？

（三十）通訊在將來會有怎樣的重要發展？試就通訊的體裁和表現法，撰述生動而具體的通訊一篇。

第一章　編輯的根本意義

一　藝術・初民創造

報紙是近代文明的記錄，是社會心理結合的表徵。原始時代的人類，從簡單的個人表情上宣露了自己的慾望和志趣，更從粗拙的言語中報道了第三者的故事。因此表情和言語，是傳達人類意識的工具。然而僅僅依賴了個人的表情和言語，傳達的範圍是非常狹小的。當社會的組織愈形複雜，人類的智慧愈形發展的時候，這樣的傳達工具顯然覺得過分的貧弱。於是繪畫式的象形文字產生了。在粗野的原始人類的手裏，曾用各種不同的工具描畫了最初，也是最簡單的圖畫。他們曾用黃土，木炭或乾泥之類作為顏料，在西班牙的洞壁上塗抹着彩色的人掌的印跡。他們在阿爾泰茂（Altamir）的洞穴裏，畫着簡單的野獸的形象。而中國的甲骨文字，更是從初民的繪畫演進於文字創造過程的一個明確的證據。但無論是簡單的繪畫，是象形的文字，這種藝術的創造總是含蓄人類的社會綜合性，個人興味的揭示性和保存性的。

什麼是人類的社會綜合性呢？當人類僅僅利用了個人的表情和言語作為傳達意識的工具時，勞動的範圍是不會擴大，因此也沒有充分的經濟價值。可是在原始繪畫和象形文字產生以後，一幅猙獰的獸圖可以警告行路人的戒備，一個圓潤的果子可以指示採集者的方向。繪畫的人從自己的經驗裏取出寶貴的教訓，用繪畫的形象表現出來，作為他的同伴的學習資料。欣賞繪畫的人則從別人的繪畫上認識了別人的經驗，[illegible]許多精力和時間，獲得不少珍貴的教訓。自然，繪畫的範圍先前僅及於狩獵勞動生活的再現，[illegible]擴大了範圍，將社會的諸種現象表現出來：由簡易而複雜，由單一而連續，由特殊而一般，由[illegible]更由殘缺而綜合。正如象形文字本身的無窮變化與繁複內容，這種藝術創造的發展，增加了社會的經濟價值，表現了更複化的人類的社會關係。所以繪畫或象形文字的創造，是含蓄着人類的社會綜合性的。

什麼是個人興味的揭示性和保存性呢？當人類僅僅利用了個人的表情和言語作爲傳達意識的工具時，人類的發表慾雖然已經存在，雖然能够藉自己的形態和聲音，表達了個人的興味，可是這樣的表現方法，是暫時的，不是永久的。是隨時消滅的，不能保存下來的。是動的表示，不是固定的揭示。然而繪畫和象形文字的產生，却是把個人興味從流動的表示發展到固定的揭示，從暫時的宣露發展到永久的保存。所以這種藝術的創造是含蓄着個人興味的揭示性和保存性的。

人類的社會綜合性，個人興味的揭示性和保存性，是人類傳達意識的三種演進的因素，也是推動社會的三種主要的動力。而由於這三方面的發展，連續的記載產生了，報道的刊物產生了，最後則發展到報紙的形式。所以報紙，它是近代文明的記錄，也是社會心理結合的表徵。

尤其是現代的報紙，以極高的新聞密度，綜合地表現了時代反映了社會。它是大衆的精神食糧。它的基礎是建築在一般的興味上。配合着大衆的需要，它供給了人類活動的各種記錄。

要把現代的報紙，寫下一個簡明的定義，那似乎是不可能的。但是我們可以從報紙的外形，內容和機能上去觀察。這也許能幫助我們對於現代報紙的認識。

二　從報紙的外形上看

從報紙的外形上看，可以歸納到以下幾個特徵：

（一）嚴密的組織（二）機械的複製（三）定期的出版（四）公開的發行（五）營利的買賣

現代的報紙決不是一種簡單的製品：從新聞的採訪和材料的搜集，從原稿的整理到印刷和發行，在在都需要着學識專長的人才，去循序完成這樣複雜的工作。所以組織的嚴密是必要的。打開一張報紙，從新開的有秩序的排列，從記載範圍的廣泛，從材料歸類的精細，便可以看出它是從一個嚴密的組織裏產生出來的。這多半是因為報紙本身是一幅嚴密地組合起來的畫面。

其次，是機械的複製。因為現代的報紙擁有着廣大的讀者。在極短的時間內要產生出數萬乃至百數十萬份同樣記載的報紙，便須借助於機械的複製。機械的複製（排印）可以說是現代報紙最大的一個特徵。由於機械的贊助，報紙的出版便有了時間上的把握。於是出版有了一定的時期。同時，因為報紙的對象是整個社會大衆，所以它的發行對象也是社會上的每一個組成份子。發行的公開性也是現代報紙的一個特徵。

在資本主義社會裏的報紙就是十足的商品。報館和報館之間都採取仇視的態度，各自勾心鬥角地競爭着，極力謀取自己的利益，擴大自己的營業。但報紙的作為商品，是和其他的一切商品不同的。一般商人的謀利都不外乎在商品的成本上減輕，同時卻又增加了商品的售價。可是報紙的營利剛剛打了個倒提，就是說，要謀利愈多，就得愈能增加成本，減輕售價。這樣可以吸收了大批的讀者，也因此引起了廣告商的注意，紛紛前來刊登廣告。在資本主義社會裏的報紙，都不惜一切以爭取廣告的。廣告費的收入是維持報紙的主要生命線。所以大資本還是能吞滅了小資本，大報館的營業日臻完善，最後則如美國的赫斯脫，實行報業托辣斯，包辦了各大都市的出版事業。所以營利的買賣也是現代報紙的一個很大的特徵。

三　從報紙的內容上看

再從報紙的內容上看，又可歸納到以下這幾種特徵：

（一）現實性（二）社會綜合性（三）興味一般性（四）公示性和保存性

現實性是報紙的生命。報紙而缺之現實性，便將視同廢紙，為讀者大衆所遺棄。但現實性的內容或標準是怎樣的呢？據格魯塞（Grothe）的意見，以為現實性得分為這樣的兩種：（一）時間的現實性，（

(二)資料的現實性。時間的現實性是指報道的敏捷，資料的現實性是指足以惹起新興味的新聞發展。報紙的現實性就是使我們通過感覺，發生極大的興奮的力量。許多報紙為了要充分表示現實性，以致不惜犧牲新聞的正確性的。

社會綜合性就是社會內容的多樣的反射。因為第一，現代的社會是那樣的龐大，組織又是那樣的複雜，社會上的新事件和新變故定然是不斷地發生，連帶地波動。第二，現代的報紙都網羅着廣大的讀者。為要吸收廣大的讀者，報紙的內容便不能不顧到廣大讀者羣的興味。於是報紙本身都努力適應着許多年齡不同，地域不同，生活不同，個性不同的大部分的讀者，這樣也使報紙的內容成為五光十色，品目繁多的百貨攤頭了。它把組織複雜的社會，把激劇變動的社會，從各種方面各種看法去記錄去反射。它綜合了社會每一部門每一角落的事件，它的內容包括了社會上的一切——包括了政治、經濟、科學、藝術、教育、宗教等等各方面的動態。所以現代的報紙是一種反映社會的綜合物，報紙而缺乏了社會綜合性，那就會失却一般讀者的擁護，而最後則還是不能站立，被社會和羣衆所遺棄。

社會綜合性的主要目的，是要把廣大讀者的興味雜揉了攏來，所以社會綜合性的先決的條件，是必須顧到新聞興味的一般性。本來報紙的內容，在量的表現上是綜合了的社會事件，在質的表現上是一般化了的有興味的資料。要做到不偏不倚，恰恰迎合了每一個讀者的興味，那自然是不可能的事。但是我們可以從讀者大衆的個別志趣上歸納出一般興味的標準，以這種標準來評價「新聞價值」(News Value)，來作新聞的取捨原則。這個原則就是大衆化的原則，一般興味的標準也就是大衆化的標準。在現代的報紙上，有關個人利害關係的記載，與大衆無切身關係的事件，都沒有發表的必要。這裏需要的是大衆化了的文字和題材。惟有大衆本身的事件或和大衆有關的事件，才是合於大衆的需要，才會使大衆發生興味，受到感動。所以興味的一般性，是近代報紙的一般的因素。

至於公示性和保存性，那更是現代報紙的兩大特徵。公示性是量的表現，保存性是質的記錄。報紙的所以不同於個別的談話，不同於私人的書簡，便是有着公開的性質。私人的書簡和個別的談話，其對象祇是一人或某一個特定的團體（如演講會的聽衆），然而報紙的發表對象却是絕對公開的，沒有也不致有絲毫的限制。同時，報紙又和無線電播音不同。無線電播音雖然也能傳達新聞，供給興味，但它不得不受着時間和場所的拘束。換一句話說，無綫電播音須有一定設備的場所，且在一定的時間內才能聽到，而報紙却沒有時間和場所的限制。無線電播音在播講的時候固然可以聆聽明白，但事後如要檢查，或讓別人也來同樣地聆聽一遍，則是不可能的。然而報紙却沒有這樣的弊端，原因是：前者並無記錄，因此也是暫時的傳達，後者則是有記錄的，因此也有永久保存的性質。

四　兩種機能

現實性，社會綜合性，興味一般性，公示性和保存性，這是報紙內容上的幾個特徵。但是要明白近代報紙的有機的內容，則連帶地應當知道這樣的兩種機能：

（一）不斷的報道性（二）社會的指導性

不斷的報道性乃是報紙和一般刊物的重要區別。一般刊物的發行，固然也有公示性和保存性，甚至也有興味一般性，社會綜合性和現實性，可是一般刊物的發行，總是有着相隔的時間距離，惟有報紙的發行，才是不斷的，每日的，甚至一日數次的，隨着突發事件而出版的。因此報紙的新聞密度最高，報道的力量也最是尖銳，雄厚。

報紙的第二個機能就是社會的指導性。在龐大的社會組織裏，在社會的大衆生活裏，無疑的，報紙有着指導羣衆創造輿論的作用。報紙的發表對象（社會羣衆）常常因爲報紙的主觀的影響而改變了自己的方向，或者，由於報紙的輿論批判，而鼓動了讀者的情感，統一了讀者的思想，聯合起散漫的力量，使靜態的輿論轉變到行動和實踐。所以現代的報紙不單能改變羣衆的社會關係和社會生活，不單能組織散漫的羣衆和加強社會的機構，抑且有鼓勵實踐的作用，能把朦朧的思想搬到行動和實踐上，能把羣衆的思索力量加速其發展和成熟。

對於現代的報紙，是非得從上述各方面的總的認識上去理解不可的。

五　編輯的根本意義

認識了報紙的性能以後，就可以知道它是社會的產物，它反映了社會的各方面，因此證明它是近代文明的記錄，是社會心理結合的表徵。

社會有了報紙而反映出更具體的形象，報紙也因有了社會而存在而發展。社會上的人羣和報紙有着緊密的聯繫。尤其是設法配合社會的心理，乃是現代報紙的主要工作。報紙不能跟社會隔閡，不能跟羣衆脫離。隔閡了社會，報紙就沒有編排的材料；脫離了羣衆，報紙就沒有存在的價值。因之，一份優秀的報紙，是需要切合了社會的發展，迎合着羣衆的心理。

編輯的主要目標就是要緊握住社會的心理的因素。各國報紙的編輯，都以本國的精神爲依歸，所以表現在各國報紙版面上的，都各不相同，各有各的特點。中國的報紙自然也不能例外。我們的編輯法，應當根據着我們自己的羣衆需要，自己的社會心理。如果細密地分析，則一個國家裏的報紙編輯法，固然必須有着一致的方向，但是由於出版地區的不同，報紙對象的不同，報館立場的不同，每一份報紙允許有它編輯上的微細的差異。例如新聞報的編輯處處顧到商界的口味，而申報的編輯方針却是側重在學界方面的。因此表現在兩個日報的版面上的新聞和廣告也都有微小的不同了。但這種微小的不同並不會妨礙整個社會心理的配合。換句話說，對於國策的擁護，對於公益的看法，對於新聞的編排，對於材料的取選，它們還是大體上相同的。

六　裁縫匠的比喻

一個編者的工作就好像是一個裁縫匠的工作。當一個裁縫匠手握着剪刀，開始剪裁衣服，開始縫補針綫的時候，他首先就要顧到這樣的兩個條件：第一，是使剪裁的式樣適合着社會環境的變化，第二，是使縫補的衣服適合着穿衣者的身圍。要是僅僅適合了社會環境的變化（卽流行式樣），而忽視了穿衣者的身材大小，長短粗細，則縫製出來的衣服一定不是穿衣者所需要。同樣，要是僅僅適合了穿衣者的身圍，忽視了社會環境中流行的式樣，則可能地因爲穿衣者的自覺落後而束之高閣的。報紙的編輯也是如此。編輯的人必須同時兼顧：一面是整個社會讀者羣的心理，一面是報紙自身的個性和立場。如果僅僅顧及前者，則報紙缺少特色，容易流於庸俗，也失去創辦的更大的用意。但如果一味地側重後者，而忽略了讀者大衆的一般興味，（社會心理），則其結果更是不可收拾：報紙自身固然成了某種主義的傳單，社會羣衆也因對於一味說教的不感興味，而終於遠離了它，甚至成爲他們憎恨的焦點。這樣的報紙自然不能够存在，對於社會大衆自然也沒有多大的益處。

在不隔離社會羣衆的範圍以內，我們不反對每份報紙有每份報紙的個性，反之，我們要提倡每份報紙都能充分地發揮它們一貫的特殊和獨到的優點。實際上，也惟有這樣的報紙才有可恃的生命。但是編輯的人要把握住這樣的發展，同時又配合着社會的心理和社會的需要，顯然不是容易的工作。所以報紙的編輯是擁有着這樣的艱鉅的任務：從報紙本身的立場出發，把相對的眞理灌輸給社會大衆，深入到社會上的各個階層。

這是編輯的根本意義：把握自己，配合他人。

第二章　編者的素養和能力

一　由任務說到學習

把握自己和配合他人還含蓄着這樣的意義：堅定自己的立場，鑑別他人的弱點，供給羣衆的需要，改正社會的歧趨，必要的時候還可以從輿論的發揮而達到行動的創造。

担負起這樣重任的是新聞的編輯，報館的記者。所以在未談編輯工作以前，我們得先來說說一個記者（這里指編輯者）的素養和能力。

一個担負編輯工作的記者到底應當有怎樣的素養呢？如果籠統地說，則至少應當具備：㈠動的社會科學的修養；㈡豐富的常識；㈢對於一般學問中的某一種特殊學問的研究；㈣健全的人生觀和世界觀。

為什麼一個編者應當有健全的社會科學的修養呢？因為，一份報紙根本就是一個社會的寫照，每天反映在報紙裏的乃是錯綜複雜的社會現象。這里有各種各類的專門學問，也有日常生活的一般知識。各種人類的活動固然由報紙的整個版面反映出來，各項科學的進步也由報紙的新聞記載保存下來。社會的內容是廣泛的，社會上的各種科學知識更是變化無窮，日新月異。報紙的編者就需要在這變化無窮日新月異的各種科學知識上建立一個正確的立場。惟有從正確立場出發的報道，才是一貫的，正確的，有意義的。

二　動的社會科學的修養

但什麼是正確的立場呢？正確的立場應該怎樣去把握呢？關於這，我們只要從社會科學的不斷研究便可以得到預期的成功。譬如說，目前遇到了日美戰爭的難題：日美有否戰爭的可能性？日本的南進將採取怎樣的方式？南進在經濟上政治上的價值是怎樣？從歷史上推斷有沒有必然的因素？……對於這些問題的解答便需要一個編者的社會科學的修養。這里牽涉到的有政治，經濟，歷史，地理，……等等的學科。如果一個編者在社會科學方面有健全的修養，則配合着他主觀的因素（國家立場和報館立場），他必然會有正確的認識正確的報道。自然，所謂社會科學的修養，決不是指死的固定的那些專門的學說（原則和原理），而是應當在研究了這些專門的學說以後，還得予以不斷的活的運用和有機地加添。比如國際問題的研究就需要在書本上的歷史材料以外加添時刻在變化的報章上的記載。所以動的社會科學的修養能使編者有更完整的理解，更正確的把握。一個新聞編者和一個專門問題的著作家不同：專門問題的著作家總是偏面的，可以在規定的空間和時間內加以深入的研究，然而一個新聞編者的研究則「深入」和「發展」須得同時兼顧，而且在實際的需要上，他們的「發展」的研究工作是重於「深入」的研究工作。事實的需要使報紙的編者都開始了動的研究，——他們都在動的社會科學的修養上下工夫。

三　豐富的常識

動的社會科學的修養是內在的修養。單單有內在的修養而缺少外來事物（活知識）的反映，的對照，的補充，則那樣的修養還是不完備的，不足够的。至少在知識的運用上，他缺乏了客觀現實的條件。而沒有現實作基礎的知識，就好像沒有鍛鍊過的鐵砂，沒有改造過的煤塊，把它視爲原料則可，要丟在動的有機的社會上運用起來，那是一次危險的嘗試。

過去，常常在報紙上發現許多常識的錯誤，例如對於地方產品數量的統計字數的錯誤，對於季節和產物的關係錯誤，對於社會問題的估計錯誤，對於都市現象的認識錯誤，有時候更由於採訪記者的疏忽，把訪問的記錄弄錯，這時候如果編者缺乏常識的判斷，那就隨着他將錯就錯，把錯誤當作正確。這種常識上的錯誤都是由於編者的缺乏現實的知識，缺乏真正的社會教育。紐約託利賽報的主筆古利勒氏曾說：「一個真正的新聞記者，應該在少年時代，就起臥於報紙之上，飲食着墨汁」。這句話的意思，就是說，一個新聞記者需要有豐富的常識，真正的社會教育。爲了獲得那些現實的知識，他（記者）自幼就該在社會的每個角落每個縫隙中去找尋他知識的食糧。報紙是社會教育的代表，這里含着着豐富的現實知識，然而一個編輯人才就應當充分吸收這些現實的知識，充分接受這種真正的社會教育。所以古利勒的話，已經由美國新聞界奉爲新聞記者修養的南針了。而由此亦可見新聞記者對於常識修養的重要。

四 特殊學問的研究

可是有了動的社會科學的普遍修養以及豐富的常識以後，還不能算是一個優秀的編者。一個優秀的編者，應該而且也必須具備着對於某一特殊問題的特殊研究。這也就是說，一個編者固然需要豐富的常識，固然需要使內在的研究有普遍的發展，但在這些內在的研究之中，他必須要有側重的研究，也必須要有專一的方向。一切的研究工作都須集中在這個專一的方向上，一切的學問都必須配合着這個專一的方向，爲了它而吸收，更爲着它去服役。比如說吧，一個國際新聞的編者顯然和一個地方新聞的編者走着不同的路線，一個政治版（國內版）的編者顯然又和經濟版的編者有着不同的研究方向和研究對象。如果把一份報紙視作一個有機的生物，那麼每一部份的器官都有它應司的職責，它們也各自爲了這特殊的任務而進行特殊的工作，發揮特殊的效能。在各種特殊效能配合地發揮下，報紙才能產生整個的力量，整個的效能。

報紙的各部門的編者，都應當就自己的特殊職責而努力自己的特殊研究，發揮自己的研究效果。現代的文明既然是各種專門知識的配合，作爲現代文明紀錄的報紙，其編輯的工作自然也應當有精細的分工。分工愈精細，編輯必愈成功，表現在報紙版面上的材料，排列，必愈能進步，愈合理想。所以我們要求編者的修養不單是內在配合着外來，同時須在普遍的研究工作中側重着特殊的研究工作，這樣的發展才使一個編者的修養有了主要的方向，有了專一的目標，有了生機的力量。這是優秀的編者應有的修養態度。明顯的例證就是目前歐美報紙的編者都走着這樣的方向。他們甚至在某一特殊學問的研究上又分出了各項相對地獨立起來的研究工作。例如國際問題的研究一項中，又分爲國際外交、國際貿易，國際社會組織……等等各部門。他們就各種特殊的部門發展，結果使報道更精確，編輯愈完美。

五　健全的人生觀和世界觀

動的社會科學的修養，豐富的常識，對於一般學問中的某一種特殊學問的研究，這三者都是屬於新聞編者的知識上的修養。但僅僅這三者的修養，還是不能使他發揮出有機的正確的力量。因爲這三者的修養，祇不過使一個普通的人具備了一些相當廣博的知識和常識，所以亦無異使一個鋼管的槍彈盛上一些知識的炸藥。怎樣使炸藥爆發，怎樣使知識發揮正確的力量，這是一個嚴重的問題。

這問題使我們想到了一個編者必須同時具備着健全的人生觀和世界觀。健全的人生觀和世界觀能幫助編者有精確的理解力和判斷力，以及最最重要的，是對於事件的觀察態度和生活立場。具備了健全的人生觀和世界觀，就無異被燃燒了炸藥的槍彈有了正確的發射管——能夠發生出射擊的效果。所以當一個知識的寶庫需要公開給大衆的時候，怎樣使大衆進入且有效地接受那些知識的方法是不能被忽略的，要是領導者把大衆引錯了路途，那惡劣的「反效用」必然又無可避免。因之，健全的人生觀和世界觀是會使知識的表現正確化，是會使新聞的效果深入化，是會使報紙立場和大衆意識統一化，更使社會的前進方向紀律化。

比如在七七事變以前，我們對於人生的態度和世界的觀念和七七以後是不同的，至少在積極的程度上已有了極大的差別。再比如對西班牙弗朗哥軍隊的稱呼，日本的報紙稱它爲「革命軍」，我們的報紙則有各種不同的稱呼：站在人民陣線上的報紙稱爲「叛軍」，中立的報紙稱爲「國民軍」。當蘆溝橋事件未爆發前，中央因對於法西斯國家表示好感，所以不能稱爲「叛軍」，七七事變以後則不然，都稱爲「叛軍」了。而時至今日，西班牙內戰既已成爲過去，弗朗哥大權在握，且經英法等國的默認，所以中央對目前的西班牙政府雖不無惡感，但「叛軍」的稱號顯然又不適時宜了。

從上述的兩個例子，我們便可知道眞理是相對的，對於一切事件的觀察和認識都須配合着客觀的條件——也是相對的。

因此我們連帶地可以知道：新聞編者的人生觀和世界觀，決不是個人的絕對的，而是建築在大衆，社會和國家的基礎上的，相對的把握。

使編者的人生觀和世界觀健全，就是在使個人的見地裏充實世界變動的因素，充實社會發展和大衆公意的內容。脫離了大衆公意，忽略了社會發展，遺忘了世界變動的人生觀和世界觀，是不健全的，病態的。一個編者而抱着病態的人生觀和世界觀，那即使他有完備的學識，高明的編輯技術，他的工作還是不能收得正常的效果，反之，他可能地會貽誤了無數的讀者。

所以我們要求報紙的編者努力向大衆，向社會，向世界學習，去體驗生活的經歷，時代的方向，然後以時代爲背景，以大衆爲基礎，去建立他的健全的人生觀和世界觀。

六　三項條件

健全的人生觀和世界觀，配合着動的社會科學的修養，豐富的常識，對於一般學問中的某一種特殊學問的研究，這種種條件就是使報紙的編者有了豐富的學識的潛力，和正確的材料的表現力。這些都可以從外在的世界，客觀的環境裏吸收進來，積蓄起來。但是就以上的四端，作爲一個優秀而完美的日報編者的必備條件，則還是不够的。一個優秀而完美的日報編者必同時具備着以下三個條件：

㈠理解力㈡判斷力㈢意志力

理解力就是對於事件的認識能力。新聞的紀載就是現代的史料。每一次新事件的產生總是有着歷史的成因，產生的可能性和必然性，——前因和後果。尤其是國際事件的變動，都有着縱的造因和橫的牽制。例如美國的援英，固然有其歷史的因素，但也有其現實的利害關係。在同種同文的觀點上，在同爲民治國的觀點上，在德日義三國同盟的觀點上，美國的援英漸趨積極，那是必然的結果。報紙的編者就需要在這些相互波動的造因上予以注意，理解，思考。理解力愈深刻的編者，其判斷力也必愈能正確。

理解是判斷的前提。能够有事件的把握力和認識力，接着便也有正確的判斷能力。編者需要認識新聞的潛在的本質。對變化無窮現象複雜的新聞記事，編者有鑑別其眞僞，判斷其得失的需要和必要。國際新聞的編者固然需要有正確的判斷和嚴格的取選，本埠新聞的編者更需要有嚴格鑑別的判斷力。抗戰以前，尤其在大都市裏，腐敗的外勤記者（報館的和通訊社的）往往「有事敲詐，無事造謠」，因此這裏便需要內勤記者（編者）的思索，考察和判斷。要免除無稽的杜撰，歪曲的揑造，編者的具備强有力的判斷是一個重要的條件。

七　關於意志力

判斷和理解是編者處理新聞的兩種必需的能力。然而通過這兩種能力，作爲編輯技術的基礎條件的，乃是需要編者有着注意集中的習慣——也就是意志力的養成。

意志力包含着兩方面的意義：第一，是指注意力的集中；第二，是指威武不屈之精神的具備。

編輯的職務根本就是教育社會大衆的工作，在教育的意義上，它是無異於指導大衆的書本，教育社會的法則。所以編輯的職務是聖潔的，是鄭重的。報紙的編者對於這樣鄭重的工作自然需要鄭重的態度，全副的精神。在進行編輯工作的時候，他必須有冷靜的頭腦和堅强的意志，——一種集中注意集中處理的習慣。這可以說是新聞編輯所必備的基本條件。因爲由於堅强的注意集中的意志力，繁瑣的編輯工作便可以循序地展開。

其次，是說到意志力的另一方面：威武不屈的精神。編者的地位是崇高的，編輯的職務是尊嚴的。一切個人的利害都可以丟開，編者的職務上的立場却不能輕易地被動搖或被改變。所謂「筆可以焚而事實不可改，身可以殺而良心不可奪，」正是這樣的浩然之氣，是一個新聞記者應有的素養，更是一個新聞編輯者應有的精神。而這種素養和精神，是需要剛健的意志力來培植來保持的。

尤其在戰時狀態之下，政治上有兩種不同的勢力在相互對峙相互鬥爭，反映在報紙上的新聞記載的立場或態度，則決不能模稜兩可地隨便或曖昧，而必需是嚴正的，唯一的，而且最最重要的——是一貫的政策。

能够維持這種一貫政策（態度）的編者，他便有崇高的人格。所以意志力也就是編者的人格，間接地表現在報紙上的，便是報紙的報格。

總之，報紙的崇高表現是緣於編者的聖潔創造。要使一份報紙眞能做了大衆的教育工具，做了社會的推進機構，甚至做了時代的發展引擎，則具備深厚素養和崇高能力的編者是絕對地需要着。

編者就是報紙的保姆，編者的素養和能力就是保姆的珍貴的乳汁。要使一個嬰孩長得肥胖，長得美麗而有力，乳汁豐富、善於致養的保姆是需要的。但怎樣的乳汁才可以說是豐富呢？於是我們列舉了上面這四種應有的素養和三種必備的能力。

第三章　編輯新聞的各項工作

一　資料的彙集

簡單地說，新聞的編輯包含着以下這五項工作：（一）彙集資料，（二）選擇資料，（三）整理資料，（四）標寫題目，（五）編列版面。

先說彙集資料。彙集資料是編輯新聞的最最初步的工作。因爲新聞既來自社會的各方面，新聞的寫作和供給自然也經過各種人手各種機關。從版面的新聞看，那麼顯然的，外埠的新聞（國內外的）大抵通過電力的發送，換句話說，就是都經過電報的拍發。本市的新聞，大部份來自通訊社的供給，但也很多來自本報的通訊網和訪員的直接採訪。自然，僅僅依靠了通訊社的電報和稿件，本報館裏的通訊網的報道和訪員的採訪，消息的來源還是不够的，至少是很單調的。所以現代報紙的新聞來源，如果仔細地分析，則除了上述四方面以外，還有：

㈠社外的投稿㈡參考部的供給㈢外國報紙雜誌的翻譯㈣公開的徵求㈤特殊新聞的專訪和續訪㈥外埠報紙上有價值新聞的複寫

所謂社外的投稿，是指和報社毫無關係的讀者的自動投稿。這些自動投稿的讀者，一部份是偶然的嘗試，一部份却是目爲經常的職業。偶然嘗試的讀者都是有所爲而爲的，例如爲了他們的義憤，爲了他們的好奇，或者爲了興之所至，再或者是爲了有意的攻訐他人。經常的投稿者大抵都是公庭的記者，因爲他們都帶有鴛鴦蝴蝶派的筆法。有時缺乏新聞材料，便閉門造車，說得海闊天空。這類記者在上海灘上都稱爲「老槍記者」。他們毫無新聞學的知識，毫無記者的素養和能力，所以寫下的新聞，亂七八遭，囉嗦且多錯誤。他們的前途自然只有沒落的命運。雖則有時不無微細的獨見，但畢竟稀罕得猶如金沙，需要編者一番淸濾的工夫。

新聞的來源既然有如上的不同，新聞的線索當然也是多方面的，而且是不一定完備的。對於那些不完備的新聞，在編輯部彙集工作進行的時候，便須同時去進行補充的工作，也就是向參考部（有稱資料室的）找尋適當的有關材料予以適當地添補。參考部規模愈大的報館，報道的新聞也必愈詳細愈完整。例如蔡元培先生病逝的消息傳出以後，關於蔡氏的履歷，工作，成績，在學術上的地位，對於中國學術界的影響，這些都可以從參考部完全找到，而可以一一補述出來。所以補充的工作也很重要的。

因爲突發的事件（新聞）多半沒有預示的性質，即使擁有着很嚴密的新聞網的報紙也還是難免遺漏於萬一的。所以新聞的編者需要從各方面去探索。外國報紙雜誌的翻譯自然是其中有力的一種。尤其是晚報的翻譯，可以很迅速地編入，無異於本報記者的直接採訪。

公開的徵求和特殊新聞的專訪或續訪，都是很好的新聞探索方法。前者在各國的報社相當盛行，後者則在我國報社也已能普遍的採用。例如，最切近些說，在這次中國民族解放的過程中，爲了報道某階段特殊勝利（如台兒莊）的消息，報社的記者都紛紛前往戰線，探索寶貴的新聞資料。這種特派員的遣送，是由於編輯部的計劃。

外埠報紙上有價値新聞的複寫也是一件必要的工作。尤其在中日戰爭的現階段，交通的阻隔使兩地的人很少有往來的機會，彼此的生活都很隔膜。如果把大後方有價値的新聞充分地利用，複寫了出來，那必爲淪陷區的讀者所歡迎。善於利用一切新聞資料的編者是不能忽略了這一點的。

編輯的第一步，（彙集資料），大體上講來，也就是有計畫地支配上面這幾項工作：把應當採訪的新聞派遣外勤記者出去採訪，把通訊社和訪員的新聞稿彙集起來，看有沒有發展未完盡的材料，有沒有需要補充的材料，如果需要補充需要繼續採訪，那便立刻設法進行。

在各種新聞來源搜索完畢，各類新聞稿件彙集齊全以後，便開始依照新聞的性質，範圍，對象，予以適當的分類。新聞分類是蒐集工作的最後一步。而現在的報館，常常把這種分類的工作委交於專一的新聞蒐集人員，所以嚴格地說，還不是一個編者的職務，而是編輯的外圍工作。

二　檢舉新聞毒素和錯誤

編輯新聞的第二步，便是選擇資料。

選擇資料的第一個條件，就是要先知道這一天報紙的容量。因爲選擇的標準是寄托在報紙的篇幅上的。要是廣告的地位很多，新聞的地位很少，則對於新聞的選擇標準必隨着愈是嚴格。要是新聞的地位很多，那末取選的標準是可以降低些。

對於新聞的選擇既有了預定的標準，接着便是辨別新聞的眞僞，估計問題的價值，區別其重要性，考察社會的需要，推斷讀者的興味。

每一張新聞的稿件決不是都有發表的價值。編者必需首先把每則新聞逐一審閱，在約略披覽一過後，把重複的新聞合在一處，預備整理資料時的截長補短，使新聞愈更完備。然後再把全部稿件分別歸納到這樣的五種：

㈠重要的；㈡次要的；㈢備用的；㈣可用可不用的；㈤絕對不能用的。

以上五類之中，那些絕對不能用的稿件便可以立刻扦在一隻鐵扦上，準備不再去用它。如果報紙的容量不多，那麽儘可把「可用可不用的」稿件也扦到鐵扦上，省却一番閱稿的手續。分類既定，接着便是審閱在這些新聞的本質中，是不是含有着「新聞的毒素。」

「新聞的毒素」就是隱藏在新聞裏的特殊的作用。這種作用可能地來自這些方面：（一）以「風聞」和「傳說」作根基的訛傳；（二）含有敲詐和攻訐的性質；（三）失却時間性的新聞；（四）有宜傳作用的廣告新聞；（五）個人主義式（吹和拍）的新聞。

第一種以「風聞」和「傳說」作根據的訛傳，在新聞稿件裏可以說是很多。因爲國內外的宣傳新聞不談，單說本埠新聞的訛傳，更是常常被發現的，原因是在：採訪的技術不高明，不能從當事人的口頭採訪，而間接地根據了傭人或鄰人的傳說。通過第三者的口吻，傳說的資料已經帶有了顏色，如果輾轉相傳，那麼問題的根源也許會和原來的絕然不同。如果編者再大意或疏忽，把它發表了出來，那第二天的更正信便準會寄到，於是無可奈何，只得「來函照登」。一份報紙「來函照登」的篇幅愈多，它的新聞價值也必愈是差落，連累所及，終於會失去讀者的信仰。

第二種含有敲詐和攻訐性質的新聞，在戰前幾乎是很多的，原因是在：各報的外勤記者不能廉潔，和老槍記者蓄意傷人。可是抗戰以後，新聞界起了一次革命，新聞記者都能够在本位上努力，把一切的欺人行爲洗刷盡淨。即使免不了還有蓄意敲詐或攻訐他人的稿件，但那僅限於少數的老槍記者的。編者的防範是比較容易得多了。

失却時間性的新聞和個人主義式的新聞，是很容易窺破。前者多半出於老槍記者的筆，是由於他們心血來潮，隨便回憶一下子而寫出來的，後者則是由於那批被御用了的新聞記者的有意的捧場。捧場的對象不外乎是那些地方的地痞，封建頭腦的流氓，空頭的慈善家，洋人的走狗。

至於宣傳作用的廣告新聞，那須經過仔細的審閱。例如有人被兇徒槍殺於永安公司前面的，在新聞的報道裏便不應寫「在永安公司前……」，而應當寫「浙江路南京路口……」，否則便有意無意地替永安公司作了義務的廣告，這在編者不可不用心的。

以上五種都是新聞的毒素。除了帶着部份的宣傳作用的廣告新聞，可以留下修改備用以外，餘下的四種都沒有修改的資格，應當扦上鐵扦的。

同時，如果因爲篇幅狹小，新聞資料過份豐富的話，儘可把取選的標準提高，將一部份可用可不用的稿件同樣地扦在鐵扦上。

第三步，才開始整理資料。

三　圈點，潤濕，删除，接補

整理資料是編輯的實際工作的開始。整理資料是使來源不同立場不同寫作不同的新聞資料和諧化，嚴格化，合法化，一致化。所以整理資料的工作就相同於整飭商品改換商標的工作。

整理資料的工作主要的分為以下這四種：

首先，是圈點的工作。通訊社的新聞稿都是油印的，以編寫新聞為職業的。那些社外記者的新聞稿，是複寫的。本報訪員的採訪稿，是筆錄的。編者必須用紅色的筆，在閱讀這些新聞稿件的時候，逐句逐句的標點（普通的標點都是瓜子點，但有些報紙用新式標點，這時候就需要編者加上新式標點）。

圈點新聞也就是閱讀新聞。在圈點的時候便可以把新聞的內容整個消化在編者的腦海裏，於是在這個時候，編者可以進一步地認識這條新聞的價值，新聞的錯誤與否。

幾乎在圈點的同時，如果遇到原稿的字句有不通順的地方，編者便應當負潤濕的責任。換句話說，編者應當仔細辨味文字的語氣，仔細推敲章法和修辭。因為外勤記者的撰述往往是在匆忙之中，可能地有許多修辭上的毛病，作為編者的就應當一一加以修改，潤濕。（油印的通訊社稿件上更有「××社訊」等字樣，這時候也應删去）。

再次，要是遇到新聞文字中有不妥的句子，有傷風化的句子，過分秀才氣派的句子，編者便該立刻予以删除。尤其是强姦案中的公庭對話，很有許多穢褻的字句，或者為採訪記者有意的鋪張和渲染，或者在一般新聞中寫着架空而堆砌的文字，說了一大堆的廢話，這些都是在編者的删除之列的。

有時候，在新聞稿件之中，同是一則新聞，往往因為通訊社的不同，採訪者的不同，而寫出完全兩樣的話來。譬如說，同樣是一件子女弑父的新聞，甲稿上說弑父的主角是子，乙稿上說弑父的主角是女。再如某人被綁匪槍殺，甲稿上說槍殺後立即斃命，乙稿上說現尙在醫院中奄奄一息。遇到這些矛盾的報道，便需要編者指派外勤記者出去查勘，或用電話詢問，或根據更可靠的線索，得到正確的判斷以後，把那些錯誤的新聞一一剪補，改正。

圈點，潤濕，刪除，接補（改正），這是整理資料時的四項主要的工作。

四　一個標題的寫作

在把新聞的內容改正以後，把新聞的文字圈點和潤濕以後，接着的工作便是標寫題目。標寫題目可以說是編輯程序中一項最最難能的工作。這完全需要熟練的經驗和對於新聞標題本身有徹底的認識。

一個有着熟練經驗的編者，在知道了新聞的內容以後，便能很快地把握新聞的主題，並且很快地能找到適當的表現字句，標寫出來。

仔細分析標寫題目的工作，則不外乎這樣的三個步驟：（一）把握新聞的主題，（二）表現新聞的內容，（三）斟酌標題的大小。

把握新聞的主題是新聞標題的首要條件。因為標題是新聞的縮寫，它必需把新聞的骨幹抽出，纔是標題的最大意義，也是標題的最大成功。在編者把握住新聞的主題以後，第二步，便是考慮用怎樣的文字與語句，把那長篇的新聞在寥寥數筆中表現了出來，而且必需表現得淋漓盡致，幾乎沒有絲毫的遺漏。

找到了適當的表現字句以後，便分行寫下那些字句，依照事件的輕重，使全部內容分配在側標題，主標題和副標題之中。

接着便是第三步：斟酌標題的大小。

標題用字的大小必須依照新聞本身的內容和價值。新聞愈重要的，愈有價值的，那標題的用字也必愈大，標題的縱的地位也必愈長。

標題有各種式樣和各種排列。從標題的式樣上看，有單行的，有雙行的，有三行的，有四行的，有四行加一「側」的，有縱行加橫行的，有純橫的。從標題的排列上看，有並列的，有斜列的，有混列的，有分列的，也有上下歧列的。總之標題的式樣須依照新聞的內容而決定。至於這樣的內容是否適用於這樣式樣和這樣排列的標題，那就得要看編者對於標寫題目的經驗是否豐富是否熟練。

五　版面的排列藝術

標寫題目以後的編輯工作，大體上可以說是全部完竣。但是要求新聞的編列美觀，就少不了編列版面的工作。

在外國報館裏的編輯工作中，怎樣使版面美觀，怎樣使新聞的排列藝術化，乃是一件重要的編務。他們甚至有專司這些職務的編者（make-up editor）。唯獨我們中國的報紙，在目前尚缺少這部門的工作。他們把這些工作都委托給排字工友們的任意編排。（也有指定第一第二條新聞的，但僅僅是一二條新聞地位的指定，是不足以談整個版面的美觀。更談不上排列的藝術化。）

就外國報紙而論，編列版面的種類大概可分混合和分類的兩種。無論是混合的編輯和分類的編輯，每天的排列都有着不同的變化，因為，每天的新聞是不同，因之排列的材料也不同，排列的地位和方式跟着也不同。一份版面編列工作做得最成功的報紙，是能够引起讀者的美感，興味和喜悅。報紙能每天帶給讀者以新的興味新的喜悅，那它無異便是讀者精神上的最好的補品。

所以中國報紙今後必然的趨勢，是研究版面排列的方式，講求編列版面的藝術。

編輯新聞的整個過程，是必需包括着以上這五項工作的。缺少其中的一項，便會使編輯的資料和刊載的新聞不能得到預期的充分的效果。

第四章　原稿的整理

一、批判地思索

新聞的編輯工作大抵是以上這五種。但是在一般報館裏的編輯工作，把蒐集資料和選擇資料劃分開來，使一個編者的任務單單致力於整理和標寫的工作。換句話說，目前中國報館裏的編者，其編輯工作的範圍僅僅及於整理和標寫。蒐集和選擇是另由編輯部的職員負責的。而編列版面則又大抵一任印刷工友的決定。

當通訊社的油印新聞稿件，當外面的信函投稿，當本報記者的採訪稿一次或絡續集中的時候，編輯部的蒐集員就把這些資料，按照性質的不同，分門別類地歸納起來，準備分發給各部門的編者。同時蒐集員在這時還可把各種新聞予以適當的統計，或製成表格，或把新聞來源記錄下來，好藉此確定以後的新聞採訪路線，以及作爲酬答通訊社和採訪員的標準。所以蒐集員的工作是相當瑣碎的。以這樣的工作範圍而論，只要是一位具備中學程度熟悉社會情形的人材便可以充當新聞的蒐集員了。

編輯部組織比較龐大的報館，在蒐集員把新聞資料蒐集以後，接着便由選擇新聞的人將新聞的性質審查，視材料的價值決定其採用與否。但是這類的選擇工作在一般報館的編輯部裏，都已歸入整理資料的部分，由新聞的編者連帶地處理着，負責着。而且這樣的工作也竟成爲普遍的習慣。

的確，如果嚴格地說，選擇資料和整理資料是有着密切的關係。在編者整理資料的時候，編者已帶有批判的目光，細察何者爲否，何者爲然，怎樣的寫法才優美，那一則的新聞最有興味。於是編者對於新聞便有一種感情的作用了：他喜愛，他憎恨，從而他選擇，採用，或者改削，丟棄。而反過來說，當他選擇資料的時候，理智的批判使他認識了新聞的本質，看透了新聞的形式。也就是說，這時候他已有準備潤濕，刪改，以及接補的心思。這也就是以整理資料的標準來作選擇資料的標準。所以選擇和整理雖然在形式上不同（一用視覺的判斷，一用筆墨的修飾），但在批判的思索方面則是一致的。

現在我們所要說到的原稿的整理，就是一面指選擇的批判的思索，一面指筆墨的修飾的技巧。

二　新聞價值·人間趣味

在說到整理原稿的選擇的批判時，我們就不能不先談新聞的價值。因爲新聞價值是編者選擇新聞的最最基本的標準。新聞價值愈高，新聞便愈有取選的可能性。

新聞價值的高下是根據什麼而決定呢？如果簡單地回答，那就是讀者的興味。當一則新聞發表出來，能够刺激讀者，引動社會上大部份人的注意的，那這樣的新聞便有充分的新聞價值。所以狗咬人是普通的事情，刺激不起讀者的情緒，是不能認爲新聞的。但要是打了個倒提：當人咬狗的時候，由於事件本身的强有力的刺激性，迅速地引動着讀者的濃厚興味，所以這樣的事情乃是具備充分的新聞價值的「新聞」。名記者勃萊耶（Bleyer）說：「最好的新聞是最多數人最感興味的東西。」新聞價值的根據就是在於「最多數人最感興味」的條件。

興味，是一種滿足的快感。但由於生活環境和生活意志的不同，社會上各階層讀者的興味自然是很複雜的。有的是偏於求智的慾念，有的是偏於趣味的滿足，有的是在求暫時的快感，有的是在求精神和理智的安慰。把這些性質不同對象不同的興味仔細分析起來，則可以歸納到五種產生條件：

㈠時間的；㈡空間的；㈢地域的；㈣動態的；㈤突發的。

時間的切近能够增高讀者的興味。例如美國電影「路透傳」中描寫路透的爲了爭取時間而不惜全部的精力奮鬥着。終於他首先發出了拿破崙的演說詞，他首先發出了林肯被刺的消息。最後他在「速」字上完成了不朽的事業。「爲了迅速，有時候甚至可以犧牲了眞實。」這是現在新聞競爭時代的一句警語。但從這里我們也可以知道，所謂新聞，是最新鮮的東西。讀者所要急切知道而且歡迎知道的，就是在「新鮮」這兩個字。陳舊的記載是不會引起讀者的興味。各國新聞界爲了要不斷地把最新鮮的新聞呈遞到讀者的面前，便增高了新聞的密度，在極短的時間內絡續印刷着最新得到的新聞。這完全是適應着讀者興味的必然發展。

其次，空間的切近也能增高讀者的興味。譬如說，上海的讀者最最注意的決不是西藏民衆的家常瑣事，而是本市發生的離奇案子。再以國家民族而論，中國人最注意的當然是本國的事情，決不是德國或美國的消息。空間的距離愈遠，與個人切身的關係愈淡薄，因此也愈沒有注意的必要。如果一件新聞發生於自己的親屬，或家裏的親人，那麼對於這樣的新聞記載自然是最爲自己所關心，而且也是最能感到濃厚的興味。

地域的條件和空間的條件很難有所區別。但嚴格地說來，後者側重在距離方面，前者則側重於和個人關係的認識方面。換言之，在說到地域條件的時候，新聞和個人的利害關係是最先應當顧到的。比如一個生長在上海的中國人留學到美國去，對於上海（本鄉）的新聞他一定是最感興味的，最需要閱讀的。所以地域的條件多半以與個人利害關係的深淺作爲決定的因素。

動態的條件是指事件（新聞）本身的發展和變化。有許多新聞是連續性的，不斷進展的，反複無常的，或律動變化的。譬如說一個著名女伶的被刺，被刺的當時雖然昏暈過去，但並不會立即死去。於是一般讀者就需要在醫治過程中經過情形的報道。或危急，或轉癒，或殘廢，或死亡，這些都是他們所欲知道的結論。新聞的記載便不能忽略了報道的連續（運動性），否則抹煞了讀者的興味，便會失却讀者的信仰。

最後，說到突發的新聞。雖然被稱爲新聞的都是最新突然的事件，但細一分析，新聞的突發性顯然是有程度上的差別。五中全會的開會，討論，決議，固然是很有時間性的新聞，可是開會的日期是預定的，因此不能被稱爲突發的新聞。突然的新聞有如三月二十四日上海中國銀行的被炸，是出人意料的駭人聽聞事件。且因爲事件的嚴重，政治性質的濃厚，所以不單爲數百萬上海民衆所注目，亦爲全中國的民衆所關視。這時候上海的報紙就可以將事件經過寫成生動的特寫，且插以清晰的照片，則定能受讀者的歡迎，受觀衆的信任。因此突發的新聞是值得編者重視的。

一個編者要以自己的學力和經驗，來取選有價值的新聞，受讀者歡迎的新聞。上面的五項條件，就是測量讀者興味的標準，也是編者取選新聞的尺度。只要新聞愈能配合或接近上列的條件，那麼新聞本身便愈有編入的價值。

三　正確性和完整性

但是新聞價值的決定不僅僅限於簡單的興味問題，此外，新聞的正確性，新聞的完整性，都是決定新聞價值的有力因素。

先說新聞的正確性。現在一般的新聞稿件，大體上雖沒有多大的錯誤，但嚴格地說來，每則新聞的錯誤成分總是或多或少地存在着的。這就好比歷史的記載：事實的歷史和寫成的歷史總相隔着一個很遠的距離。什麼原故呢？那是因爲：

第一，寫作歷史的人並不是歷史中的主人公，所以材料缺乏，甚至少得不能反映眞正歷史的演變過程。

第二，是由於環境的變遷。不同環境裏思想的反映是不同的，而「推測」更會使眞正歷史改變原有的面目。

第三，是由於文筆的不達。歷史的演變過程是多方面同時進展的，而歷史的寫作却是單獨的不完全的發展，所以側面不夠掩蓋全面，部分不能包括全體。

第四，是由於主觀的成見。歷史的演變是客觀的，而寫作歷史的人的記載，無論在字裏行間，都已滲入了自己的愛憎，攙入了自己主觀的成見。

單以上四點，已使寫成的歷史眞僞參半或甚至全部虛僞。

新聞的寫作和歷史的寫作在本質上就沒有多大的區別。所以新聞的錯誤原因之多，是不亞於寫成的歷史，甚或可能超過了寫成的歷史。

四　新聞的錯誤原因

初初地分析新聞上錯誤的原因，是有：

【甲】由於無意的錯誤：

(一)技巧的原因——傳聞失實，記錄不確，校對錯誤，等等。

(二)心理的原因——目擊事實時記者個人的錯覺，憑藉新聞發生以後的傳聞，個人記憶的錯誤，各人觀察力的不同，主觀成分的攙入，等等。

【乙】由於有意的錯誤：

(一)外來的壓迫——報紙的公正立場，言論的公正態度，常由於外來的政治或經濟力量的壓迫而歪曲。例如受到政府、政黨、社會上的殘餘封建勢力、股東或廣告商等等的壓迫。

(二)為了報館本身或某些人的私利而打算——隱瞞或恫嚇性質的新聞。

(三)抽象的虛構——將未實現的事情用實現的口吻說出來。

(四)故意的誇張。

(五)捏造——尤其是那些不負責任的報紙，將其他通訊社的專電改頭換面以後，作為自己特派員的「專電」。有時甚至憑空杜撰。

(六)為了報紙的主義和主張發生的——這是現代報紙所慣用的新聞政策，就是：有意歪曲新聞或提供新聞，以造成一面的輿論，而達到政治或社會的目的。

以上八種無意或有意的錯誤原因，在編輯新聞的人都應予以特別的注意。新聞的有無價值，都可以從這幾方面的觀察而決定。一則錯誤的新聞固然未必就全無價值，但却需要編者考査其錯誤的原因，並訂正其錯誤的地方。這種考査錯誤和訂正錯誤，正與衡量新聞的興味性相同：兩者都是選擇的批判的思索。

五　六個步驟

選擇的批判的思索，就是把新聞的內容澈底認識的意思。在澈底認識新聞的內容以後，才談得上如何去補充它的缺陷，如何去修飾它的文字。——也就是如何去進行眞正的原稿整理工作。

整理原稿的工作可以分爲以下這六個步驟：

（一）標點文字句讀；（二）删改字面錯誤；（三）整理新聞機構；（四）排列新聞敍述；（五）修飾表現技巧；（六）接補充實內容。

第一步，將油印或筆寫的新聞原稿，用紅色的毛筆標分句讀。有些報紙用新式標點符號的，便在這時候加以新式的標點。標點句讀是整理原稿時運用筆桿的基本工作。

標點原稿是簡單的，但在標點的同時，需要（一）進一步認識新聞的內容，（二）删改字面的錯誤。原稿上也許有筆誤，有別字，有多餘的字句，有重複的文字，這時候，第二步，就需要去删削它，改正它。而且報紙的對象是社會的大衆，所以編者有儘量使新聞的字句趨向大衆化通俗化的責任。如果遇到艱深的句子，難解的文字，就須改削得淺顯，代以常見的普通字句，使一般讀者都能看懂或讀通。

六　構成新聞的要素

文字上的缺陷彌補了以後，接着，便得整理新聞的機構。新聞的構成有六個要素。英國詩人吉卜林把這六個要素寫在一節詩裏：

我有六個忠實的僕人；

我所知道的一切都是他們教我的；

他們的名兒是 Where 和 What 和 When

以及 How 和 Why 和 Who。

新聞的構成要素就是這樣：是誰（Who），發生些什麽事情（What）經過的情形是怎樣（How），在哪里發生（Where），什麽時候發生（When），爲什麽發生（Why）。具備了這六項要素的新聞，便是一則新聞的完整的結構。

這里且隨便舉一個簡單的例子（見三月廿五日中美日報第二版）。

藝人響應獻機

【香港廿四日電】港澳藝術界發起獻機運動，廿四日午開發起人會，決策動書法戲劇電影繪畫音樂攝影彫塑美工各部門藝人，一致努力。並將通電國內各地藝人一致響應。

這件簡短的新聞，雖僅僅祇開「發起人會」，還沒有正式大規模的發動，然而作爲新聞的構成要素却已全部具備，那就是：

Who——港澳藝術界。

What——開藝人響應獻機運動的發起人會。

How——決策動書法戲劇電影繪畫音樂攝影雕塑美工各部藝人，一致努力。並將通電國內各地藝人一致響應。

Where——香港。

When——民國三十年三月二十四日。

Why——爲抗戰而獻機。

【註】雖然文字中並沒有「抗戰」等字樣，但時代的暗示已足够我們明白響應獻機運動的理由，如果不嫌煩瑣地敘述，反覺得畫蛇添足，無意義的多餘。（有許多新聞字面上雖找不出這六種構成的要

素，但內涵的結構却還是完整的。）

從新聞的內容探索新聞的構成要素，那是整理原稿的必要工作。雖然有時候新聞的機構是不完備的，可能有簡略去一部分機構的現象，但那決不是無條件的省略。例如上面舉出「藝人響應獻機」的新聞中，Why的部分是簡略的，原因是：當前的政治發展已不需要有這樣的說明。要是說，在上述的六項要素之中，被無端地省略了 Who ， Where 或 When ，那末即使 What 和 How 等完全具備，而且描寫得生動詳盡，然而它無補於新聞的構成條件。省略掉這些要素的東西，是殘缺不全的記載，決不是現代的「新聞紀事」（News－writing）。

如果編者遇到這樣的新聞原稿，那就得予以適當的調整：或刪改其累贅的部分，或設法補充其殘缺的條文，或剪貼幾則同一題材的新聞原稿，使它們五湊六合，成為一則完整的新聞紀事。

七　新聞寫作

當新聞的構成要素完全具備了以後，編者應該注意的是新聞的敘述層次。新聞的寫作是和其他一切的寫作不同的。譬如，小說的寫作是把事件的經過反映在許多切斷，跳脫，剪接了的章節之中，然而新聞的敘述却是直覺的，單純的，並不會經過作者形象化的手法（就是說，主觀的概念是很少滲入的），即使有時候也分節分段，但敘述還是一貫的單純，直覺而很少變化。所以這樣看來，新聞寫作似乎很有許多地方和那些鴛鴦蝴蝶派的小說相同，但也有差別，是在於前者（新聞）都有客觀的根據，後者多主觀的揑造，前者簡潔單純而後者嚕囌錯綜。而在寫作的任務上講，前者在於告訴人（報道）而後者在於感動人（通過藝術媒介後的情緒刺激。）

同樣，新聞寫作和論文寫作也有不同，單就作法上講，最最顯著的一點，就是：論文的結論在末後，而新聞的結論却在開端。

新聞紀事的結論，正文，節段，敍述，可以從以下的例子看出來：

> **昨日下午駭人暴行案**
>
> # 中央銀行被炸
>
> **兩處死八人傷卅七人**
>
> 自本月廿一日深夜，發生駭人兩巨案後，社會人士，正予以極大之重視，詎知事隔僅兩日，昨日下午三時至四時，在一小時內，又發生有組織的濫炸金融機關之駭人消息。被炸者爲滬西租界亞爾培路四三九號中央銀行上海分行，死七人，傷一人。另一起被炸者爲公共租界靜安寺路七〇二號中央銀行辦事處，死一人，傷三十六人。同時愛文義路中國農民銀行及北京路四明銀行亦有炸彈發現，幸未爆發。此種空前大濫炸案，顯有某種陰謀，爲一有計劃之恐怖暴行。茲探悉各情如次：

這是發生在三月二十四日上海租界內的驚人暴行案。由於案件內容的複雜，行動的有計劃，所以新聞記事的敍述也是最最完整，最可以代表排列的形式。上面就是新聞記事的結論。在結論裏已把發生的事件經過，內容和範圍，慘案的結局，作了一次有力的簡潔的，統計式的敘述。以下，才分頭把發生在不同地方的同一暴行案逐漸地展開在讀者的面前：

中央銀行兩處被炸

亞爾培路轟然巨響

法租界亞爾培路四三九號逸園跑狗場北面三四兩樓中央銀行上海分行、昨日上午十時許、突有喬裝郵差一名送往體積約一立万尺之木箱一隻、外書該行收、並書明由港寄往者、當由收發處收下、不疑有他、置於該處桌旁、詎知迨至下午三時半、有該行某信差突然發現該箱內有濃烟冒出、甚為疑懼、即告諸白俄司閽捕請渠啓開一察究竟、不料該俄捕竟拔出手槍向該木箱瞄準、開放一槍、自己逃逸無蹤、箱內定時爆發炸彈遂應聲提早爆炸矣、轟然一聲、聲震遐邇、當炸彈爆發時、附近崗捕驟聞巨響、即趕至行內探視、急以電話報告法巡捕房、立派中西探捕驅車至出事地點勘查、並在該行附近亞爾培路、辣斐德路、西愛咸斯路一帶、嚴密戒備、搜查行人車輛、一面在出事地點調查眞相、至死傷者血肉模糊、慘不忍睹、當由捕房急召救護車、將傷者車送廣慈醫院救治、

七人身死 一人炸傷

信差四名、計季阿三（南通人）、蔡寶林（紹興人）、鄭廣才（通州人）、張士奎（海門人）、身部受傷、均送廣慈醫院、因醫治無效身死當場死者爲該行事務處主任陳宗光（杭州人年三十八歲）日前因病請假回家休養、昨病痊到行銷假、由外步至電梯內擬即登樓、乃開電梯者不知何往、等候良久、未幾砰然一聲、頭腹等部被炸重傷、當場身死於電梯畔、尚有寄居該園東北面亭子間之電燈匠卓阿來（寧波人）及其妻邱氏（三十八歲）女名鳳弟（年甫二十）、出

事時、車適外出、其妻女頭面部均受重傷、入院後不久殞命、女當場慘斃、又有逸園大菜間司務俞金福（年三十八歲蘇州人）傷左腿、正在廣慈醫院醫治中、迨至下午五時一刻、有日方高級軍官乘特別照會三一二號汽車會同捕房人員入內視察、認爲「此事甚爲不幸」云、

白克路上爆炸慘重

昨日另一驚人鉅案、爲中央銀行辦事處之被炸、死一人、傷三四十人、査靜安寺路七〇二號美[illegible]中國汽車公司爲一三開間四層樓之洋式房屋、建築至爲壯麗、其後門在卡德路大通路之間之白克路上、中央銀行甫於一月前租賃該屋二樓設立辦事處、昨日下午三時一刻、有喬裝之郵差一人、手持木箱一具、上罩白布、書明由香港寄來、送至辦事處、司閽捕曾加盤詰、但以慣常有此類郵件寄來、乃囑該郵差送至樓上寫字間、照章須蓋章簽發回單、詎該喬裝郵差倏忽杳然失去其蹤跡、職員等乃大啓疑竇、遂撬開木箱之一角視之、則見有類似電表之一物、附有電線、情知不妙、急致電新閘捕房報告、捕房當派西探湯姆斯華探李蔭民二人前往 待湯李二人到場、詳加檢視後、知係危險物件、即急令所有人員外出、於是所有行員及汽車公司職工紛紛離去、正紛亂之際、不料該木箱內之定時炸彈轟然爆炸、聲聞數里、該屋之玻窗及牆柱等建設物片片下墜、樓板亦炸成巨洞數個、附近房屋均受震動、牆灰剝落、想見其炸力之巨、爆炸時間約爲下午三時五十分、中央銀行一部份理鈔人員約六七人因篤守職責、一時未及離去、遂致受傷、共餘樓上下及馬路上受傷者約有三四十人、

當地交通一時中斷

該項慘案發生後、捕房即派大批探捕及紅色警備車二輛、救火車一輛前往、未幾、又陸續派出救獲車五輛、一面將傷者載送寶隆醫院救治、并將白克路東西二端之交通、予以遮斷、中西探捕在路上蹀躞巡邏、至五時五十分始將該段交通開放、記者特往實地視察、見紅色警備車二輛復停駐該辦事處對面戒備、又該行接送行員之汽車一輛、亦被炸成粉碎、傾圮

門外、內部炸毀情形、頗形慘重、[illegible]國商團白俄輔助隊一小隊約十餘人正在該屋內守備、

一人殞命 傷卅六人

死傷姓名如下、何濟時五十歲諸暨人(重傷)、沈魁龍四十六歲湖州人、張兆熊三十歲上海人、胡德全四十一歲浙江人、王昌海三十三歲常州人、趙松濤五十歲河北人、魯德興三十四歲甬人、張仁生三十歲本地人、王炳均六十二歲靖江人、朱守仁廿六歲徐州人、潘寶生四十六歲紹興人、周興初四十七歲本地人、徐紹林四十六歲江蘇人、胡季芳卅六歲紹興人、王振揚五十六歲甬人、嚴家樺卅六歲江蘇人、江克昌卅一歲通州人、陸紹根卅二歲、浦東人、楊益明、二十二歲、安徽人、陸金伍、五十二歲、寧波人、王仲良、二十九歲、本地人、徐印林、四十四歲、蘇州人、劉培全、三十四歲、常州人、張阿金、三十六歲、通州人、王昌發、二十三歲、南京人、李興隆、四十九歲、杭州人、朱文香、五十三歲、寧波人、李昌旗、三十七歲、廣東人、王林、四十六歲、杭州人、徐紹斌、四十三歲、湖南人、汪峯光、三十五歲、廣東人、顧月英、二十九歲、廣東人、另有三七五號司閽捕王文富、五十三歲、天津人、及二七七八號華捕(重傷)、並有汪雲泉、年四十六歲、安徽人、任職於文書科 因傷及要害、抵院後、延至七時二十分殞命、另有華捕二零二號亦受傷、

◇ ◇

就上面的敍述，已經把中央銀行兩處被炸的新聞全部記錄下來，這也就是本條新聞的主要的部分——正文。然而類似這樣性質（破壞金融機關及謀害金融工作者）的事件，在同一天內還發生了三起：中國農民銀行和四明銀行的被按置炸彈，交通銀行的職員被綁架。新聞的編者就應當把這三者同一性質的新聞歸納在一起，而附帶地敍述：

中農銀行彈未爆發

迅速移去 未釀巨禍

昨日下午三時三十分許、愛文義路麥特赫斯脫路附近之中國農民銀行、突有形似郵差者一人、手持一約四十磅重之笨重物件、送至該行、閽捕以爲一尋常之送貨者、故亦未予注意、其形似郵差者進入該行後、即將此笨重之物放置而去、行員見此情形蹊蹺、知必有異、立撥電話報告該管捕房、即派警捕至該行將該物察看、始悉爲一重磅之定時炸彈、立將時針拔去、故未爆發、當由捕房迅速設法移去、

四明銀行傳亦發現

事前曾接 恐嚇函件

最後據消息靈通方面傳稱、北京路寧波路附近之四明商業儲蓄銀行、於昨日下午亦發現炸彈一枚、立即通知捕房、遣人來行設法、使其不能爆炸、幸派來西捕動作異常敏捷、結果該彈並未炸裂、隨後即被移去、據稱、該彈長約二英尺五寸、重量十二磅半、炸力相當強烈、復悉、被炸各銀行事前均曾接恐嚇函件、至於亞爾培路逸園附近之會搬移大分行、故徒交來藏不疑有其

交通銀行職員

促其速去 遲恐客滿

滬西越界築路極司非而路三義坊十三號、爲交通銀行職員宿舍、忽於前日深夜十一時許、被武裝人員闖入、綁去該行南京路支行職員梁殿湘（廣東人）信託部職員張鄰者（蘇州人）二名、其時二人未肯隨行、暴徒笑謂「速去尚有空位、遲則恐告客滿、須睡地板矣」、梁張知未可強、惟有被其強挾而去、坊內所居該行職員聞訊之後、莫不驚惶失措、相率溜出、

蘇土正式發表宣言

保證互不侵犯

土國如被迫與他國作戰
蘇聯決取諒解中立態度

傳蘇聯謀改善英蘇關係

【路透社安加拉二十五日電】蘇聯照會土耳其，謂土國如受外國攻擊，而為保護以開戰，則可恃賴莫斯科之完全諒解與中立，如蘇聯受外國侵略，則土耳其亦須取同樣態度，此項消息，已由蘇土兩國政府同時發表公報公布。

【路透社上京二十五日電】土政府頃由土國駐蘇大使與克泰發保蘇聯政府，予以保證，此與蘇聯經給予土國之保證相似。

【哈瓦斯社土耳其京城廿四日電】蘇聯與土耳其兩國，定於今夜發表共同宣言，其內容除序文力言蘇聯無意染土國領土以外，共有條文四款，第一第二兩條說明，蘇聯政府向土國提供保證，過有土國領土遭受他國侵略時，渠攻土國而外，蘇聯出以中立與諒解態度，第三第四兩條則規定，土國對於蘇聯亦復採取同樣態度，此項共同宣言，藉成侵略時，蘇聯出以中立與諒解態度，在莫斯科及安加拉兩城同時發表，據此間政界人士聲稱，蘇土兩國此次進行談話，商定發表共同宣言，係由蘇聯所發起。

【海通社土京二十五日電】土京於昨晨以蘇土兩國文字，發表公報，略稱，蘇聯及土耳其兩國政府，業已發表宣言，蘇政府已向土政府宣稱，關於外國報紙咸傳蘇政府，將利用土政府於戰時或將遭受之困難局勢，侵奪土國云云，蘇聯申明，（一）此項消息，與蘇聯政府之態度不符，（二）土國倘遭襲擊，而被迫作戰，蘇聯將依照現行不侵犯條約，將取完全諒解與中立之態度，土政府對於此項宣言，已向蘇政府表示謝意，並申述蘇聯倘遭遇同樣局勢，土國亦將採取完全諒解與中立之態度云。

【國聯社土京廿五日電】適在兩將開始心簽訂互不侵犯公約之前，此間今晨宣布，蘇已正式保證，土可放胆抵抗德國可能之攻擊，以自衞其領土，包括達達尼爾在內，兩國作重要之換文時，蘇聯通知土國，土國若被迫開戰，「可恃蘇聯完全之諒解」，外交界謂，此舉對於希特勒元首之已覇全計劃，有深刻影響，蓋味其語氣，蘇確已尤土，當一德攻達達尼爾，蘇將報以武器等等，援助土國。

【伊聯社倫敦廿五日電】此間消息靈通方面聲稱，蘇因恐德或將奪取達達尼爾海峽，故近謀改善英蘇關係，據稱，蘇聯與英合作之條件，業經修改，蘇英高級人員曾聲言，「蘇聯合併波羅的海三國無論在事實上或法律上，英若予以承認，則必能獲得蘇聯讓步之反響」，據稱，英方所扣波羅的海三國船隻，莫斯科現在不再要求歸還，惟本月三日國際社聲發消息，謂蘇在實際上已允德，若土國不被侵犯，則德可在巴爾幹自由行動一節，現仍屬實，據稱，蘇聯確予一紙抗議公文以外，無力更進而干涉南國事件。

【路透社安加拉廿五日電】此間人士聞蘇聯對土之保證，已恢復蘇芬戰事前互相諒解之氣氛，並將土耳其東邊所感之威脅，消弭泰半，蘇土之宣言，同時又予德國在土宣傳家以致命之打擊，因其曾盛傳土耳其如加入戰事，蘇聯將附其背也，土方人士又以為因德國在經濟上依賴蘇聯，故莫斯科之態度對德實有極重大關係。

土國消釋對蘇疑慮
德國宣傳完全失敗

【路透社維希廿五日電】維希法方通訊社土京訪電稱，莫斯科與安加拉兩國將同時發表宣言之消息，已使土京人士大為興奮，因此次蘇土談判，係由蘇聯發動。

【路透社斯丹埠廿五日電】伊丹報評論巴爾幹最近之發展云，倘使以國民為犧牲者，則惟有戰爭可保障斯拉夫與統所遺傳之神聖責任，全國人民將立即並[illegible]起而護衛門，土耳其二百萬技術刺之全部力量，將加入戰事之最後解決，土耳其之平民，自將追隨英勇的英國人民之後塵云。

【合衆社斯丹埠廿五日電】安加拉之官方稱，土蘇互換不侵犯宣言之正式公報，將俟兩國商妥其措詞後，在莫斯科發表，因此項消息先期洩漏，德國曾竭力壓迫莫斯科，以阻其發表，至少亦須延期發表，因德國恐此一經發表，或不免引起南斯拉夫之恐慌，故要求須俟南國先行加入軸心之條約發表，蘇外交部委員長保于三月十五日開始商議互發宣言之事，即于該日先以書面向土大使保證，蘇聯絕無略取土國領土及達達尼爾之意旨云。

【合衆社斯丹埠廿五日電】土蘇兩國互發宣言，各聲明「倘對方牽入戰爭，決不加以困擾」，自最近日夜關連昨夜為止，自土國至歐洲之所有電報電話交通，均被切斷，僅有官電可通，外國新聞電報被假借土蘇將發表宣言之故，僅或蘇保政府對於未來事變作預先全面通盤之計。

新聞的排例工作就是要把新聞的組織規律化，使新聞順着這樣的方向展開：結論，正文，章節，附錄。換句話說，把新聞的最最重要最正當的部分擱在前面，把次要而支節的部分編在後面。

如果是國際新聞的編者（或編國內電訊的），遇到同一案件的許多則類似的電訊時，則可以把概要敍述式的電訊擱在前面，把報道詳盡內容的電訊編在中間，把連帶關係的新聞附在末後。（要是必要，在文字上還可以標列分題）。試舉例以供說明，（見三五頁）。

所以無論是國際和國內電訊或本埠新聞，排列敍述的層次總是相彷的。

至於爲什麽這樣地排列呢？那是因爲要便利讀者的吸收，容易使讀者的印象深刻。而且對於一般工作繁忙的人，沒有時間看新聞正文的人，都可以閱讀新聞的冒頭（結論），概知新聞的扼要內容而即已滿足。所以這樣的排列是最最科學的。

正因爲是含蓄着這樣意義的嶄新的排列，一部分沒有新聞學修養的採訪員，由於不瞭解這種排列的作用，便經常地疏忽，使新聞的寫作成爲不規則的非科學的記錄。

新聞編者便應當改正這樣的錯誤，應當使新聞的組織科學化。

八 表現的技巧

然後，再修飾表現的技巧。

同樣是一則新聞，如果表現的技巧不同，則收穫得到的新聞的效果也會兩樣。歐美的新聞記者往往在嚴重的材料裏加入輕鬆的插曲，在緊要的關頭予以生動的描寫，和我們的新聞記事比較起來，顯然的，前者常常靈活變化引人入勝，而後者常常會令人有笨拙的感覺。

跟着笨拙的感覺而來的，自然是枯燥和沉悶。歐美記者曾經極力設去把枯燥和沉悶的成分減少，—減少每節的字數，儘量加入生動的插話，使記事文藝化，反映小說化。例如明明是戰地的記錄，很容易使一個記者的報道八股化，口號化，可是在今年一月六日北非英軍攻入巴底亞港時，美國記者的電訊中有着生動的描寫

【合衆社巴底亞前線記者麥米蘭六日電】澳大利軍隊昨日衝破義軍之堅強抵禦、完全佔領巴底亞、十八日以來之圍困戰、因而克奏膚功、澳兵先於星期六將巴底亞南方之義軍防務肅清、然後集中海陸空三方面之大舉進攻、砲聲震天、五十英里外猶可聞之、澳衝擊隊並於此際、分擊散布各處環守巴底亞週圍之義軍石築碉堡、坦克車隊之總攻擊、係於星期五黎明五時三十分、開始於東方魚微光中、號令一下、萬車奔騰、沙漠之中、烟塵大起、巨砲及炸彈之繁密、直欲淪圍城為齏粉、聲響震天、使坦克車之隆隆巨聲、湮沒不聞、是晨麗日徐升、碧空如鏡、而巴底亞城中則有大火二處、小火數處、次第發生、巴底亞城已經數星期之轟擊、可稱已完全摧滅、砲台區域內除二三建築物尚峙立外、餘均無存、有數處房屋、且成齏粉、英軍此次用坦克車為前鋒之總攻擊、乃係預先慎密布置之計劃、澳兵之運抵前方、以從事其首次作戰亦極為祕密、其步兵及砲隊作戰多日、亦有相當傷亡、結果巴底亞港之性命之最後一刀、係由英海軍所下、英艦隊於上午八時、齊向城中發砲、佐以空軍及陸軍之轟擊、遂使該城中不復有生物可存、

在去年九月二十二日，德潛艇未預發警告而擊沉英兒童疏散船的時候，英國的記者也曾有生動的描寫，尤其是生動的對話：

【路透社倫敦二十二日電】據為德潛艇擊沉之英童乘船之男性乘客某氏稱、德潛艇攻擊之前、未發警告、該船中魚雷、洞穿傾倒頗速、幾即下沉、僅餘二十分鐘卸下救生艇、加以海上漆黑、益增困難、洶湧之海濤幾將吾人捲去、繼且降雨與雹、諸童舉止非常鎮靜、咸謹守命令、有二童死於軍艦、十一歲童索尼亞與其九歲之弟特利克、均在被救之列、索尼亞曰、我等登甲板後、奉命赴船首入救生艇。我姊時已下梯、我弟緣繩而下。迫及海面、艇已划去、乃復上升、我兄弟乃奉命赴船尾、當在甲板奔跑時、得悉船向下沉、我等乃奔回船首、緣梯登一小艇、方欲坐下、為風吹覆而墮海中、旋被他艇撈起。繼見軍艦一艘駛至、我等乃向歡呼、嗣登該艦、謝上帝護佑、我姊已先在矣、水手餉我等以酒、雖難入口、但我因飲之有益、亦一吞而盡、

這種磅礡氣概的文藝手法，在新聞記事的表現上是很需要的。未來的新聞表現技巧，將必然地傾向於文藝的手法，生動而又活潑，輕快而又多變化。

抗戰以前的中國新聞界，對於新聞的表現技巧是不講究的，戰地記者都是些口號專家，社會新聞的訪員都墨守舊規，抱着一味的「交代主義」，幾乎談不上表現的技巧。可是抗戰以後的今日，砲火使中國新聞界有了一次洗刷革新的機會，戰地記者的電訊，也已由陳腐的圈套中解放了出來，他們由眞情的激發而有形無形地改變了表現的技巧，如南口之役時的電訊，生動的台兒莊告捷電訊，已充滿了生氣蓬勃的景象。這是一條進步的路線。

就社會新聞方面說，也已遠較戰前來得進步。他們勇於新形式的運用，如上面引述的那則「中央銀行被炸」的新聞中，末後的一段有：「速去尙有空位，遲則恐告客滿，須睡地板矣」。雖寥寥數語，然而增加了新聞本身以不少的聲色，不少的效果。要是那樣生動的對話，以第三者的口吻表現出來，其對讀者的印象必然是淺薄的，平凡的，也因此不會收到多大的效果。

我們不能否認中國社會新聞的表現手法是落伍的，正唯其如此，所以需要我們不斷的努力和不斷地改進。我們要有勇氣創造出嶄新的路，如果時間允許的話，新聞的編者應當重寫每一則新聞的記事：剝去那些陳舊的表現的手法，代以嶄新的複製的外衣。這樣的工作雖然需要很多的時間，然而爲了大衆的教育，爲了新聞事業的發展，修飾新聞原稿的表現技巧已是刻不容緩的工作。

九　材料的接補

在修飾新聞的表現技巧以後，整理原稿的工作可以說是全部完畢。但成爲問題的是在編輯時間以內新聞（事件）的可能的發展——產生新的材料和新的結果。有時候這種新的材料和新的結果由報館的特約訪員用電話通知，有時候因爲預測它必有新的材料和新的結果，所以由報館專派訪員前往採訪。把這些可能的新發展帶來了以後，充實內容的接補工作是開始了。編者必須視材料的性質插入適當的新聞的內部組織。要是對於新發展有懷疑的地方，就可以用電話和參考的資料去補足它。直等到有可靠的把握時，才確定新聞的內容和組織；而這樣的新聞也才是最最完備，最有價值的全面性的新聞。

原稿的整理就是使一則不完全的新聞完全，不正確的新聞正確，興味隱沒的新聞顯現，笨拙表現手法的新聞靈活，以及陳腐組織的新聞科學化，深刻化然而又是大衆化。而作爲這一切改造工作的先決條件的，則是從錯綜繁多的無數新聞原稿中，選擇其佳作，提取其精華。

第五章　寫作標題的技術

一　新聞的骨幹和縮影

打開報紙以後，首先注意的是新聞的標題。這也就是說，在沒有看新聞（正文）以前，讀者對新聞的內容便有要求認識的心理。所以新聞本身固然是組成報紙的主要原素，然而從功用或效果上講，標題的重要是幾乎超出於新聞的重要的。新聞而缺少標題，就好像一個健全的人失去了雙目，也好像一個近視的人丟失了眼鏡。讀者對於沒有標題的新聞是沒有耐心去閱讀的。可是反過來說，如果有了標題而沒有新聞，報紙的本質是否喪失呢？讀者是否感到無從閱讀呢？——那是不會的。即使僅有標題的報紙，報道的性質還是存在，對於讀者還有閱讀的價值，所差別的，僅僅是詳盡和簡短，繁複和單調。

這樣看來，標題乃是組成現代報紙的主要的東西。雖然標題是根據新聞的內容而產生，然而標題的重要卻遠超出於新聞的本身。何以故呢？簡短的回答：因為標題是新聞的骨幹，是新聞的縮影。

無論那一則新聞的標題，那標出的文字或語意，總是新聞的最最重要的核心。因為標題的目的就在使讀者一眼便窺透新聞的內容，新聞的最最重要的涵義。所謂「開門見山」，就是標寫新聞題目的理想標準。所以，要是把新聞當作肉體，那麼標題就是骨幹。標寫新聞的人就是要從肉體裏抽出骨幹來，而骨幹所代表的，是扼要，是堅韌。

但是標題和骨幹稍稍有着不同的：骨幹僅僅代表了肉體的一部分，而標題卻含蓄着新聞的全部。新聞裏的那些主要的部分，從屬的成分，連帶的條件，在標題裏全都孕蓄着羅致着。骨幹不能說出肉體裏血脈的多寡，而標題卻能暗示了新聞的血液的顏色。所以標題，不單是新聞的骨幹，抑且是新聞的縮影。

二　標題的性能

知道標題是什麽以後，我們再來看標題的性能。

標題具有着怎樣的性能呢？初初地分析，它至少具備着：一、提要性，二、刺激性，三、介紹性，四、指示性，五、批判性。

提要性就是把新聞的內容壓縮，提取其精華，用最經濟最適當的文字標寫出來。例如：

中國軍事考察團

抵新德里

將遊印各軍事要地

【路透社新德里廿五日電】商震將軍率領之中國親善軍事考察團昨日抵此。印督林刊資戈勳爵與總司令歐慶萊克中將予款待、該考察團將在星期四日離此、以三星期時間巡遊具有軍事重要性之地點、如西北邊界（尤其是北夏華）浦那與加爾各答、然後溢返中國、

在上面的新聞中，「中國軍事考察團抵新德里」是全篇新聞的主要內容，「將遊印各軍事要地」是次要內容，標題就把這兩者的意義標寫出來，提示出來，使讀者不看新聞而知道新聞的內容。這是標題的第一種性能：提要性。

其次，是刺激性。標題能够在報道的同時，刺激讀者的情感，使讀者由警覺而注意，引動讀者的情緒，集中讀者的眼力。例如「中央銀行被炸」的新聞，在其右側有這樣的側標題：

昨日下午賤人暴行案

「賤人暴行」四個字是很能刺激讀者的情緒的。因爲即使你讀遍該則新聞記事的全部，你並不能找到這樣的四個字，這四個字完全因爲編者要刺激讀者的情緒而標出。所以標題有新聞記事不能及的地方：一種簡

潔明快的刺激性。

再其次，說到新聞標題的介紹性。每則新聞標題都有介紹讀者啓閱新聞記事的作用。例如這樣的標題：

愛爾考脫氏
連接恐嚇函
歹徒兩名圖謀不軌
探捕開槍擊傷其一

當讀者看罷這樣的標題以後，必然會啓這些好奇的疑問：（一）愛爾考脫到底是誰呢？（二）他接到誰的恐嚇信？（三）怎樣接到？（四）多少次數？（五）內容又怎樣？（六）那兩個歹徒用什麼方法去謀害他？（七）後來又怎樣被探捕開槍擊傷了其中的一個？……這一連串的問題會跳進讀者腦裏，使讀者由好奇的感覺而有立刻閱讀新聞記事的企圖。所以標題在這些場合，是担當了介紹人的任務。

有時候，標題不僅僅介紹讀者去閱讀新聞記事的內容，還指示讀者言外的意思，在新聞記事的字面以後的背景。例如冠在下列新聞記事以上的標題：（見第四三頁）這里，副標題「惟日軍當局尙諉稱不知」中的「諉」字，在新聞記事中是找不到的，這完全由編者加上，作爲暗示大衆的巧妙的字眼。而當讀者看到了這個「諉」字的時候，就可以知道新聞記事和眞正的事實尙相隔着一段距離。但這段距離却在這樣的標題裏由編者指示出來了。

不過這樣的指示還是消極的，「交代」式的。有時候需要編者表白自己的立場，從標題上傳達自己的情感：快活或是憤怒。於是冠在新聞上的標題就需要積極的字眼，激發讀者情緒的句法。例如：

日方在億定盤路

架去工人二百名

惟日軍當局尚諉稱不知

英文大美晚報云、據昨日所得報告稱、日本軍事當局、前日午後派人在億定盤路架去中國工人二百名、據華方報告稱、日軍架去大批工人之目的、在强迫工人爲本市日本駐軍工作、惟日本當局則否認、謂彼等對此事件並不知悉、「特警官員」亦稱、彼等對此毫無所知、

某方圖佔中行宿舍

竟限期迫令遷出

居戶四百大起恐慌

這里主標題「竟限期迫令遷出」的「竟」字，是一個表示立場，宣洩憤怒，激發讀者感情的積極的字眼，它無形中已指示了讀者：「這是一件荒謬的舉動」！也因此使讀者有同樣的感受，產生同樣的憤怒。所以標題的指示性是顯而易見的事實。正因爲如此，從標題上我們可以看到報紙的性格或態度。美國新聞學者金斯勃雷（Kingsbury）和哈脫（Hart）甚至把標題作爲研究美國報紙的測量器，方法是：把美國各報的第一版新聞的標題，分析其種目，比較其面積，從而探索到各報的特質。這是「新聞興味的分光解析」。這樣的研究確合乎科學的原則，且有科學的根據。

標題的指示性固然是具有積極的教育大衆的意義，但是在指示範圍以內的標題，畢竟多半是根據了客觀的事實，予以主觀性質的「報道」而已。對於一般的新聞記事也許可以滿足，對於特殊的需要鼓動（刺激）大衆輿論的新聞，却不足以標寫這樣的標題。因之，爲了進一步表明報紙的立場，爲了有力地推動大

衆的輿論，新聞標題可能而且必須允許它有批判的性質。這種純粹批判意見的滲入，是會使報紙的個性更顯著，報道的方式更突出，收穫的效果更宏大，讀者的輿情更擁戴。雖然這種批判性的標題可能地強姦了一部分讀者的意見，但我們不能因爲這樣的顧慮而犧牲了報紙的强烈的個性，出版的作用，以及它的領導羣衆鼓動輿論的社會價值。卽使它的批判性是代表了某一種主義，某一小部分的人，但它的社會性和社會價值我們還是不能抹煞的。例如這樣的標題：

煤奸商之肉可食

煤球價格
昨被狂抬
南洋國華義泰興等
私自議決不法已極
當局應速嚴懲

在這一標題裏的橫標題「煤奸商之肉可食」以及第二道副標題「當局應速嚴懲」，都是純粹批判性質的標題。這種批判的根據（立場），乃是社會的，大多數人的。而當讀者眼見了這樣的標題時，便必然會感到報道的親切，言論的有力。因爲編者的立場是站在大多數讀者的方面。

有許多人反對標題的批判性，可是標題的今後發展，將必然會走向批判的性質。因爲在將來的社會裏，純粹的無聲無色的新聞紙是會被多數讀者所厭棄。

三　寫作的先決條件

旣明白標題的性能以後，於是我們開始談標題的寫作。

寫作標題的首要祕訣，就是要先知道報紙的地位和鉛字的大小。

報紙有大型中型和小型的分別。中型報在德國很多，可是在我們中國却還很少見，這多半是因爲中型的捲筒機和捲筒紙很難配製的原故。所以至今在我國流行的是大型報和小型報。

小型報的標題都根據了大型報的比例。有許多小型報把新聞報道作爲附帶條件，把文藝小說作爲主要內容。所以也無所謂標題的式樣，寫作的美觀。（我們不否認一部分小型報的標題是很講究的）。因此這里單談大型報的標題。

大型報的版面，普通每版分十二欄（或稱「皮」），每欄的縱行十二字。標題的大小，最長的佔六皮，最短的佔一皮。

每則新聞的標題，由於新聞內容的複雜，單獨一行的標題是不够的，於是在標題之中，又分爲主標題，側標題，副標題，甚至橫標題，附帶標題，叉式標題等等。試看下面的例子：

戰債勸募委會發表

陪都各隊成績

破空前紀錄

婦女隊超過原定數廿倍

交通隊已募至三百萬元

美僑胞最多約一萬萬元

這樣的標題可以說是最普通最完備的。這里「戰債勸募委會發表」是橫標題，「陪都各隊成績」是側標題，「破空前紀錄」是主標題，「婦女隊超過原定數廿倍」和「交通隊已募至三百萬元」是副標題，「美僑胞最多約一萬萬元」是附屬標題。雖然這里包括了五種不同的標題，然而排列的形式却很美觀，成爲：

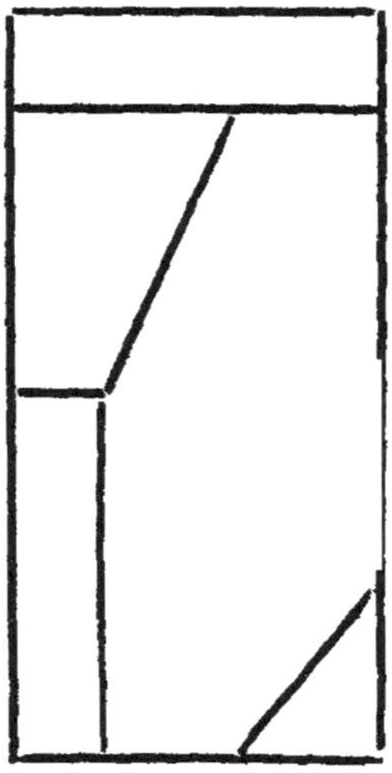

這種排列的形式就須以報紙的地位（皮數）和標寫鉛字的大小而決定。所以我們首先要求標題字數和報紙地位的適當配合。

四　鉛字．地位．用法

先說目前報紙所常用的鉛字種類和大小比例。

運用在現代報紙上的鉛字種類有十一種，大小的比例是：

中

七行字，63Point

美

五行字，45Point

日

四行字，36Point

報

頭號字，27Point

羅
老二號，22.5Point

斯
新二號，18Point

福
三號字，15.75Point

出
四號字，13.5Point

版
老五號，10½Point

公
新五號，9Point

司
六號字，7⅞Point

此外還有新二號，新四號以及新六號字。而鉛字的體裁又分老宋，仿宋，方頭（或稱黑體），楷體（或稱活體）等等，仿宋，又分長仿和正仿。但最常見於日報標題中的，乃是老宋字。

運用這些大小不同的鉛字於大小不同的報紙地位，以怎樣的標準才算是最諧和呢？

於是我們有以下一個表格：

標題字數與報紙地位適合表

字號＼皮數	一	二	三	四	五	六	七
七行字	1	2	4	6	8	9	—
五行字	2	3	6	8	10	13	—
四行字	3	5	8	10	12	—	—
頭號字	4	7	10	14	—	—	—
二號字	5	9	13	—	—	—	—
三號字	6	12	17	—	—	—	—
四號字	7	14	20	—	—	—	—

標寫題目的編者在領略了新聞的內容以後，便提出新聞的要點，考慮這樣性質的新聞應當佔有多少皮數，皮數決定以後便考慮標題的字數和方式。然後寫出標題，標定鉛字大小的號數和標題所佔的皮數。例如遇到這樣的新聞：

昨晨二時左右，北浙江路四十九弄九十號門口，突發生暗殺案件，被害者係一年約三四十歲之男子，身穿黑色駱駝絨長袍，頭上臉部被刀斫八刀，倒臥於該弄內血泊中，血肉模糊，氣息僅屬，行兇者已逃逸無蹤。當經守駐附近之八十二號華捕發見，報告該管捕房，並召救護車到場，將傷者車送北西藏路難民醫院救治。因傷在要害，流血過多，至院不及施救，旋即身死。屍體已由該院舁送驗屍所候驗，死者血肉模糊，難以辨認，捕房已攝取照片，候其家屬認領，並嚴緝兇犯歸案查究。

對於這樣的社會新聞，有做二長（即二皮，亦簡稱長行）標題的資格，於是仔細推敲以後，在白紙上寫着：

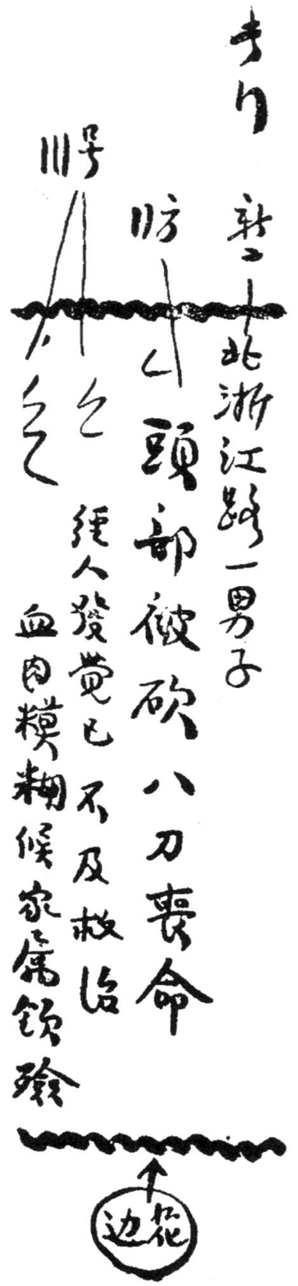

刊出後便成下列的形式：

北浙江路一男子
頭部被砍八刀喪命
經人發覺已不及救治
血肉模糊候家屬領殮

標題的製作過程大抵是如此。在表面上看來，雖然還是簡易的工作，然而創作標題和思考字句，則是頗費躊躇的事情。創作標題就好像著作家的寫作文章，雕刻家的雕刻石像，每一字，每一句，都值得仔細地推敲，至少他應當向這幾方面努力：

(一)用怎樣的字句最最貼切事實？
(二)用那些字眼才是最最經濟最最精確？
(三)用什麼排列方式才最有美感最合新聞的個性？
(四)用如何大小的鉛字才合新聞的價值讀者的需要？

總之，製作新聞標題的編者應當知道：

(1)標題須重事實，不宜臆斷(抽象)。
(2)標題必須是新聞中的主要的事實。
(3)標題是以極少的文字敘述極多的事實。
(4)標題中的時間交代須一律以現在(今日)爲準。
(5)標題的大小縱橫，是決定於新聞的繁簡和新聞的價值。
(6)標題鉛字的大小是和新聞價值成正比例。
(7)標題的排列形式必須整齊美觀。
(8)標題須簡潔，醒目。
(9)標題的文字須用得恰到好處。

(10)視新聞本身的需要，在標題裏加入批判的語氣：或視新聞本身的性質，決定標題的性質是應該譏諷式的抑是驚歎式的，疑問的還是幽默的。

五　標題分類

一個純熟的編者在閱讀了新聞內容以後，便很迅速地標出很確切，很生動的標題。但有時候也難免要有久思而不得理想字句的窘態。所以要得「充分發揮新聞價值」的好標題是難事，要認識新聞的性質而決定標題的作風更是難事。

可是爲了嘗試新聞編輯者對於新聞標題的進一步認識起見，我們不避厭煩，把標題的各種類別列舉出來。

從性質上講，標題有這樣八種：

(一)成語標題：

「四面楚歌之捷克」

「希特勒得隴望蜀」

「捷匈談判一波三折」

「苟延殘喘之內閣」

(二)譏諷標題：

「日本仍在夢想南進
奈德國在歐毫無成就何」

「螳螂捕蟬黃雀在後」

「泥足愈陷愈深」

「奇境中的愛麗絲」

(三)摘句標題：

(把宣言或某人演詞中的警句摘取，列成標題。)

領土主權不能完整
抗日軍事一日不了

中央日報著論
「國策不變
信念不變」

棄婦之自述

「我是癡心女
偏逢薄情郎」

(四)疑問標題：

「白魯尙在人間耶」

「敵方提出妥協條件歟」

「傳…………」

「有…………說」

(五)驚雜標題：

(悲悽的情緒令人同情)

茫茫天涯何處安身
德當局迫猶人出境

「猶太人厄運何多」

(六)數字標題：

「結婚三十年
忽然要離婚」

「蔣軍克重要據點十餘處
日軍七千人被擊斃俘虜」

「新興工廠達千三百餘家
全國合作社共逾十萬所」

(七)幽默標題

「新娘變成寡婦」

「自由市不自由」

「做了七年領袖
到頭兩手空空」

(八)刺激性的標題：

「法租界又發現人頭」

「駭人聽聞之××案」

六　應當避免的兩點

標題的類別大抵已如上述。有時候一個標題中包含兩種以上的性質，那自然得看新聞本身的需要。但無論如何，寫作標題的人應當避免的有兩點：

（一）嚕嗦，重複；

（二）深奧，費解。

標題必須以爽達的文字表現出來，不能因爲新聞內容的複雜，把標題也做得拖泥帶水：看看包羅萬象，實則嚕嗦萬分。這是初試編務的人最易犯的毛病。其次，則是由於遣詞的疏忽，把字面重複起來。例如刊載在三月廿六日各報上的女申曲家王艷琴被刺的新聞，各報的標題就各不相同，姑舉甲乙兩例：

女申曲家王艷琴
被殺案內幕
愛情不專致遭嫉視
半張照片種下禍根

王艷琴被刺案
事出桃色糾紛
杜鴻濱失戀起殺心
誘至大世界下毒手

同樣是兩長（二皮高）的標題，同樣是四行（四句）的標題，而甲的標題是遠勝於乙的。何以故呢？第一，前一標題所包含的內容多於後一標題（例如王艷琴是女申曲家，此次報道的是被殺案的「內幕」，糾紛的造因是由於「半張照片」，等等）。第二，前一標題抓住了問題的核心，後一標題却僅僅是表面的浮雕。因爲王艷琴被刺的消息，在前兩天（三月廿四日）的報上已經披露（被刺於大世界游戲場），所以用不到再標出「誘至大世界下毒手」等字樣，而應該把這次被殺的「內幕」（核心）公開出來，（例如前一標題中的「半張照片」等字樣）。第三，前一標題沒有絲毫的重複，後一標題却有兩處重複：（1）側標題裏的「被刺案」和主標題裏「事」字的重複；（2）主標題裏「桃色糾紛」和副標題裏「失戀」的重複。所以這樣看來，標題的用字遣詞需要鄭重的考慮，那是毫無疑義的。

但僅僅使標題不致嚕囌，不起重複，還是不够的，編者應同時留意標題的大衆化，通俗化。字句固需要接近口語，文字尤不得有意深奧。比如以前的法外長「賴德」，頗與「拉資」相似，爲避免費解和錯誤，在標題裏就應該寫出「法外長」（身份）的字樣，而不該標寫令人費解的「賴德」的名字。舉此一點，已足够我們對於標題大衆化的理解了。

七　一個比較研究

現在爲明白標題的觀點，立場，標法（排列），遣詞等等不同，而加以總的批判起見，且再舉一例，集各報的標題作相互的比較。

以下的例子是發生在日本兵工廠裏的青年工人細川，因不願製造軍火（厭戰）而殺死全家八口後自殺的慘劇，當時上海各報的標題是：（爲限於書版，把標題用字的大小一律改爲新五號）

（一）新聞報

日兵工廠一工人
不願製造軍火
殺死全家八口後
倒臥電車前自殺

（二）申報

日人不願造軍火
持斧砍死全家八口

（三）時報

聞所未聞
日本發生
驚人血案

青年細川
殺死全家八口
繼亦自殺

（四）大美報
日本人民厭戰
大阪發生慘劇
日全國爲之震動
細川不願入兵工廠工作
殺死全家八口臥軌自殺

（五）文匯報
侵略國的
社會慘劇
日軍火工人不願製造兇器
殺死一家八口後臥軌自殺

（六）導報
日青年厭戰
拒絕加入兵工廠
狂飲後殺死家人

以下三則是某某新聞學校的學生的習作

其一：
不願製造軍火
大阪兵工廠工人
持斧殺斃全家繼又自殺
自幼承繼姑母家製造軍火中心憤懣
殺死八口繼而自斃車下遺書知究竟

其二：
日國內厭戰情況
大阪兵工廠工人
細川厭製軍火
殺斃全家八口
復臥車前自殺
事前曾留書兩封

其三：
讀武下慘劇
不願製造軍火自盡

從以上九個同一新聞的標題比較起來，我們的批評是：（一）新聞報和申報的標題是出於純粹報道的形式，但比較上前者完備得多，後者失之含混。（二）時報素重黃色新聞，所以標題也充分蘊藏着刺激性。但「青年細川」等外國名字，應當代以該人的身份，讓讀者容易接受。從標題本身上講，煽動人可是太側重於社會方面。（三）大美報的標題是比較最完備的，會把事件的政治性質，慘劇的內容，對於全國的影響，都標寫了出來。（四）文匯報的標題也不壞，是側重在政治方面。（五）導報的標題抽象之至。（六）三則習作中的第一則，太嚕嗦，會影響讀報人的觀感。最好是字少而切實。其二，橫標題應減少，太多了會侵佔其他新聞的地位。標題文字也覺太多。其三，對新聞事實根本沒有講得明白。

寫作標題的技術，從上面的比較觀察上可以體味出來。一個優秀的標題，應該是「要而不繁」，能充分表現出新聞的價值，新聞的重要內容（核心），且在字句上應該儘量通俗，明朗，單純，以至情感化。理想的標題便是如此。

八　標題和新聞的配合

最後，再談談標題和新聞的配合。

標題的製作應當完全根據於新聞記事的本身：非但根據新聞的意義而製作標題，抑且根據新聞的價值而標寫文字。換句話說，標題和新聞應當是和諧發展的。

所謂和諧發展，也免不了有許多是主觀的判斷。例如某則新聞價值比較差，所以只要標以單皮的標題，某則新聞是今天新聞中最最重要的，所以標以六皮的標題。這完全是編者主觀的判斷！！雖然這種判斷是有客觀的決定因素的。

在報紙的每一個版面上，縱橫排列着大小的新聞標題，幾乎看來非常複雜，但細一分析，標題和新聞的配合種類，無非是：（一）縱式單皮，（二）橫式單皮，（三）單皮加框，（四）題長文短，（五）二長（題長文長），（六）題頭加框，（七）題文加框，（八）題橫文縱，（九）題三文短，（十）題三文二，（十一）題三文三，（十二）題四文三，（十三）題四文四，（十四）題六文三，（十五）題六文五。

以上這十五種配合之中，變化最多的自然是單皮和雙皮的配合，即包括（一），（二），（三），（

四），（五），（六），（七），（八）八種。

每一版的新聞標題中，爲了版面的美觀與排列的和諧，在三皮四皮乃至六皮標題之外，必須穿插着單皮和雙皮的標題。這在印刷工友的拚版上也絕對的需要。如果缺少了雙皮尤其是單皮的新聞，版面是拚不起來的。

單皮新聞的決定因素，可以歸納到以下這幾項：（一）新聞的本身簡短，（二）性質比較次要，（三）在標題的用字和遣詞上，採取單皮的形式很適宜。

單皮的新聞標題中最普遍的是縱式標題。這種縱式標題的字號最大的是四個二號字，副標題最多的是八個老五號或九個新五號在這九個新五號（字旁最好附加黑點，以示顯著）。這里且略舉幾個縱式單皮的不同的標題：

虹口水電公司
昨晨失火
生財物件均付一炬

銅陵居民七人
壯烈犧牲
皖省府各給卹金

中中交農四行
提高儲蓄利率

美工聯會主席
籲請避免罷工

有時候遇到饒有趣味的新聞，或簡短而又非常重要的新聞，要是標寫二長的標題必很難看（標題過大而文字過少），那末由於客觀的需要，以及編者主觀的決定，把那樣的新聞製成：（一）縱式單皮加框，（二）橫式單皮，或（三）橫式單皮加框。例如同樣的新聞，表現在兩份報紙版面上的排列是這樣的不同：

羅保沿海
德建砲台

【路透社柏林三十日電】德方通訊社昨夜宣稱，德人刻在羅保兩國黑海沿岸、擇軍事險要區域、建築砲台，海港工程伸入海中、而架以德海軍重砲云、

三月三十一日正言報

羅保黑海沿岸
德方建築砲台

【路透社柏林卅日電】德方通訊社昨夜宣稱、德人刻在羅保兩國黑海沿岸、擇軍事險要區域、建築砲台、海港工程伸入海中、而架以德海軍重砲、

三月三十一日中美日報

但從上述的例證我們正可以得出一個結論：在立場相彷的編者，他們的觀察力或判斷力也是相彷的。所分別的是在他們「大同」的範圍以內表現手法的「小異」而已。

至於二皮新聞的變化則更複雜，這多半因爲二長新聞標題是一種最最普通的表現方式，它佔有版面的地位亦最多（尤其是本埠版），在標題的遣詞上它也是最最適宜的單位和格式。

二皮新聞中最普通的是題長文短，因爲這樣的新聞最便於拚版。

題長文短的新聞是二長標題中最普通的一種。要是遇到新聞本身比較重要的時候，那編者可以主觀地決定它爲題長文長，這樣可以比較地引人注目。此外，又有題頭加框的，題文加框的，題橫文縱的。現在分別列舉如下：

兒童節籌委會印發

嬰孩孕婦保健表

由新亞宏興各捐印一千份

四大公司協助推銷紀念章

上海第十屆慶祝兒童節籌備委員會、以四四兒童節轉瞬即屆、現正在加緊工作、積極籌備中 該會爲喚起社

四日兒童節、逕往該會索取或函索（附郵一分）亦可、又該會昨日收到屈臣士大藥房、中法大藥房、沙利文公

題長文短（簡稱「長短」）

在蘇州蕩口鎮

華軍奇襲

晨至暮血戰十四小時

華方俘獲日軍四五十名

可靠華人方面消息、蘇州附近之蕩口鎮一日、發生一最近數月來所稀有之遭遇戰有日軍五百名、攜帶武器、由蘇州開赴蕩鎮華方流動部隊相值、於是遂即展開激戰、流動部隊利用地勢純熟、佈置得宜、迨戰至午刻、四面伏兵齊出、團團坟心、奮勇襲擊 自晨至暮、血戰達十四小時之久、日軍不支、利用黑夜、竟被奪圍敗退、據傳日軍傷亡甚重、遭生擒者亦不下四五十名、鹵獲軍械甚夥、此項流動部隊、於獲得戰果後、安然他去、不知所終、

題長文長（簡稱「二長」）

蘇州蕩口鎮

中日軍遭遇戰

血戰幾達十四小

日軍利用黑夜

據來自蘇州之可靠華人方面消息、蘇州附
、於本月二十一日發生一最近數月來所稀有之
稱、是日有日軍五百名、攜帶武器、由蘇州開
適與該鎮華方流動部隊相值、於是遂即展開激
隊利用地勢純熟、佈置得宜、追戰至半酣、四
、團固垓心、奮勇襲擊、自晨至暮、血戰達十四
、日軍不支、利用黑夜、竟被奪圍潰退、據傳
重、生擒者亦不下四五十名、鹵獲軍械甚夥、
隊、於獲得戰果後安然他去、不知所終、

題頭加框

蘇聯紅星報盛讚

華軍力量大增

發動反攻進展順利

空軍增多活動甚力

【莫斯科廿九日電】蘇聯紅星報頃爲檢討中日戰局、謂今年日軍之注意力、似已轉向華南戰場、日軍最近在廣東之登陸、較前次登陸更爲重要、但華軍皆能予以堅强抵抗、使其不能北進、華軍反攻極爲順利、該報復指出日軍在華中之敗績、謂日軍企圖利用奇兵打通平漢路、亦已失敗、日軍在宜昌區域之調動、或有在該地發動攻勢之意、該文結論稱、中國空軍數量亦大增、已對日軍據點機場及其他軍事目標大施轟炸云、

題文加框

除上述各種標題式樣以外，當然還有其他的變化。例如文字的橫列或各式花邊的運用，都可以增加標題的美觀，更可以激起讀者閱覽的興味。這里就花邊和標題的配合變化略舉以下數例。

題橫文縱

出錢慰勞競賽
滬市成績卓著
誠信堂獨獻二十萬元
開個人出錢最高紀錄

【重慶卅日電】上海市出錢獻金運動進行以來、成績卓著、全國慰勞總會前對滬上富商大賈是否能踴躍捐匯、以環境特殊、不無顧慮、近迭接滬市繳匯獻金者絡繹不絕、深爲嘉許、昨悉上海某巨戶誠信堂獨捐獻二十萬元之巨款已電匯到渝、熱忱義舉、實堪欽佩、前後收到滬市獻餘萬元、此次數個人獻金之最高海各界激於愛國繼起者當不乏人最近期間必不難超出該項

滬市國洋米
將有標準售價
凡私抬米價決嚴懲不貸
兩週成交洋米廿五萬包

二長的：

美人精誠團結
摧毀民治敵人
羅總統在游艇廣播

單皮的：

各項直接稅收
將予整頓

傳義國發生革命
墨索里尼遇害
義謀與英單獨媾和

阿境義軍
反攻未逞

糧食可獲
優先運輸

昆明近事

粵東戰況

總之標題的形式應當多多變化，這種變化一面固配合着新聞的本質的需要，一面更能使閱讀的人有新新的感覺，且能幫助他們閱讀的理解的深入。所以製作新聞標題的編者，在洞悉了標題的性質，習熟了標題的方法以後，還同時須求變化多端的運用。這會使標題的效果更能達理想的境地，因之也使整個報紙增加了更高的社會價值。

第六章　關於版面排列

一　材料的分列

現在說到編輯新聞的最後一步工作，關於版面排列的工作。

版面排列的工作包括這樣的兩部分：（一）材料的分列，（二）版面的組合。

材料的分列是可以養成讀者的閱讀的習慣（有許多人稱爲「定讀性」），版面的組合可以造成讀者的閱讀的興味。

所謂材料的分列，是把一切的新聞稿件，評論文字，特殊記載，副刊文章，作經常的大體上的編定。對於這些材料的分配和安排，各國的報紙都各不相同。英國的報紙，第一版是廣告，在論說版的中央又常常插入饒有趣味的特殊文字。美國式的報紙，第一版是集合各種記事的重心，把當日最最重要的國內外新聞，作綜合的編列。以上兩種迥然不同的格式，各有各的優點：英國式的報紙把廣告編在第一版，儼然成爲一張報紙的封面，可以便於保存，避免汚損。美國式的報紙把一切重要的新聞紀事編列於第一版，使人一眼便知當日的大事，既能吸引讀者的購買，復能幫助讀者的閱讀。至於中國的報紙，對於材料的分列素來是不甚注意的。大體上說，第一版是國內的電訊。當國際電訊重要的時候也插入第一版。但第一版的排列廣告或排列新聞，是一任廣告商的決定的。換句話說，廣告商需要在第一版上刊登廣告，新聞的排列便得自第二版開始。廣告商指定在第二版刊登廣告，新聞的材料便得自第二版擠出，分配到其他各版上去。所以中國報紙的材料分列，決定相當隨便，個性並不很強。

但截至目前爲止，除了那些純粹商業性的報紙，大部分日報已都能注意到分列材料的重要。報紙的材料沒有固定的分列，那就無異於隨便堆砌起來的垃圾，令人見了有厭讀的心理。報紙不像書本：書本的材料分列，固然也是有組織的，但是書本的材料却不能在一個或幾個版面上同時表現了出來，更不能在表現的時候自我地說出了何者最爲重要，何者比較次要。這在報紙的材料分列上，就有很大的區別。報紙既可以平面地表現，又可以輕重地說明。那就是說，在報紙的各個版面上的材料既有先後，上下，左右，大小的分列和編排，那麼材料本身的重要與否，無意中已有明確的鑒別。它幫助了讀者閱讀的便利。所以很有許多不喜歡讀書的人，却偏偏很愛讀報，甚至經常地愛不釋手。

材料分列的第二個優點就是上面已經說過的養成讀者的定讀性——一種閱讀的習慣。因爲報紙的材料既然固定地排列，擁有各種興味的讀者便都很容易地找到自已所需要閱覽的東西。例如投機的商人需要找經濟版，店員和夥計需要找副刊版，本市的讀者需要看本埠版，愛讀評論的人需要讀評論版。所以報紙的材料必需有固定的分列，而且在分列的工作上應當特別注意到：

（一）這樣的材料分列，是不是適應讀者的心理？是不是適合藝術的原則？

（二）這樣的材料分列，會不會造成讀者强固的閱讀習慣？會不會忽視讀者的消化程度？

（三）需要有怎樣的改革，才能够不斷地爭取斷的更進步的讀者的閱讀習慣？

二　三個決定因素

一般日報對材料分列工作，是決定於（一）編輯會議的決議，（二）總編輯的意見，（三）編輯者的意見。

每一份報紙，在創辦的時候卽已有固定的材料分列。也就是說，在每份報紙創辦以前，材料的分列是必然經過編輯部全體會議的鄭重決定的。例如中美日報的本埠版是第五第六兩版，而申報的本埠版在第六第七兩版。前者的經濟版祇佔有半版的地位（第七版），而後者的經濟版却有全版的地位（第四版）。

這種地位的決定，材料的多寡（篇幅的決定），都在創刊以前早已擬定了的。爲了養成讀者的閱讀習慣，一經決定以後，只要不是絕對的需要，輕易的更動是不常會有的。

但有時也不免要有例外的更動。比如遇到紀念日的特輯，廣告的擁擠等等，這些時候，一個總編輯的意見便可以支配了一切。總編輯可以視客觀的需要，把材料的分列予以暫時的變更。

此外，一個新聞的編者也能部分地決定了材料的分列。當編者遇到本版內特殊稿件的時候，他可以把特稿的地位予以相對的移動，或插入左上角，或編列右下角，或把某部分的材料交給其他各版的編輯，編入其他的版面。這雖然是部分的決定和部分的更動，然而却能影響到整個版面的編排，全部材料的分列。

以上三者都是材料分列的決定因素。把這三個因素比較起來，除了第一個基本的固定因素以外，後二者都是活的配合的變化的因素。尤其是編者的主觀意見，那是最最重要的，也是影響於每天報紙的材料分列的。

這里且把一般日報（本國的）的材料分列歸納起來，作一標準的分列：

第一版：國內電訊（如遇到重要的國際電訊時，則把第一條新聞列爲國際電訊）。

第二版：次要的國內電訊和次要的國際電訊，是混合的材料。

第三版：國際電訊

第四版：教育與體育

第五版：本埠新聞（側重於政治方面）

第六版：次要的本埠新聞（側重於社會方面）

第七版：經濟版

第八版：副刊版（包括一個每日刊和一個週刊或隔日刊）這是目前中國報紙材料分列的一般趨勢。這可以說是主要地帶有分類編輯的成分的。

三　分類編輯和混合編輯

報紙的分類編輯是一種古老而陳舊的制度。從這種材料的分類上便使我們聯想到北伐以前的中國軍閥的割據局面。他們各自一方，獨立為政，含有濃厚的封建意味。在政治上有了軍閥的割據，有了封建的餘孽，政治便不上軌道；在新聞的編輯工作上有了分類的處理，便千瘡百孔，弊端羅列，新聞的編輯也永遠呈現停滯的狀態，永遠不會有長足的進步。固然，依照近代科學的發展，分工愈進步的愈是合於科學的原則。可是新聞的編輯却是有機的組合，把有機的肉體支解了開來，不但不能促進其健全，反足以加速其幻滅。所以分類編輯是不合理的，主要的理由至少有：

（一）整個報紙是整個社會的反映。社會自身根本是一個有機的組織，它包括了政治，經濟，社會，教育……等等各方面。這許多部門都屬於社會的整體，它們互有影響，更不能獨立開來。所以報紙的反映也應該是整體的，不應割裂或支解的。分類的編輯就是使多面性的新聞僵屍化，幻滅化。——這是從社會觀點而看的不合理。

（二）譬如遇到某要人自A地搭車至B地，五小時可抵達，這時B地當天的報紙對於這樣的新聞究應編入A地版還是本埠版，是很難決定的問題。正因此，常常把同樣的新聞同時編入兩個版面。——這是從材料分別而看的不合理。

（二）縱的方面說，一國的政治經濟社會等等都有分不開的密切關係，且有前後因果的連帶關係，橫的方面說，即使當天內發生的國內外時事，都有密切的關係，A國的政治影響B國的政治乃至經濟和社會，B國的政治經濟和社會的動態又會影響到C國的政治經濟和社會各方面。這種連鎖的關係錯綜複雜，很難有割裂的可能。為便利讀者的閱覽起見，材料的配合也應該是綜合的，配置起來的編排。——這是從讀者閱讀便利而看的分類編輯的不合理。

分類編輯有這樣許多不合理的地方，所以各國的新聞界都擯棄了它，而採取了一種嶄新的編輯制度：綜合編輯。

綜合編輯是把當日內發生的各種重要的新聞歸納了攏來，綜合在一處。使報紙的讀者能一目瞭然於當日的時事。綜合編輯能够把社會的發展全面地有機地反映，能够作有系統的連鎖的報道，能够把新聞的材料適當地配列，避免了分類的材料上的重複和衝突。綜合編輯是從有限制的桎梏裏解放出來，是從封建的制度狀態下解放出來，而把一種新生的熱力傳投給讀者，指示了讀者關於一切問題的真諦，發展的方向，趨勢的重心。因之綜合編輯是爲現代各國新聞界所公認爲一種新穎的編輯方式。

四　兩種典型的代表

採用分類編輯而至今尚存的報紙並不是沒有的。其中最足以代表的是英國倫敦的太晤時報(The Times)。它所分列的各部門是：

Sporting News（體育）
British Association（團體活動）
Letters to the Editor（讀者來信）
Home News（國內新聞）
娛樂
帝國及國外消息
提要，社論，通訊
圖畫版
農業

公司消息

地產（因爲英國重商，對於經濟非常注意，所以佔有六版之多）。

打破地方觀念的混合編輯，可以法國小巴黎人報作爲典型的代表。它的材料分列大體上是如此：

第一版上即將各類重要消息統列標題。如內容太多太雜，則可轉第二版。

第一版第一列上，常常是通訊稿，因太長，接第八版。第一列下則是有趣味的材料，如女飛行家的演講。第二列，財政部長的演說。第三列，是英國女飛行家飛到紐齊蘭的消息。第四大列，意大利幣制變值，減低百分之四十，有墨索里尼的演說。第五小列，意國某無政府主義者製造假法郎。第一版下部有體育，天文，經濟等各種新聞。

第二版，大半的新聞都接自第一版，下有四分之一的地位是小說副刊。

第三版，最後消息，各報評論選錄，小說，以及國內和國際的新聞。

第四版，讀者來信，此外是短篇小說（可見很重視文藝作品）。

第五版，又是最後消息，國內外電訊以及小漫畫。

第六版，無線電節目。

第七版，分類小廣告。

第八版，接第一版的通訊及其他小的社會新聞。

第九版，關於經濟市場報告。

第十版，汽車廣告等等。

這是某日法國小巴黎人報材料分列的大概。從這里我們便可以看出它的組織的合於藝術的手法，編輯的迎合讀者的口味。

目前我們中國的報紙是介乎這二者之間的。嚴格地說，我們的報紙沒有一份像小巴黎人報那樣的綜合地處理，也沒有一份像太晤士報那樣分類的編輯。但從整個的性質上講，我們的報紙是還側重在分類的編輯。雖然它有蛻化爲綜合編輯的趨向，可是這還得有待勇於改革的新聞界同志們的努力。

五　版面組合

現在再說到版面的組合。

版面的組合工作也就是化裝的工作，設法如何吸引讀者注目的工作。外國報紙對於版面的組合是極端重視的。担任這類組合版面工作的，除了總編輯親自下手以外，還有專事組合的專家（被稱爲 Make-up-editor）。組合的程序是：

首先，當各版或各類新聞的編者整理稿件、編寫題目的時候，由於對新聞本身的認識，編者就有輕重的估計，而決定那條新聞的標題佔有多少皮數的地位，那條新聞的排列應該在版面的首部，或中部或下部。對於特殊文字的穿插應該是怎樣，對於某類新聞的配置應該採取怎樣的形式。在把標題寫過了的原稿發給排字房的前一刻，就把應發的稿件登記其名稱，字數，標題所佔的行數和皮數。（有許多報館把這些項目登記在發稿簿中，有許多報館的編者則寫在程序單上）。如果遇到尚有問題的稿件，尚待繼續探訪的新聞，自然應當略緩時間，等待得到發展的結果或可恃的消息以後再發。這種發稿簿的登記，至少有這許多便點：（一）可以知道已發字數的多寡；（二）可以看出標題大小的和諧程度；（三）可以有全盤地密閱材料的機會，換句話說，可以在發稿的末了決定排列的次序。因爲在編者計算應發的字數已經足額時，編者便可以在發稿簿上指出排列的先後，即在登記的新聞題目下註明「第一條、第二條……」等等的字樣，使拼版工友依照這些註解而組合版面。所以組合版面的初步工作，是各該版面的編者的工作。

中國報紙的版面組合，也僅止於這樣的工作。在編者完成了上述任務以後，（往往僅指定首先三四則新聞的次序），版面的組合便都是由印刷工友去完成的。

可是在歐美以及日本的報紙，版面組合的工作被鄭重地執行着。當編者將新聞原稿發出，印刷工友將原稿初步排列以後，印刷部用打樣機打出「小樣」，並把一份小樣交給校對室，另一份小樣交給組版室。於是組版的第二步工作開始了。

歐美和日本的報館大抵都設有組合版面的「大組合」。總編輯或組版人員在這時候便把分裂的許多小樣，用藝術的方式編綴成一個全面的大塊。也有爲了編綴配置的工作而召集多數的編者共同討論，由總編輯到場監督，並作最後的決定。然後「大樣」告成。打樣機打出大樣以後再經總編輯檢閱核准。從這里也可以窺見外國報紙對於版面組合的重視一斑。

組合版面應當注意的幾點是：

（一）在不違背讀者定閱性（閱讀習慣）的條件下，應求充分的變化。

（二）在把新鮮和重要材料提煉出來的同時，必須顧到其他新聞材料相互間的關聯性。（把連帶關係的新聞組合在一起，或使之連續）。

（三）在排列的技術上必須顧到標題的對照性，均勻性，以及整個版面的調和性。

六　應有的發展路線

無論從編列的方法或組合版的形式上看，對於過去的中國報紙，我們是不很滿意的。即使有若干報紙的材料分列，比較上不致拘泥於形式的約束，然而彼此間差別的距離還是很短的。它們沒有顯著的個性，沒有獨創的作風。它們都無意打破它們的差不多主義。因之，如果放任它們這樣地發展，那自然是中國新聞界的一大危機。

爲了補救過去的錯誤和缺陷，我們要求中國新聞界對於報紙的編列和形式上的改革，循着這樣的三條路線發展：

第一，是材料的綜合化。編輯的人要打破材料的地方觀念，把那些不同地域不同性質的材料，依照問題的焦點和時代發展過程中的重要性而集納起來，作綜合的配置。材料的綜合化能够打破思維的割裂局面，能够消弭處理的封建意識，能够避免形式的僵屍化和內容的單調化。同時，材料的綜合化又能提高讀者的警覺性，加深讀者的理解程度，甚至縮短讀者的閱覽時間。所以具有中間形式的中國報紙，是應該而且必須更進一步地發展到眞正的材料綜合化的境域。

第二，是報紙的雜誌化。現代的報紙必須是包羅萬象的百貨攤，但同時也必須是有條不紊的索引集。包羅萬象的百貨攤會使讀者得到各色各樣的營養，有條不紊的索引集會使讀者得到如何迅速地獲得這些必需營養的機會。這兩個方向，就是使報紙採取了雜誌的內容和雜誌的辦法。因爲（一）刊載在各報上的新聞都是大同小異的，爲了打破日報的差不多主義，便需要在新聞記事以外的特稿的增多。（二）一般人僅僅對於新聞的閱讀是不滿足的，他們需要在新聞報道以外看些現實知識的輔助資料。（三）爲要幫助對於新聞材料的消化起見，必須配合地編入專門問題的分析文字（如時事專載），報道的補充材料（如本埠版的特寫）。所以報紙的內容不光是新聞的刊載，不光是有限的副刊文字，同時也得在各個不同的版面，配合着各版面內新聞紀事的需要，組合進許多現實的輔助的讀物（特稿），使報紙的內容更豐富（包羅萬象的百貨攤），也使報道的方式更科學化（應客觀需要而予以主觀供給的材料，正無異於一個索引的集目）。今後報紙的發展將必然朝着這樣的方向，而且將必然爲了這樣的目標而引起一番熱烈的角逐。

第三，是版面的藝術化。由於內容的繁複，特稿的增多，而且更由於處理材料的綜合化，版面的排列便絕對地需要有藝術的手法。在每一個報館的編輯部裏，需要着專司組版的專門人才。而就各國綜合編輯下報紙的組版技術而論，今後中國報紙的版面排列工作，將必然要做到：（一）多變化，（二）有刺激性，（三）抓住讀者新的閱讀習慣，（四）調和勻稱，（五）對照和整潔。

七　新方法·新形式

藝術本身乃是一個巧化善變的技術工作，但必要的條件是在：這些巧化善變的技術，必須根據於讀者的興味和社會的需要。離開了這個，便是技術的惡劣，也就是缺少藝術的性質。因之組合版面是一件艱鉅的工作，我們要以鄭重的態度去對付它。在對於組版的原理沒有深切理解，對於組版的技術沒有嘗試熟習以前，一個組版的編者應該就各國報紙的組版工作，作不斷地虛心的研究，吸收或接受的。

過去，中國報紙的版面排列，往往不出這樣的形式：

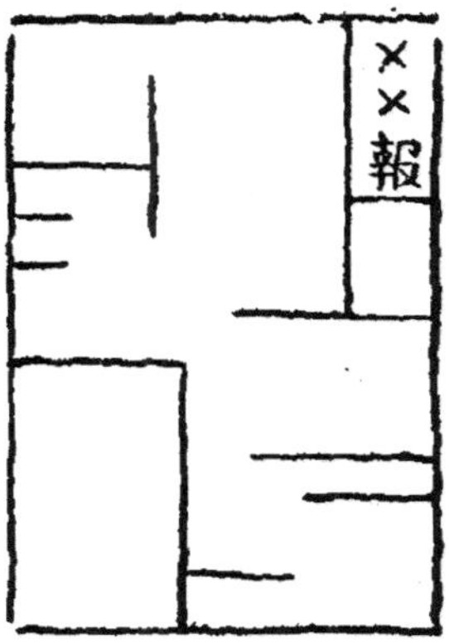

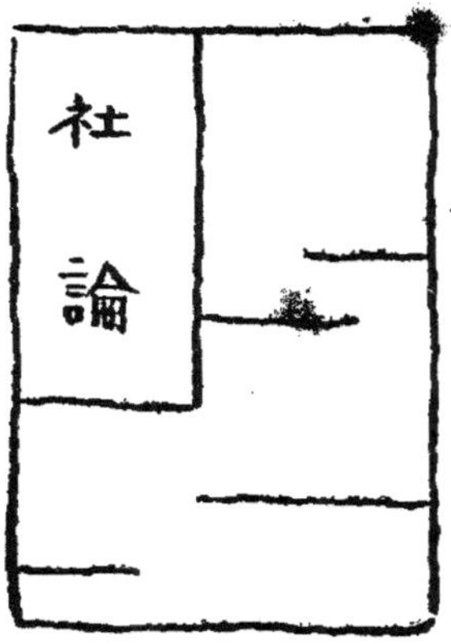

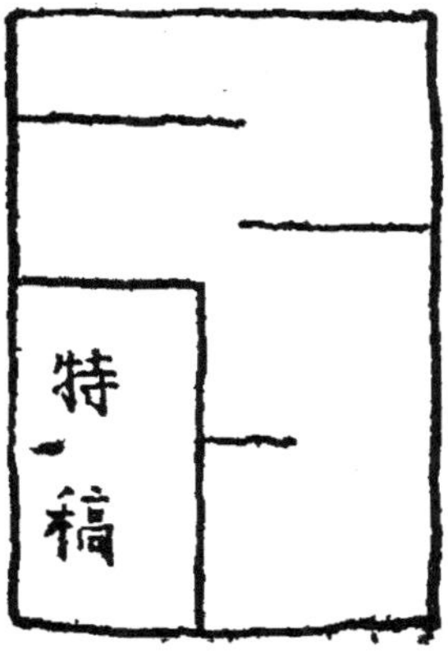

也偶然有若干晚報的版面組合，比較的別緻：就是當他們遇到特殊的有刺激性的新聞時，以刺激性的形式表現出來，例如：

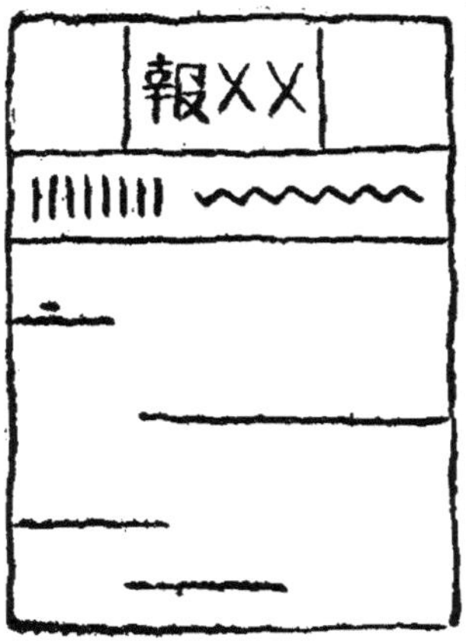

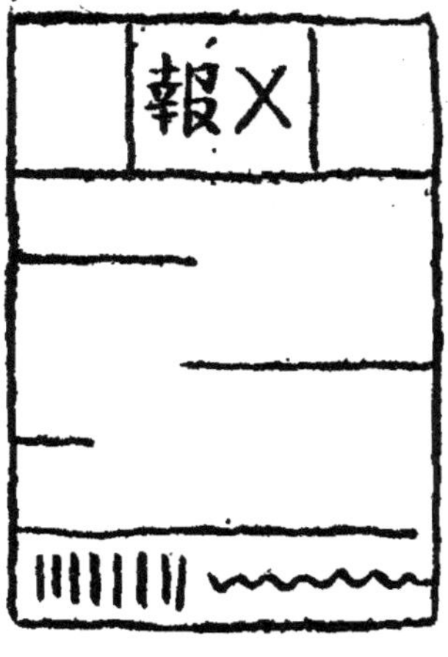

可是他們的變化也僅止於此。而他們這樣排列的用意，也根本不是爲了要求版面的藝術化，而是要從這種突出的形式上惹起讀者的注意，吸引讀者的購買。

版面組合的用意自然不該僅僅是如此的。這樣的發展對於讀者不能得到更多的利益。從歐美和日本的綜合版面研究，中文報紙也可能發展到下列許多形式：

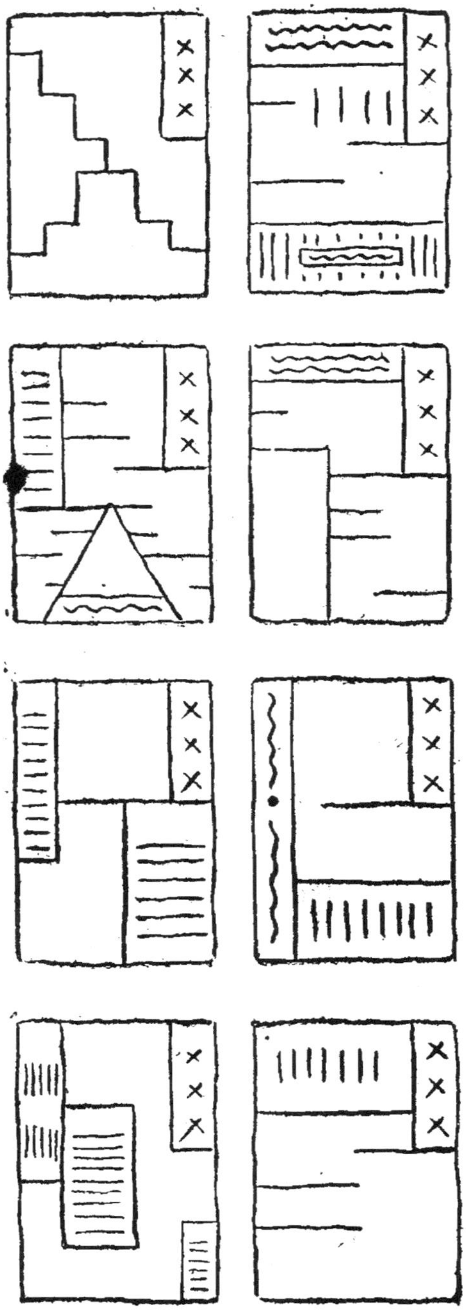

如果是報頭居中的報紙，那可能的變化將必然更多。例如：

（總標題可能的變化）

（特稿可能的變化）

（對稱式之一）

（之二）

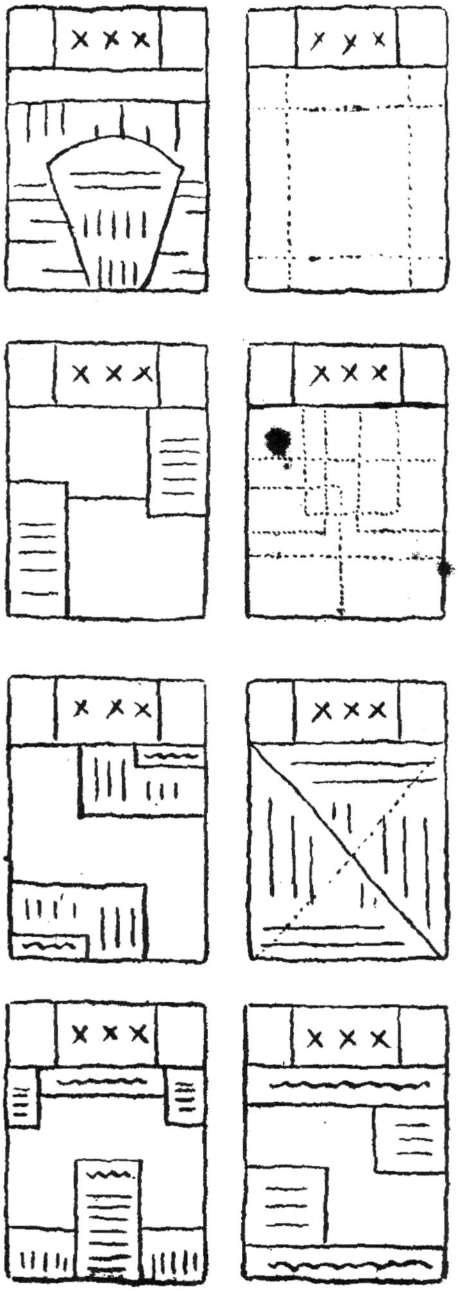

（之三）

（之四）

（之五）

（特殊散飢可能的變化）

總之，我們的版面排列是在相對的客觀限制下作多方面的突出或潛在的變化。這種新穎的變化，配合着充分地運用照片製版，花邊花字，圖解漫畫，以及特殊材料的穿插或說明，是會造成讀者在第一次視覺感觸下的喜悅。而這樣的喜悅正是編者所努力爭取着的。能够不斷地爭取到讀者的新的不同的喜悅，那就是編輯工作尤其是版面排列工作的成就。

所以說，中國新聞界需要一次斷然的革命，需要用嶄新的編輯方法來處理嶄新的排列形式。

【完】

新聞編輯術習題

第一章　編輯的根本意義

（一）報紙的演進過程是怎樣的？初民的藝術創造何以已經具有現代報紙的各種特性？

（二）從外形和內容上看，報紙的特徵各有哪幾種？現代報紙有何特殊的機能？

（三）編輯的主要目標在哪里？對於社會，對於報館，報紙的編者應當採取怎樣的編輯手法？

（四）試述報紙編輯不同於編輯其他出版物的地方，並說明報紙編輯對於社會的作用，對於讀者的影響，在程度上與其他出版物有着怎樣的不同。

第二章　編者的素養和能力

（一）為了適應編輯事務的客觀需要，編者的素養應該是怎樣？

（二）在社會科學的修養，常識的吸收這兩點上，一個報紙的編者何以與研究專門問題的學者不同？

（三）每一位報紙的編者，何以必須要有一種或一種以上特殊學問的專門研究？在編輯的工作上有什麼便利否？

（四）編者的人生觀和世界觀，對讀者有偉大的影響，為什麼？報紙的編者應當從怎樣的方法和立場，才獲得正確的人生觀和世界觀？

（五）優秀而完美的日報編者，在具備充分的學識素養以後，還應該有怎樣的「本能的」條件？意志力的涵義是什麼？孤島的新聞記者爲什麼必須要有特別堅强的意志力？

第三章　編輯新聞的各項工作

（一）編輯新聞的工作，在總的區分上有哪幾項？

（二）新聞的主要來源有哪幾種？新聞蒐集員的工作是怎樣？

（三）試述檢舉新聞毒素和錯誤的方法？新聞毒素和錯誤，比較常見的是哪幾種？它的利害關係又怎樣？

（四）整理資料包括哪幾項工作？整理資料的基本意義是什麼？一個編者的工作是否多半在於整理新聞資料？爲什麼？

（五）標題的寫作步驟是怎樣？版面的排列藝術爲什麼也是編輯實務中的一項重要工作？

第四章　原稿的整理

（一）整理原稿時的編者，必須具備批判的精神，但在判斷的態度上，他的客觀性和主觀性都應該而且必需爲社會的環境和報館的立場所限制，爲什麼？限制的程度又怎樣？

（二）試述新聞價值的意義，標準和種類。

（三）新聞的錯誤原因有哪幾種？寫作歷史和寫作新聞，在其正確性和完整性上有什麼類似的地方？

（四）在整理新聞的六個步驟中，哪一項工作最重要？有什麼理由？

（五）試述新聞的構成要素，新聞寫作的特色。

（六）新聞的表現技巧上爲什麼需要文藝的手法？優點在哪里？

（七）怎樣接補材料？接補材料的工作在報道的正確性上產生怎樣的效果？

第五章　寫作標題的技術

（一）新聞標題爲什麼是新聞紀事的骨幹和縮影？標題的性能是怎樣？

（二）標寫新聞標題前應該有怎樣必需的考慮？怎樣運用標題的鉛字於適當的地位？報紙上常見的鉛字有幾種？在標寫新聞標題時的地位配合又怎樣？

（三）試舉例說明寫作標題的實際工作。

（四）寫作標題務須注意哪幾點？怎樣才能避免嚕蘇和重復，深奧和費解？

（五）從性質上看，標題可以分成哪幾類？並請各以實例說明之。

（六）同樣的新聞紀事，可因不同的編者而標出不同的新聞標題，但優劣的標準，大抵可以歸納到哪幾點？

（七）從形式上看，標題的排列可能的有哪幾種？怎樣運用各式鉛字和各式花邊？

（八）試述理想中之未來標題的性能，種類及其形式，並說明其理由。

第六章　關於版面排列

（一）排列版面的一般過程是怎樣？

（二）組合版面以前的材料分列，是通過怎樣的方式決定的？是否妥善？

（三）目前中國報紙的材料分列，最常見的是哪幾種？其優點和缺點在哪里？

（四）試詳述分類編輯和混合編輯之異同，並批判其優劣。

（五）版面組合爲什麼是編輯實務中的一項重要工作？版面組合工作對於讀者的影響是怎樣？

（六）中國新聞界對於報紙的編列形式，應有怎樣的適當改革？爲什麼原故？

（七）試述理想中的中國氣派的中國報紙版面組合，並請說明改革和變換的理由。

中国近代新闻学名著系列丛书

芮必峰◎主编

新闻学的基础知识（下）

——中美日报读讯会◎编——

中国传媒大学出版社

·北 京·

新聞史綱

緒言

清晨，我們起身後，或是還倚在床上時，翻開一份報紙來，所有前一天的世界上的重要事件，都展開在我們的眼前。古人說：聖人不出戶牖而知天下。俗語說：秀才不出門，能知天下事。有一張英文報紙的廣告，第一行寫的是「The World is in your Home. 這意思並不是要我們不必走出門，但報紙是我們的「世界之耳目」，讀了報紙，能使我們遍知國內國外的大事，那是千眞萬確的事。

報紙上告訴我們以國內的大事，是因爲它有從各大城市發來的電報；它告訴我們以國際的大事，是因爲它有從世界各國京城及大商埠發來的電報。感謝美國發明家摩爾斯（S. F. B. Morse）因爲他在十九世紀中葉發明了電報——現在世界電路密佈，國際消息能于三十秒鐘內週歷世界——使我們能在任何地方迅速得知世界要聞。

負担普及新聞責任的報紙，更因爲有高速度的輪轉機印刷，能够迅速且大量的生產。因此在我們生存的時代里，藉機械便利而產生的現代報紙便泛濫於地球上。

不過，在沒有發明電報之前，在沒有發明輪轉印刷機之前，世界的要聞也是在傳播的，報紙也老早已經有了。在運用電報拍發新聞之前，由驛站，由郵差輸送新聞通信，訓練信鴿傳達新聞，都已歷時很久；而且在使用電報的今日，藉郵政通信及信鴿之便利傳達新聞，還是有的。報紙的製作，從最古時候的手寫報紙，經過木板雕印的報紙，平版機器印刷的報紙，到現在的輪轉機印刷的報紙，變遷也已經很多了。

新聞史綱所要講的，主要的便是關於報紙進化的事實，不僅在其物質方面，而且注意其精神方面。在新聞的王國中，報紙誠然是雄踞着寶座，但傳播新聞的工具，不僅限於報紙。在沒有文字及書寫工具之前，人們是用嘴巴來傳達新聞的，所謂「口頭新聞」者是。機械化的口頭新聞現在却起來與報紙爭一日之長短了——那就是藉電波傳達的無線電廣播新聞。晚上，我們旋開短波無線電機的撳鈕，可以聽見從世界各國國都及重要城市廣播出來的新聞。它縮短了空間的距離，它傳達消息更來得快，它也在向普及的路上走。紙上的新聞現在有許多都是根據廣播消息的，譬如：

路透社紐約一九四一年二月九日電：美國國民廣播公司駐維希訪員聲稱，星期六日曾有人晤貝當於維希，並謂外長法蘭亭辭職事，須待舉行全體閣議後始能接受。又據哥倫比亞播音公司訪員聲稱：內長貝魯東似將派往北非，任阿爾及耳民政長官，以助魏剛。

紙上的新聞，因為能夠保留，並且現在還是最價廉最便利的一種傳達新聞的工具，所以仍然維持着它在這世紀中的優勢。

在科學發達的今日，新聞不但是能夠不受空間的限制而用聲音來直接傳達，並且它還能夠使讀者用視覺來接受。新聞電影現在也正在努力發展的途徑中，它能夠將許多重要的事實向觀衆複演。我們在電影院中可以看見歐洲戰事的片段，可以看見中國西部公路的偉大的建設，也可以看見美國總統競選的盛況。同時，無線電傳影術，正在研究和發展。將來新聞的傳播技術，將有極大的革命，乃是意料中的事。現在我們所要說的，乃是從新聞最早的起源說起。

口頭新聞的發展

新聞發展的順序

「人類的最初紀錄是腳印，說明它的來，他的去，和他的作為」。這種紀錄是很自然的，並不是為那行動的人故意要留下這種紀錄。但是人類的「追究」事物的心情，是與生俱來的，所謂人是喜歡「打破沙鍋問到底」者是。人類在行動時，留下了足跡，本來不是什麼了不得的事；不過別人喜歡追究，要問此人究竟是從那裏來的，去到那裏的，又是爲了什麼事情呢。這樣一來，事情就大了。自然留下的紀錄就成爲追究的線索了。衞爾康（Henry S. Wellcome）以爲足跡乃是新聞的起源，其理由便在於此。

足跡爲無言之新聞，爲自然之紀錄，那當然够早了。不過也就渺茫得很。尋常我們將新聞發展的程序分類，是分做口頭新聞，手寫新聞，和印刷新聞三種。對於口頭新聞，報史家已感覺得事涉渺茫，難以發生研究的興味，何況是足跡新聞呢。

新聞系統化的因素

天賦人類一張會說話的嘴，人類自從會說話時起，口頭新聞便跟着成立了。人們一面是喜歡追問的，一面也喜歡把自己知道的事告訴給別人。「守口如瓶」像大仲馬俠隱記里寫的那個阿托士的僕人，到了非說話不可時也祇做做手勢，使人疑惑他是啞吧的人，那究竟是很少的。

但是有一件事我們得特別注意的。尋常時候我們愛好打聽新聞，愛好傳播新聞，那種新聞都是鷄零狗碎，沒有中心，不成系統的。比方現在談談某衖坊的雜事，拉扯又談到某某的韵事。至於這件事的起源和結尾，知道的便講，不知道的也不至於要勞精疲神去竭力地訪問，甚至每天要把這事情的發展報告一番的。

然則在什麼情况之下，搜集新聞與傳播新聞的事件才有了系統地進行的需要呢？

對於這問題的解答，梅爾文李（J. Melvin Lee）有一個很精到的見解，他說：「政治及經濟常常是新聞王國中兩大主要的話題。假使不是一些人在國家中發生了政治的興味，或捲入了經濟圈而與廣袤的區域發生貿易及運輸的關係，那嗎決不會有系統地搜集與傳播新聞的事件存在的」。

梅爾文李的意見，不單適用于紙上新聞，就是口頭新聞也是這樣的。換言之，有系統地傳播或搜集口頭新聞，也必定是依賴着政治或經濟的需要的。這樣，口頭新聞的起源便得而言了。以中國來說，當中國政治組織漸趨精密之際，國家便設立了專任的「宣令之官」，使他到領域中的各地去口頭報告國家的命令和法律，俾衆週知。

這種宣令之官，職名叫做「遒人」，每當夏曆正月，就巡行各地，手里拿了一隻「木鐸」，到人民集居的地方，把木鐸搖起來，號召聽衆之後，便就地演說起來，宣佈君上的意旨。

古代的新聞官職

「木鐸」便是鈴，因爲中懸的舌是木製的，故稱木鐸。據賈公彥（唐代人）所作周禮疏謂：「鐸，皆以金爲之。以木爲舌則曰木鐸，以金爲舌則曰金鐸。」

以「宣令」爲職務的遒人，是什麼時候才有的呢？檢閱文獻上的資料，在尚書夏書的胤征篇里曾說到「每歲孟春，遒人以木鐸徇于路，官師相規，工執藝事以諫，其或不恭，邦有常刑」。胤征篇是紀錄胤侯承夏王仲康之命征伐羲和的誓詞。這次征伐，據傳統的紀載所云，是紀元前二一五九年（夏仲康五年）的事。

但是這條紀錄是很成問題的，牽涉到中國古代史及經學諸問題。一則夏代歷史，在考信上猶多疑問；二則尚書有今古之分，古文尚書係第四世紀初（東晉元帝建武時）梅賾僞造的，而胤征篇適爲今文無而古文有的一篇。梅賾所僞造的古文尚書，言詞非有來歷，所謂「遒人以木鐸徇于路」云云，本是出于春秋左傳襄公十四年引「夏書」的話；但左傳爲「經古文家」傳誦的書，因經學派別上的爭執而影響到經書里史料的可信程度。所以我們無法可以根據胤征篇或左傳所引夏書的紀錄，斷定紀元前二十二世紀便有了遒人之官。

遒人與市鎭號丁

另外從社會組織方面觀察，我們能肯定的說，由民族社會進展到封建社會的時候，傳達政令的服務人員便必然會產生了。因爲到了這階段，人民既務農爲生，在固定的地點安居了下來，與酋長（此時是「君主」是「天子」了）接觸的機會便漸漸的減少，乃至等於零；同時，天子的領域也比從前大得多了，他的政令傳達便不能再像一個排長向他的士兵訓話那樣容易。既有了國家，不能不有政令，政令是要叫人民遵行的，一定要使人民知悉。現在我們要知道國家的政令，天天有報紙在告訴我們，不用多操勞的心。假使在一個沒有報紙的一地方」，那必需要有別一種方法來代替它担任報告的職務，雖然到二十世紀的今日也還是這樣。這里有一個很好的證據，是梅爾文李說的。他講：「在瑞士的盛丕萊村子（Champery Village）里，「口頭版報紙」迄今還殘存着。它是出「星期日版」的。因爲每逢星期日的早晨，禮拜堂秩序完畢後，那位「市鎮號丁」（Town Crier）便來出現於村人之前。他站在街中心的一架懸樓上，對着坐在草地上的村人報告新聞。開始時，他報告法庭上的判決案件；其次，宣讀中央及地方政府的告示；最後，說些聳人聽聞的勸善懲惡的社會新聞。他雖然不強迫村人去聽，可是村人不敢不去聽，因爲他們怕漏聽了政府的告示和新法令，以致干犯法網。「市鎮號丁」是藉廣告爲生的，他下鄉去報告新聞，同時也爲了商家宣傳貨品，取得酬報得維持生活。他往來於城鎮之間」。

沒有報紙的「地方」是如此，沒有報紙的「時代」也是如是。「市鎮號丁」與遒人不同的地方，是一者爲資本主義社會的自由職業人，一者爲封建社會的政府雇員而已。

讓我們注意「市鎮號丁」所報告的新聞的內容，他是注重法庭新聞和法令告示的，而聽衆也很注意這些事，這正和胤征篇所說的『其或不恭，邦有常刑』以及周禮記遒人之職謂：『正歲帥治官之屬，徇以木鐸曰：不用法者，國有常刑』所指陳的情形是一樣的。

民間新聞的搜集

紀元前十二世紀初葉（商周之際），中國社會組織，已由民族社會進入封建社會，而且政治的機構也漸告稠密，遒人當于此時出現。

遒人的職務，不是單面的。即不祇是出去傳遞政令，而且要搜集人民間的消息回來。因爲天子要知道域內的各種狀況，人民對於他的政令發生什麼反響等等，都等待遒人巡行域內之後，回來報告。

我們在這里引用一段文字，作爲插曲，那是描寫義大利首相墨索里尼的祕密警緊首領波起尼的。說他每天跑到羅馬的威尼斯宮，拾級而登，到了第一層樓，不用通報，便逕自走了進去。義大利的獨裁者墨索里尼坐在這房間里。那進來的矮胖子，舉手行法西斯敬禮之後，便開始作報告。墨索里尼聚精會神的聽着，有時在面前的簿子上做些手記。報告完結之後，墨索里尼便提出許多問題來詢問，那矮胖子對於每個問題都迅速答覆。……

講到這情形，眞使我們玄想到那遠古時代的遒人，於其回到國都來的時候，在原則上將要做些什麼事。方式自然不同，而最大的不同，是遒人所搜集的情報，乃是一些童謠和民歌。

劉歆（生當紀元前五十三年左右，死於紀元後二十三年）與楊雄（紀元前五三——紀元後一八）書云：「三代周秦軒車使者，逌（同遒）人使者，以歲八月巡路，求（同求）代語僮謠歌戲。」漢書食貨志亦云：「春秋之月，羣居者將散，行人振木鐸，徇於路以采詩。獻之太師，比其音律，以聞於天子。故曰：王者不窺戶牖而知天下」。

口頭新聞的最初的形式

原來口頭新聞的最初形式（這就是民間的形式），是把新聞製成歌謠，以便傳誦。不祇我們是這樣，世界上其他民族也是這樣的。據湯晉先生談英國初期新聞事業云：「英國之印刷事業，始於一四七六年。其時政治宗教，正陷於混亂狀態。皇家把持印刷品，無官方之執照，不得出版任何刊物。有沿途賣歌爲業者，操業雖賤，然審其歌辭，乃爲各地方之新聞。此輩賣歌兒，即爲英國新聞事業之始祖，亦即泰西新聞事業之先驅也。文士則筆記此項歌謠，以送達于宮庭貴顯之族，名曰「新聞信」，即爲報紙之胚胎」。紀元前十二世紀以降，中國周朝宮庭里所獲得的社會情報，便是這樣的新聞歌謠。天子不出宮庭，然而藉着遒人工作的成績，他是遍知天下的事了。

遒人的成

遒人所採集的民間詩歌，周朝王室里保藏得很多。據史記孔子世家說，古詩有三千多篇。紀元前五一八年（周敬王二年即魯昭公二十四年），孔子到長安去觀光

續與詩經

周室，考察禮樂，並閱覽書史。後來孔子晚年時手定六經，曾將古詩刪訂，「去其重，取可施於禮義」，凡三百五篇。這部詩經一直流傳到現在，是古歌謠也是遒人工作成績的唯一總集。

詩經的內容分為三部，是風，雅，和頌。風是民間的詩，雅相當於後代的文人詩，頌相當於後代的國歌。遒人所採集者是「風」部份的詩，也就是這部份的詩和中國古代的新聞有關係。所以稱做「風」者，因為這些詩歌能夠表現某一個地方的風俗，使天子看了可以知道域內各部份的情況。漢書藝文志所謂：「古有采詩之官，王者所以觀風俗，知得失，自考正也。孔子取周詩，上采殷，下取魯，凡三百五篇」。便是指的這一回事的始末。

詩經里的殷代詩與魯國詩，都在「頌」的部分里，與新聞無關。「風」都是周代的產品，自周初以迄周室東遷，約自紀元前十二世紀迄紀元前八世紀。「風」的部份共有十五個國家的作品，是：周南、召南、邶、鄘、衛、王、鄭、齊、豳、秦、魏、唐、鄭、鄶、及曹。這樣，口頭的「歌謠式之新聞」，轉到筆錄的時代了。

新聞歌謠的輿論性

民間歌謠的產生，總是有着什麼新發生的事情作為骨子的。新聞是層出不窮的，新的歌謠也不斷地產生。歌謠說明一樁事象，是感覺的，加上結構的簡單，因此在相當的時期內，聽者固然容易瞭解；而時間隔得長久後就頗費解。除非是你知道那一段故事，則仍然很感到興味的。歌謠不祇是說明一樁事象，而且有很有力的警醒語與很幽默的諷刺語攙在里面，這卽是民間輿論的形式。茲舉例如下：

紀元前三世紀中，秦始皇翦削併吞六國，於紀元前二二三年滅了楚國。楚國的民間，就流傳着一支很簡單的歌謠道：

「楚雖三戶，

亡秦必楚！」

這八個字是多麼沉痛而激烈！後來眞的是楚霸王（項羽）攻進了咸陽，滅掉秦朝。那時候歌謠傳播民族意識的功能，就彷彿我們今日運用新聞紙來工作一樣。

漢代淮南厲王長，是高帝少子，紀元前一七四年，以廢法不軌，被其兄文帝徙之蜀嚴，死於途中。民間因有歌謠云：

「一尺布，尚可縫；
一斗粟，尚可舂；
兄弟二人不相容」。

很顯然的，民間在代淮南王打抱不平了，這種話是當時上流社會所不敢形之於言詞的。

據西京雜記（此書記載紀元前二世紀至紀元後二十四年間長安地方諸事）云：韓嫣好彈，以金爲丸，京師兒童聞嫣出彈，輒隨之，歌曰：

「苦飢寒，
逐彈丸！」

對了，道途旁有餓殍，有凍死骨，但韓嫣却用了金丸去射鳥作樂！這支歌謠是天然的諷刺，而且兒童們居然跟着韓嫣唱與他聽。這種輿論工具的力量，也可想見了。

現代的新聞歌謠

一直到現在，歌謠在民間還是不斷地在描寫着種種社會相而產生。江紹原先生編譯的「現代英吉利謠俗、及謠俗學」一書的第八附錄里說起：「大公報不時登載的各地旅行通信，里面常常插入民歌。它們有些個一望而知，是很近的產品，均能表現社會狀況與民衆思想」。按，這是一九三一年的事，所云大公報乃指天津版。

江先生的書里又說：「民十八十九以來，北平各大小飯館競添雇女招待。她們大抵是御短髮的妙齡女郎，每服分到的酒錢，據說頗不菲。街頭巷尾的兒童們看見她們時，嘗對之歌曰：

「這年頭，眞奇怪，
飯館新添女招待。
吃兩毛，給一塊，
就是不要老太太。」

這首歌謠的心理根據是怎樣，我們現在不去論它。但它也是報告一個新聞，發表一種意見，藉着嘴巴來傳播的。

全面抗戰發動後，在中國小同胞的口頭上，曾遍地流傳着一隻新歌謠：

「先拿北京，
慢拿南京：
打不到西京，
回不得東京。」

這是很值得我們注意的。在這很簡單而又很調叶的四句里，卻把中國「持久戰」戰略的理論，以及「陷進了泥淖中」的敵人的情況，表露得很概括了。而且前半段所指陳的事實經過，也順序不謬。主要的是：直感的樸素之民衆，要灌輸給他們以一種時事知識，什麼才是最有效的方法，這是值得考慮的，雖然現在已是二十世紀的時代了。蘇俄革命以後，爲了要提高農民們的時事知識，曾廣泛地發展活報的運動（製作新聞歌謠及新聞演劇，到民間去傳播和表演），而現在蘇俄農民讀新聞紙的能力確實是增進了。

迈人是古代的記者

回頭我們再來說遒人。遒人也稱做逌人（見劉歆書），也稱做行人（見漢書食貨志），也稱做采詩之官（見漢書藝文志）。此外還有一個名稱是迈人，見於許愼的說文解字（書成於紀元後一〇〇年）云：「迈，古之遒人，以木鐸記言」。迈字已屬廢字，我們現在並不用它。但是說文解字是一部講求字源的書，告訴我們每個字構成的意義；從造字的意義上，我們又能探知一點古代事物的情形。說到這個迒字，不能不使我們追溯中國古代新聞事業的痕迹者，對它起了很大的注意。迒是從辵及丌，兩個「文」合併而成的（單體爲「文」，合體爲「字」）。辵的意義是走路，丌的意義是薦物之具。這就是說，迒人是到外邊去跑新聞，而以新聞來貢獻與人的一種職業者。徐鍇（生於紀元後九二〇年，卒於九七四年）對此字所加的解釋是：「迒人，行而求之，故從辵從丌，薦而進之於上也」。戈公振先生（生於一八九〇，卒於一九三五）的解說更好。他說：「迒與後世記者之職爲近。從丌，其義爲薦陳，猶今言報也；從辵，其義爲行走，猶今言訪也」。既報且訪，可見迒人的職務與後世的新聞記者無異。迒字的讀音爲居吏切，與「記」相同。那麼古稱迒人，恰像現在稱記者一樣。

對於遒人的職務，總結起來，我們可以用現代的話，說他是：（一）奉了命令出去宣揚；（二）訪了消息回來呈報。他的根據地則爲王室。

遒人與春秋的關係

遒人出巡的時間，據尚書及左傳說是孟春（正月），劉歆書說是八月，漢書食貨志則云「春秋之月」。看來是「年有兩季在外面的」。中國的經典里有一部「春秋」，是編年的歷史。其資料的來源當與遒人不無關係。或因遒人春秋二季出巡的緣故，所以命名爲「春秋」。

春秋經孔子手定，記載的事蹟，始於紀元前七二二年（周平王四九年），終於紀元前四八一年（周敬王三十九年），凡二百四十二年行事，「以事繫日，以日繫月，以月繫時，以時繫年」，年以魯國爲準，因爲孔子是魯人，且據魯史編定之故。春秋的紀事，非常簡略，好像現在簡短的電報，又像報紙的提要。例如其第二年云：

「隱公二年春，公會戎于潛。

夏五月，莒人入向，無駭帥師入極。

秋八月庚辰，公及戎盟於唐。
九月，紀履緰來逆女。
冬十月，伯姬歸於紀；紀子伯莒子盟於密。
十有二月乙卯，夫人子氏薨。鄭人伐衞。」

孔子筆削春秋，用字很是謹慎，就在這上面表示他對歷史上的人物與事件的意見，於善者有所褒獎，於惡者有所貶斥。所謂「一字褒貶」者是。怎麼能知孔子褒貶的意思呢？這有公羊高及穀梁赤二人，各爲春秋作了一部傳，專門解釋春秋用字的分寸，成爲「春秋之鑰」。譬如春秋「無駭帥師入極」條，公羊傳釋之云：『無駭者何？展無駭也。何以不氏？貶。曷爲貶？疾始滅也。此滅也，其言入何？內大惡，諱也。」

春秋上不寫展無駭的姓氏，叫他禿頭；滅國而曰入國，原來都是有道理的。這便是所謂「書法」，又稱爲孔子的「微言大義」。再用現代的話來說，是「紀事中包含着輿論的作用。」

一九四一年一月中，日本出任調停泰越戰事，但一面卻向泰越雙方索取酬勞。中美日報對於此項消息所作的標題曾有「日以掮客姿態出任調停泰越戰事」。同年二月廿三日，中央各黨政機關及省市黨部代表在重慶聯合舉行追悼在日軍後方從事祕密工作致殉難之同志，中美日報對於此項消息所作之標題爲：「中央追悼殉職同志，忠貞義烈長留青史，蔣委員長致輓悼念。」……在這些標題的文字中，也各具褒貶的作用，恰與春秋之「書法」相似。

詩春秋尚非手寫新聞

遒人做的工作，的確是新聞事業，但他所用的工具是嘴巴，係屬於「口頭新聞」的階段。詩經和春秋天然是手寫的，它們和中國古代新聞事業確有極密切之關係，然而它們並不就是新聞紙，所以還不是「手寫新聞」的開始。新聞是有時宜性的，當時採訪，即當當時報告。春秋編錄遒人採訪來的資料，自成一書，一下子就是兩百多年的紀載，這情形好像我們今日摸據舊報紙的資料編成一本歷史一樣，這本歷史雖然和報紙有極密切的關係，但並不就是報紙，是很明顯的。春秋之與遒人所搜集的報告，其關係亦正如此。至於詩經的「風」的部份，編輯遒人採訪來的歌謠，也就成了一本新聞文藝的選集，作用並不在於報告新聞了。

日人杉村廣太郎所作之「新聞之話」里說：「「京報」是官報的一類，從周朝就有，一直繼續到清朝的滅亡。若是始自周代，則至今約三千年了。無論怎樣，可以說是最古的新聞紙了。可是不知道誰這樣說的。在戈公振先生的報學史和小野秀雄氏的新聞史里都沒有承認此說。二書都只承認「邸報」。邸報始於漢朝，清初改名京報，所以像是由漢朝繼續到清朝的。」杉村的疑問，我想是可以答覆的，不過這說法根本是有錯誤的。即：所謂周朝的京報，就是春秋。春秋紀事的條文，老實說是和後來的邸報及京報很相像的。但是我們找不出證據來證明春秋的條文是要每天公佈的，像邸報及京報或古羅馬之「每日紀事報」一樣。春秋一書的性質，已如前述，是一部歷史。所以，手寫新聞的開始，總是從漢朝的「邸報」起頭的。

從手寫新聞到印刷新聞

邸報創始的時代

西方最早的報紙出現於紀元前六十年（漢宣帝神爵二年）。這一年，羅馬的野心家愷撒（Julius Caesar）被選為執政官。他知道他的真正的政敵，即唯一能阻止他的政權擴張與政務措置者，就是元老院。因此，他登台的第一砲，便是頒佈命令一道：

「嗣後元老院工作的報告，務須每日寫出公佈之。」

愷撒深知「公告」的價值，希望循了這條路線去改變他所不滿意的政治；至少，他決定這樣一來，元老院便不能有祕密的舉動來妨礙他的種種策劃。由於此項命令，西方最早的定期之手寫新聞「每日紀事報」（Acta Diurna, or The Daily Acts）便出現了。

古羅馬稱雄地中海世界時，中國正當西漢全盛時代，國運隆盛，勢力彌佈東亞大陸，羅馬始有「每日紀事報」出現，大漢亦有「邸報」與之遙遙相對，共爲世界新聞紙之兩大起源。邸報創始於紀元前二世紀，較每日紀事報爲更早。

邸報也是政治公報，但是產生的情形異於每日紀事報。漢朝分封同姓宗裔於域內各地，使之領管地方政治。諸侯在京城中都設有官邸，駐紮代表。當諸侯朝覲天子時，到京後便宿在自己的官邸中；平時則由本邸之代表傳達京城的消息。因爲邸中傳抄一切詔令章奏，以報于諸侯，故謂之邸報。邸報的關係是中央與地方間的。

說文：「邸，屬國也。」屬國就是指諸侯國。漢書文帝紀注：「郡國朝宿之舍，在京師者率名邸。邸，至也，言所歸也。」西漢會要云：「大鴻臚屬官有郡邸長丞。」注：「主諸郡之邸在京師者也。按，郡國皆有邸，所以通奏報，待朝宿也。」所云通奏報，即傳達君臣間消息之謂；待朝宿，即充作諸侯朝覲時館舍之謂。大鴻臚爲典客官，其屬員有郡邸長丞，主京師各邸事。邸彷彿如今日的各省駐京代表辦事處，而郡邸長丞則爲中央聯絡大員。邸報消息的來源，大部份得之於郡邸長丞，是可想而知的。

漢文帝時（紀元前一七九至一五七年）已有邸之建置。史記封禪書記漢武帝事云：「方士多言古帝王有都甘泉者，其後天子又朝諸侯甘泉，甘泉作諸侯邸。」漢武帝統治時期係自紀元前一四〇年至紀元前八十七年。邸報的產生，應該便在紀元前二世紀之中。

邸報和政治的關係

漢武帝御宇時，武功大盛，北扭匈奴、南平越郡，通西域，定朝鮮，疆域既極擴張，商業亦復繁盛。取道新疆，中亞直達地中海區域的絲路（Silk Route）是古代著名的商路。漢武帝對於邊事，當然是十分注意的。二十世紀初年，英國探險家史坦因（Stein）在新疆沙漠中發掘得漢代官文書甚多，內有書寫在木簡上的「邊報」，足證中央與邊疆間有新聞報道的關係存在。

同時，諸侯之中，亦有一些心懷叵測的，常常窺伺皇室的動靜，以便乘機起事。紀元前八〇年，燕王旦謀反。先是，欲剪除皇室大臣的勢力，會借一機會，遣人向漢昭帝報告攝政霍光謀反。漢書記其事云：「光懼，不敢見帝。帝召之，光免冠謝罪。帝曰：「將軍冠。此事朕知其誣也。不然，更調羽林，事方八日，燕王何由知之，已使告變矣？」」根據這條紀事，我們很注意燕王於八天內得知更調羽林一事的一點，而欲一究其原因。蓋更調羽林一事，與燕王無涉，帝不詔諭燕王知，羣臣亦斷不敢以朝事私告外藩，視王亦斷無僅據民間傳聞卽告大臣謀反之理。除非是燕王邸有密報通知，才說得過去。這樣，可見邸報有極濃厚的政治情報」。

邸報印刷的開始

邸報的壽命很長，自紀元前二世紀創始，直至中國的君主政治傾覆才告終。不過在君主政治的末一朝代（卽清代，自一六四四年至一九一一年）中，名稱改爲「京報」，西人譯之爲"Peking Gazette"。邸報最初是手寫的。但新聞紙之需要殷繁，決非一份卽可滿足。據聞在「每日紀事報」時代，羅馬有許多職業的報人，摘錄每日紀事報上的紀載，加上他們自己搜集的消息，卽跳上他們自己所備的小船，坐在鼓板上，對着十二名奴隸朗誦這些新聞，使那批奴隸們埋頭照錄，等到小船到埠時，已有十二份手寫的新聞紙同時完成，那位報人可以拿去分送給各戶閱讀。新聞紙「複製」之需要性既極大，所以印刷術一經發明，印刷的新聞卽繼之出現。

中國是世界上最早發明印刷術的國家。發明的年代，據英人卡德(Thomas Francis Carter)所著中國印刷術源流史的考定，係在唐玄宗時代，卽七一三至七五五年間。原因是：（一）現存的最早之中國古刻本書，爲八六八年（唐咸通九年）所印之金鋼經，係史坦因於一九〇七年得于甘肅燉煌縣南鳴沙山石壁中；（二）現存的最早的日本古刻本書爲七七〇年（唐大曆五年）所印之符咒，今猶有存於日本各寺院中者。日本的印刷術係由中國傳去的。（三）以上兩種古刻本均甚工緻，不足以代表初期之雕版印刷發明的年代應較七七〇年爲更早。唐玄宗時，中國文治昌明，武功彪炳，達于極點。雕版印刷之告成，大概亦在此時。

卡德所言不謬，那麼，中國的彫板印刷術一經發明告成，便以之印刷報紙了。留庵（孫毓修之筆名，是近代人）所著中國雕板源流考云：「近有江陵楊氏藏「開元雜報」七葉，云是唐人雕本。葉十三行，每行十五字。字大如錢，有邊綫界欄，而無中縫，猶唐人寫本款式，作蝴蝶裝。字影漫漶，不甚可辨。」開元是唐玄宗的年號，（自七一三至七四一年）。所謂「字大如錢」，正是初期雕板印刷的寫照哩。

依照留庵的話，中國最早的印刷報紙是開元雜報，而且它的遺留物，近代人還有收藏着的。這七葉東西該是世界上保存着的最古的報紙了，而且對於留意於新聞事業的人該發生多麼大的興趣。可是關於此事，祇有留庵的一條記載，那七葉報紙我們却始終沒有看見。戈公振先生說他曾「勤加訪求」，但終未曾一見。

留庵說：開元雜報七葉，爲江陵楊氏所藏，並沒有說明究爲何人。我以爲大概是指楊守敬（字惺吾，生於一八三九年，卒於一九一四年），他是湖北宜都人，曾隨黎庶昌（字蒓齋，生於一八三七年，卒於一八九七年）出使日本。彼時日本適在維新之後，故人民均醉心新法，故家所有舊藏，紛紛拋棄。楊氏代黎公使搜購舊籍頗多，內有唐鈔宋刻本書之爲中土失傳者不少。黎公使曾選擇若干種彙刻「古逸叢書」一部。這樣，楊守敬之藏有唐代刊印的報紙，當爲可能的事。江陵與宜都爲鄰縣，或因此稍致誤會。但楊氏久已物故，留庵亦已不在人間，一時竟無從根究。假若能從楊守敬的後裔那兒去追究，也許還是一條線路。

活版排印的邸報

雕板印刷發明以後三百年，活板印刷也跟着發明了。活板印刷有省費與節時的兩大功能。但假使非大規模地印刷，漢字的活板印刷却反而來得靡費與滯時。西歐用拼音文字，所以印刷一開始便是用活板排印的。不過他們的活板印刷術之發明，却在一四五〇年左右，比中國更遲了四百年哩。

沈括（一〇三〇年生，一〇九三年卒）所著之夢溪筆談云：『慶歷中，有布衣畢昇，爲活板。其法用膠泥刻字，薄如錢脣，每字爲一印，火燒令堅。先設一鐵板，其上以松脂臘和紙灰之類冒之。欲印，則以一鐵範置鐵板上，乃密布字印，滿鐵範爲一板，持就火煬之。藥稍鎔，則以一平面按其面，則字平如砥。如止印二三本，未爲簡易。若印數十百千本，則極爲神速。常作二鐵板，一板印刷，一板已自佈字。此印者才畢，則第二板已具。更互用之，瞬息可就。每一字皆有數印，如「之」「也」等字，每字有二十餘印，以備一板內有重複者。不用則以紙帖之，每韻爲一帖，木格貯之；有奇字素無備者，旋刻之，以草火燒，瞬息可成。不以木爲之者，文理有疏密，沾水則高下不平，兼與藥相黏，不可取。不若燔土，用訖再火，令藥鎔，以手拂之，其印自落，殊不沾污。』慶歷是北宋仁宗時年號，起自一〇四一年，終於一〇四八年，其間卽爲中國發明活板印刷之年。最初的活字係以泥製，後來有錫活字，木活字，銅活字等。

邸報究竟是官場社會的報紙，除了一般高級的官吏要看它外，偶而有幾個極關心時事的士人或者要看它，至於跟大衆可說是沒有緣份的。就是因爲這樣的緣故，便沒有了用活板排印的必要。據顧炎武（一六一三年生，一六八二年卒）寫給他的蕭氏外甥的信說：「憶昔時邸報，至崇禎十一年（一六三八年）方有活板』。這時離開活板的發明，已經六個世紀了。

清朝的京報，大多數仍是用雕板印刷的，可見邸報實在沒有大量生產的需要。而在紙面方面，經過了十餘個世紀之久，也沒有什麼進展。

現代報紙的產生

口頭新聞，手寫新聞，以及印刷新聞的起源，都已經講過了。此外還要說一說「現代報紙」的起源。爲的是我們今日讀者的報紙，卽所謂「現代報紙」者，它的產生，並不是從邸報的根上生長出來的，而是從西方移植來的。它有另外的一個起源，所以我們也得另外談它。

現代報紙的定義

「現代報紙」這名稱，其實是不妥的。因爲現代二字是流動不居的。我們此刻所欲說的，是指十九世紀以來受了西洋影響產生的報紙。關於這種典型的報紙，我們須自它的精神方面去規定它的特性，以別於古代報紙。

據白瑞登（R. S. Britton）的意見，所云現代報紙者，是建築在技術上、政治上及經濟上的出版物，而且具有自由議論政治的觀念，完善地是全部借根哲學的成果。

換句話說，現代報紙爲資本主義社會的產物。在這個機械發展的時代里，報紙當然也機械化了，成了技術的產物。資本主義社會是一個商業的社會，而平民階級革了特權階級的命，人人皆有自由議論政治的權利。此時代所產生的報紙，當然完善地反映了這種種的意識。

南洋華僑社會與現代報紙

引導西方的現代報紙的形式和制度到中國來的，是基督教（Protestant）的英國教士。他們在中國創辦華文報紙，是爲了傳播教義之目的，但客觀上却建立了中國現代報紙的基礎。他們本來很有理由選擇廣州爲最早的文字工作地點，可是在中英江寧條約訂立（一八四二年）之前，傳教事業是被中國政府嚴厲禁止的，所以極早的教會定期刊物乃在南太平洋的麻六甲（Malacca）的華僑社會中出現，而馬來半島就成了中國現代報紙的發祥地。

十九世紀初年，已是西歐資本主義社會的國家積極向東方找尋商品市場和原料倉庫的時代，但滿清政府仍然抱着「天朝無所不有，傳教定於一尊」的觀念，堅持閉關政策，對於西洋人，西洋物產以及西洋的制度，深絕固拒，一律不瞅不睬。可是廣州是例外，南洋羣島的華僑社會尤其是例外的例外。原來在一五五三年（明嘉靖三十二年），葡萄牙向明廷租得珠江口的澳門爲貿易區域。一六三五年（明崇禎八年），英國的東印度公司也請得了明廷的批准，可以在廣州城內設行經商。惟後者所受的限制綦嚴，除了純粹的商務行動外，不准有其他的活動，不像澳門租借地的葡人來得自由。南洋羣島則自十三世紀以來，就有多數的華僑移居。在十九世紀初年，海外的華僑社會已經很繁榮。可是那些時候，中國政府對於這些事實未加以注意，華僑在海外的活動是孤立的，並未受到國家的保護與獎勵。迨至西歐國家航海東來，便將南洋羣島分割了，成爲他們統治之區域。南洋羣島的華僑社會，至此既非清廷勢力所及的地域，就無從執行它的閉關政策，儘管在國內固拒着西方的奇器邪說（近代的文明），但居於僑民社會中的國民却是深薰着新的文化而生活在近代文明的環境中了。

中國第一種現代報紙

一八一五年五月二十一日（淸嘉慶二十年四月十三日），英國教士米憐（William Milne）帶了刻工蔡高，梁發等人由廣州抵達麻六甲，在華僑社會中進行傳教的工作，並且以文字爲宣傳的工具。這年的八月五日（夏曆七月初一日）開始發行一個月刊，名稱爲「察世俗每月統紀傳」，這就是中國的第一種現代報紙。

米憐是由英國京都傳福音會(London Missionary Society)派至中國的傳教士，以輔助該會先前派至廣州的教士馬禮遜（Robert Morison）的。米憐初至澳門。澳門西人對於他很反對，稟求葡萄牙總督驅逐他出去，葡督下令限他於十八天內出境。米憐乃赴廣州。可是粵督又已奉有朝廷諭旨，着地方官嚴査傳教及信教之人。米憐在粵又不能安身。馬禮遜便和他商量，請他到馬來羣島去，一面分散聖書，一面尋勘地點，作爲設立傳道據點的準備。米憐經歷了爪哇，麻六甲，檳榔嶼等地，便回到廣州來和馬禮遜商酌。他以爲麻六甲可選作佈道的中心，因爲他那地方離中國不遠，居住的華僑也很多，往來的船隻不少，交通甚爲方便，再是官府非但不阻拒傳教，而且贊成協助。馬禮遜也首肯，就決定委托米憐去駐在麻六甲，開辦一所學校，教導華人子弟；並開辦一處印刷所，預備刊印書報。

這個決議是一八一四年的事。同時，馬禮遜收得刻工蔡高爲教徒，就派他和另一刻工梁發隨了米憐一同南行。一八一五年四月十七日，他們從廣州起行，經過三十五天才到麻六甲。略事籌備後，米憐主編的

「察世俗每月統記傳」便在椰肥蕉香之邦與國人初次見面了。

現代新聞紙的觀念與任務

「察世俗每月統記傳」是用木板雕印的，每月出版一冊，大約有七葉（即十四面），內容大半是宣揚教義的文字，其餘則於新聞及新智識亦有所介紹。這一種定期刊物，雖爲宣揚教義而編刊，然而它存在的客觀的意義，確是啓發了中國現代新聞事業的幾種重要觀念。有三點是值得我們注意的：

（一）廣泛求知的觀念　察世俗每月統記傳序云：『既然萬處萬人，皆由神而原被造化，自然學者不可止察一所地方之各物，單問一種人之風俗，乃需勤問及萬處萬人，方可比較辨明是非眞假矣』。又旨趣云：『本報雖以闡發基督教義爲唯一急務，然其他各端，亦未敢視爲緩圖而掉以輕心。智識科學之與宗教本相輔而行，足以促進人類之道德，又安可忽視之哉。』

（二）通俗普及的觀念　察世俗每月統記傳序云：『富貴之人不多，貧窮與工作者多，而得閒少，志雖於道。因此察世俗之每篇必不可長也，必不可難明白。蓋甚奧之書，不能有多用處，因能明甚奧理者少故也。』

（三）解放民智的觀念　察世俗每月統記傳旨趣云：『中國人民之智力，受政治之束縛，而呻吟顚頓無以自拔者，相沿迄今，二千餘載。一旦欲喚起其潛伏之本能，而使之發揚蹈厲，夫豈易事？惟有抉擇適當之方法，奮其全力，竭其熱忱，始終不懈，庶幾能挽回於萬一耳。』

現代報紙的最初六十年

一八二一年，米憐的身體已很不健康，曾往檳榔嶼養病，後返麻六甲，於一八二二年六月二日（清道光二年四月十三日）去世。察世俗每月統記傳出到一八二一年爲止，計六年半，共刊行五百二十四頁。

自從一八一五年察世俗每月統記傳創刊以後，繼續有西人主辦的華文報紙多種在中國國境內外出版，特別是一八四二年中英江寧條約訂立，香港割與英國，廣州、廈門、福州、寧波、上海五埠開闢爲商埠之後。到了一八七三年（清同治十二年），國人自己主辦的現代報紙也開始出現了。

初期的進展是非常的遲緩的。茲將現代報紙的最初六十年（自一八一五年到一八七四年）中出版的增點和程序，敍記如後。

中國現代報紙的產生，最初是西人辦的期刊（以A爲符號），其次是西人辦的日報（以B爲符號），後來纔有國人自己辦的日報（以C爲符號）。在最初的六十年中，每類出現的程序，以數目字爲標記。

A一（麻六甲）　在一八一五年出版「察世俗每月統記傳」，至一八二一年止。英教士米憐主辦，華人梁發助之。因此，梁發實爲中國第一現代報人。

A二（巴達維亞）　在一八二三年出版「特選撮要」月刊，至一八二六年止。

A三（廣州）　在一八三三年出版「東西洋考每月統記傳」，但不久卽遷至星加坡出版，至一八三七年止。

A四（香港）　在一八五三年出版「遐邇貫珍」月刊，至一八五六年止，英教士麥都思主辦。

A五（甯波）　在一八五四年出版「中外新報」半月刊，至一八六〇年止，英教士瑪高溫主辦。

A六（上海）　在一八五七年出版「六合叢談」月刊，次年遷日本出版，英教士偉烈亞力主辦。

B一（香港）　英文孖剌報（Hongkong Daily News）於一八五八年出中文晚報，名「中外新報」，始爲兩日刊，旋改爲日刊。

B二（上海）　英文北華捷報（North-China Herald）於一八六一年出版中文週報，名「上海新報」，次年改爲二日刊，一八七二年改爲日刊，同年年底停刊。

B三（上海）　英人安納斯脫美査（Ernest Major）與其友人伍華德（C.Woodward）樸賚懿（W.B.Pryer）約翰瓦其洛（John Wachillop）等四人於一八七二年四月三十日（淸同治十一年三月二十三日）創辦「申報」。初爲兩日刊。自第五號（一八七二年五月七日卽淸同治十一年四月初一日）起，改爲日刊。今存，爲上海最老之報紙。

C一（漢口）　一八七三年八月出版「昭文新報」，爲艾小梅所發起，最初每日出版一紙，但因閱者甚少，乃改爲五日刊，但銷路仍不佳，未幾停刊。

C二（香港）　一八七四年春出版「循環日報」，是王韜創辦的，今仍存在，爲香港最老之報紙。

C三（上海）　一八七四年六月十六日出版「滙報」，是容閎創辦的，後改名爲彙報，又改名爲益報，至次年停刊。

就上述情形，有可注意者數點：

（一）馬來亞是中國現代新聞紙的搖籃。

（二）國境內的第一種現代新聞紙產生於廣州，那時候廣州尚未開埠。

（三）第一種現代的日報是「中外新報」，出版於香港。

（四）漢口是自辦的現代的日報的發祥地。

現代報紙的發展

一八七三年的漢口昭文新報，一八七四年的香港循環日報，同年的上海滙報，一八七六年的上海新報，一八八六年的廣州廣報，可說是中國民衆新聞事業的正式創始。形式與精神，均屬現代報紙之典型了。但是那時候國內風氣未開，讀者甚少，大半開辦不久，就自動停刊。其中惟有循環日報勉强支持，迄今還能繼續辦理。

國難中報紙的發展

說起循環日報的創辦，其中也有一段歷史。創辦這報的是王韜，字紫詮。他在太平天國軍興時，曾上書楊秀清，建議軍事方策。後來楊秀清失敗，清廷索王韜甚急，王無法，就隨了外國教士，逃往香港。他的心裏，還是要想革命。所以他辦的報紙，題名爲「循環」，意思是說革命事業，今雖失敗，不久仍當復起。那時候他自己每天在報上必作論文一篇，鼓吹改良政治。可惜地方偏在西南，內地人士，很難看見這張報紙，所以他雖熱心提倡政治改革，然而在當時對國事還是不能夠有很大的影響。

直至一八九五年（清光緒二十一年），中日戰役，中國失敗後，全國人心震動。康有爲、梁啓超等由南方發動，有桂學會之組織，文廷式等在北方崛起，以强學會之組織爲號召。康、梁聞此消息，便到北方，與文廷式等一致行動，而將桂學會合併於强學會。他們所辦的事業，就是開圖書館和辦報館。强學會在北京所辦的是中外紀聞，在上海所辦的是强學報。同時嚴復在天津辦國聞報，汪康年等在上海辦時務報，都很有精神，能夠鼓動人心。但爲時無幾，經過一八九八年的戊戌政變，康梁失敗，爲清廷視作緝犯，以上的各報，也就不能存在。

報紙與革命勢力之連繫

康梁抱革新政制的志願，而所得的結果，乃並其身都不能見容於國內。出亡國外後，康梁又在日本出版清議報及新民叢報以發揮其主張。國人見康梁主張保皇，結果仍是爲愛親覺羅氏所欲殺，於是進一步而激起種族革命思想，以及澈底之民主政治。這一派的領袖爲孫總理。那時總理方從英國到日本。日本的人士，與國民黨接近一些的，曾勸上面兩派人物合作，以求倒清工作，容易成功。然而兩派領袖，終覺主張難於融洽，仍自各行其是。前一派名叫君憲派，新民叢報便是它的機關報；後一派名叫民主派，民報便是它的機關報。互作理論之筆戰，至爲激烈。在這時候，中國民衆所辦報紙一天多似一天，而所主張的也顯然有君憲與民主之不同。如香港的中國日報，上海的神州日報，天津的大公報，北平的中華報，東京的復報、民報等，便是主張民主的。香港的商報，上海的時報，天津的日日新聞，北平的時報，東京的新民叢報等，便是主張君憲的。一方面是潮流所趨，一方面也是理論鬥爭的勝利，革命派的民主主義，在孫總理領導之下，終於獲得民衆的擁護，得到勝利。中華民國的成立，與輿論的力量有密切的關係。現代的報紙，遂於民國成立後，繼續發達。並且它與革命的勢力，也是密切地連繫。一直從排除阻撓民主的惡勢力——打倒袁世凱的稱帝，以及北洋軍閥的割據稱雄，——到抵抗外來的侮患，主要的報紙始終站在前鋒革命勢力攜手，指導民衆前進。這是中國現代報紙史上非常光榮的紀錄。

抗戰以來之中國報紙

自從民國二十六年全面抗戰爆發後，中國的新聞事業，就起了許多的變化。但是這種種的變化，正是表示中國新聞事業的進步。它在艱困的環境中邪路前進，其步驟是與其他國家報紙的進步情形不同，而其精神——與革命勢力爲伍的精神——則愈見可貴。一般地說來，抗戰以後的報紙，有幾種顯著的變化：第一爲新聞事業的規模上是由大變小；第二爲在事業的數量上是由少變多；第三是聯合與集中，——但這情形是就自由中國而言，上海這孤島不在其內。孤島因情形特殊，主持正義的報紙祇能由同情中國的友邦人士來主辦，方免日人之壓迫。惟自由中國各種報紙的特徵，則非上海報紙所有。現在我們分別來講自由中國報紙的幾種顯著的變化。

三種顯著的變化

怎麼說規模上是由大變小呢？這是我們普遍可以感覺到的事實。抗戰前，北平的北平晨報，世界日報；天津的益世報，大公報；上海的申報，新聞報，時事新報，南京的中央日報；武漢的掃蕩報，武漢日報；杭州的東南日報；廣州的中山日報等，都是第一流的大報。他們的印刷工具，已經多半採用輪轉印刷機，每日至少出版兩大張。現因抗戰之故，除已停刊之北平晨報，世界日報等，或留在上海租界中之申報新聞報等之外，遷到內地繼續奮鬥的報紙，規模上都與過去相差甚遠。如重慶大公報，重慶益世報，桂林掃蕩報等，皆已從輪轉印刷機退到平版印刷機。從每日出版張數而言，戰前這些大報都至少出版兩大張，而今則重慶中央日報，大公報，掃蕩報，時事新報，益世報；昆明中央日報；貴陽中央日報（即前武漢日報），桂林掃蕩報；韶關中山日報；金華東南日報，均只能出一大張。各報內部人事組織，不論內勤與外勤，往往不及戰前之半，至少亦已減少三分之二。至於新起的地方報，戰地報，和日軍後方的抗戰報紙，沒有一家不是小型報。

第二個變化是由少變多。照中央宣傳部和行政院內政部的統計，戰前全國報紙總數是一千零十四家，到抗戰一年多之後，有六百家左右是不存在了。我國戰前的報紙是集中於沿海沿江一帶，所以沿海沿江的暫時被日軍佔據，使舊有的報紙損失甚巨。但是自另外兩方面觀察，則是有兩種情形是戰後特殊現象。第一，一報變爲多報，如戰前只有天津大公報，戰爭將發之前，即發行大公報上海版，接着出漢口版，香港版，重慶版，桂林版，至今還保持香港版，重慶版，和桂林版。掃蕩報本來只有一個武漢版，而今則有重慶版和桂林版。中央日報現有重慶版，昆明版，貴陽版，成都版，湖南版。上海申報曾一度遷漢口出版，並出過香港版。「八一三」戰事發生後，軍事委員會曾辦陣中日報之北戰線版和東戰線版，今則陣中日報有第二戰區版（在陝西宜川），第一戰區版（洛陽），第九戰區版（長沙），第四戰區版（韶關），這是一個新現象。第二，小型報的增加。這是包括我們的地方報，戰地報和淪陷區的報紙而言。這些報紙大多數是油印報。如以浙江一省而言，戰前浙江讀者多讀上海出版的報紙和杭州出版的報紙。杭州失守後，不但上海的報不能到浙江，而且杭州的報紙，亦不能存在，有二十八家大小報紙被摧殘。然而今天浙江全省中，却有了大小報紙一百八十五家，每縣都有了地方報，而且其中三分之二，都是小型的油印報。在北方戰略要地的山西，日人毀滅了原有的十一家報紙，然而整個山西在漫天烽火中，却另外成長起來了近百家的小型報。

第三個變化，是報紙的聯合與集中，聯合的現象較多表現在各地方城市，集中的現象則更多表現在大集團的政治和經濟體系。聯合的事實，如南昌失守前三家報聯合起來的聯合日報，長沙大火前，晨報與湖南商報的聯合刊，這主要的受了物質環境的壓迫，不聯合則不足以生存。集中的事實，如中央日報、大公報、掃蕩報、新華日報、陣中日報、以及中央通訊社，這主要的爲了擴大政治宣傳影響，因戰時交通不便，報紙的一個版的全國性的發行，事實上成爲不可能，爲擴大影響計，雖費資本人力，多出分版亦在所不惜。

報紙戰鬥性之提高

在抗戰之中，報紙的戰鬥性也提高了。過去很多人的習慣觀念，以爲辦報一定要在安全地帶出版，在飛機大砲下是不能辦報的。然而在戰爭的過程中，特別在武漢撤退中，掃蕩、武漢、新華三家報館，都戰鬥到最後的一天，吃了武漢最後的晚餐，然後與大武漢告別。重慶於二十八年及二十九年春季迭遭日機濫施轟炸，報館皆受重損，但各報在極度艱困之中，均照常出版，未曾間斷。二十八年五月重慶大轟炸後，各報物質方面受極大之損害，但當地十大報，立即遵最高領袖的手令，出版聯合版，而不使人民的精神糧食有一日的間斷。其毅力之堅强，在報業歷史上，發放出無限的光芒來。在上海，中美日報申報大美晚報等，因在孤島之中，始終堅持抗戰的態度，反漢奸，反妥協，不遺餘力。於是有人專門組織恐怖團體，對付上述的報紙，拋擲炸彈，恐嚇威脅，對於主要負責人個人生命的恫嚇，眞是無所不有。然而上海輿論並未動搖，新聞界仍在各種方式下活動。此外，我們應該特別提到的是戰地和淪陷區的報紙，如各地的陣中日報，如皖南屯溪的前線日報（現已遷至江西上饒出版），如魯西的抗戰日報，如晉西的戰鬥三日刊，如豫東西華的大衆報等，他們不只和軍隊一樣地在第一線辦報，而且深入到日軍後方去辦報。在後方的報館，如桂林，如重慶，如成都等，因日機的狂炸，使大家不能在城市中安定工作，大家遷移到鄉村去，仍然奮鬥到底。這些報紙戰鬥的精神，是和武裝將士有同樣的光輝。因此證明了報紙不但應當是戰鬥的武器，而且已經是戰鬥的武器了。

新聞史綱習題

緒言

1. 略論科學發明與新聞的進展。
2. 紙面新聞何以在新聞領域中佔着最大的優勢。

口頭新聞的發展

1. 新聞發展的順序如何？
2. 搜集新聞與傳播新聞，因為什麼兩種緣故才會系統化起來？並舉例說明之。
3. 試述政令傳達與新聞的關係。
4. 比較中外的「口傳新聞者」。
5. 試述口頭新聞與歌謠的關係。
6. 試論遒人的職務，並比較其與現代記者的任務。
7. 試論民間輿論之形式。
8. 詩春秋與新聞之關係如何？

從手寫新聞到印刷新聞

1. 比較中西最早的手寫新聞。
2. 述邸報命名的意義及其產生之時代。
3. 論邸報的政治性。
4. 中國於何時方有印刷之報紙？引證說明之。

5. 略述中國發明活版之時代，及活版排印邸報之始。

現代報紙的產生

1. 說明現代報紙的定義。
2. 述中國現代報紙產生之地點與背景。
3. 略論馬禮遜與米憐兩氏對中國新聞事業的貢獻。
4. 「察世俗每月統記傳」表現的觀念如何？
5. 試述最初出版的現代報紙的分佈情形。

現代報紙的發展

1. 述循環日報與革命之關係。
2. 中日戰爭與現代新聞紙發展之關係如何？
3. 略述民主派與君憲派的新聞紙之戰爭。
4. 論新聞紙對於革命力量之貢獻。

抗戰以來之中國報紙

1. 述抗戰以來報紙之普遍化。
2. 述報紙分地擴張的情形。
3. 述報紙的聯合與集中的情形。
4. 述大後方報紙之戰鬥的情形。
5. 述孤島與淪陷區報紙之戰鬥的情形。
6. 論新聞紙對於抗戰力量之貢獻。

新聞文藝作法

上篇　新聞文藝解說

（一）新聞是什麼

把「新聞」二字當作爲近代報紙的名稱，雖創自日本，（日本使用「新聞」作報的題號，始於日本文化二年（一八六二）的「官報巴達維亞新聞」，是把新聞二字，作爲含有和英文中的 News 有相同的意義。）但是這個名詞不是東洋貨，也不是舶來品，而却是道地的一個中國舊有名詞；在公元十二三世紀中間，中國的宋朝，早已有關於新聞一個名詞的記載了。

據「辭海」「新聞紙」條目載稱：Newspaper 以報告新聞爲主要業務之刊物也，亦稱報紙。大抵按日發行，但亦有三日刊或七日刊者。按「新聞」一名，宋時已見於記載，趙昇「朝野類要」：

中國古籍中的新聞

『邊報，係沿邊州郡，列日具幹事人探報平安事宜，實封申尚書省樞密院；朝報，日出事宜也，每日門下後省編定，請給事判報，方行下都進奏院，報行天下。其有所謂內探，省探，衙探之類，皆衷私小報，率有漏泄之禁，故隱而號之曰新聞。』

在戈公振先生著的「中國報學史」裏，他引證了上面的一段記載後。卽寫道：『讀此，則小報與新聞二名詞，在宋時蓋已有之矣。』

謝六逸先生在他的「實用新聞學」中，有一章是專門解釋新聞一詞意義的。他說：

「新聞一語在現代已成爲一極通俗的名辭，幾於婦孺皆知了。「新聞」二字，和別的許多「新名詞」一樣，是從日本輸入的。但是我國唐時，曾有人集鄉間瑣事，用筆記文字寫成，題爲南楚新聞。故日本之有「新聞」二字，還是從中國輸入的。後來國人把從前輸出的東西，再重新輸入。」（在中國道光八年（一八二八）就有外人在華辦的「天下新聞」原名 Universal Gazette, 一八六一年的「香港新聞」及一八六八年的「教會新聞」等，此亦足爲新聞是從中國輸到日本去的一個明證。）

中國創造　日本提倡

從此，可以知道，「新聞」之正式被採用作爲流行名詞，是日本人提倡的，但是創造這個名詞者，却是中國人。現在中國和日本的出版界，彼此都採用「新聞」一詞，作爲通用語了。

英文新聞　一詞語源

前面說過：新聞紙亦稱爲報紙，是相等於英文中的 Newspaper 一詞。新聞一字，在英語爲 News,（讀音爲紐斯）他自身的來源有兩種說法：第一種說是形容詞「新的」的複數化，在 New（新的）加上一個S，便變成了 News（新的多數）。第二種說 News 一詞乃由N.E.W.S四個字母拼合而成，在英語中這恰巧是北東西南四個字的第一個字母：N爲North（北）的省寫：E爲East（東）的省寫：W爲West（西）的省寫：S爲 South（南）的省寫，把四個簡寫字母合起來，便變成爲來自「東西南北」的「新聞一詞了。

至於英語中 News 一字的語源，是從古印度梵文，轉爲拉丁文，再轉而爲古代撒克遜語的，其意義即爲「新的」，現在把這個字源的寫法及蛻變，列表如下：

梵文	古希臘文	拉丁文	古撒克遜文

万ㄛ（Nava）　V乇OS，V乇FOS（Nava）　Novu　Niuwe　Noewe

歐洲各國語文中新聞一詞比較

法蘭西語中的 Nouvelle（新的陰性形容詞，其陽性爲Nouveau）是從拉丁文 Novu 一字蛻化而來的，現在除了作「新的」（形容詞）釋義之外，也可作「新聞」的名詞，用（如Nouvelles Litteraires 文學新聞等）不過 Nouvelle 亦可作「消息」「新聞小說」解；法語中另有一個名詞專門指稱新聞紙者爲 Journal（指日報，日記，期刊，流水賬，或古代的量地尺）。

凡是由拉丁文母語蛻化出來的歐洲各國語文，和希臘語體系的各國語文中習用的「新聞」一詞，大半都是用「新的」這一個形容詞作爲名詞的，都是含有「新的事物」或「新的報告」的意義。現在把歐洲各國語文中「新」的一詞，列表如左：

拉丁語 Novu 斯拉夫語 Ho bb|u(Novu) 哥德語 Niujis 古撒克遜語 Niuwe Noewe 德意志語 Niuwi Niwe, neu 法蘭西語 Nouvelle 義大利語 Nuovo(nwawve)，西班牙語 Nuevo(nwayoo) 葡萄牙語 N·ovo 羅馬尼亞語 Nou(no-oo) 荷蘭語 Nieuw 瑞典丹麥挪威語 Ny 俄羅斯語 Novy 波蘭語 Nowy 捷克語 Novy 塞爾維亞羅克西亞語 Nov 保加利亞 Nevy 匈牙利 Uj(ooy) 芬蘭語 Unsi(oosy) 愛沙尼亞 Uusi (oosy) 拉脫維亞 Jauns(yowuss) 立陶宛語 Naujas 近代希臘語 Kainouryos 阿爾巴尼亞 Re 土耳其語 Yoni 阿剌伯語 Gedid 世界語 Nova

在歐洲各國語文中，對於「新聞」一詞，另外各有一種專門名詞。例如德文用 Zeitung 語源有多種學說，有人說是從「潮汐」Tidinge 轉來的，其意義指新聞來時，如潮汐同樣的有規定時間；也有人是從盎格羅撒克遜語的語根 Getidan（拿來表演）一語蛻化出來的；北德意志語中有 Tidende 一字作風聞及傳說解；又低部德意志語中有 Tiden 一字作旅行解；有旅行奇談的意味，直至十七世紀時，Zeitung 一字始確定有「新聞」的意義。近代已多用爲晨刊，日報或夕刊的意義了。

在法語中，以 Journal 一字作爲新聞紙雜誌和期刊的名稱，這一個字源是從拉丁語的每日 Diurnus及日記 Diurnalis 即每日的記錄的意義而發生的。

各國語文中新聞紙詞彙

現在把世界各國指稱新聞紙的一詞，彙列如左：

中國語「報」（新聞紙），日本語「新聞」，英美語 The Newspaper，法蘭西語 Le Journal 義大利語 Il Gionale，西班牙語 El Periodico，葡萄牙語 O Journal 羅馬尼亞語 Ziarul 挪威語 Avisen 德意志語 Die Zeitung 荷蘭語 De Cournant 瑞典語 Tidnigen 羅馬尼亞語 Avisen，俄羅斯語 Gazeta (Gahzyayta)，波蘭語 Gazeta，捷克語 Noviuy，塞爾維亞羅克西亞語 Novine 保加利亞語 Ve'slnik-ut，匈牙利語 Ahirlap，芬蘭語 Sanomaleht 愛沙尼亞 Aialeht-（ajapehe），拉脫維亞語 Laikraksts 立陶宛語 Laikrastis，希臘語 I Ephimeris 阿爾巴尼亞語 Fletoria，土耳其語 Gazate，阿剌伯語 Ie Gornal，世界語 La Jurnalo

對於「新聞」一字的來源，及各國語文中「新聞紙」的各種已略如上述，我們現在可以給「新聞」一詞下一個定義了。

新聞的定義

原來各新聞學家對於新聞的定義，紛紜不一，從近代人的目光看來，要以華勒所提出的最能包括一切，（一九二七年美國社會採訪新學校懸賞徵求「新聞的定義」，聘請米蘇里大學新聞學院院長威廉博士及「編輯者與出版者」雜誌主筆馬侖等爲評判員，結果以華勒 Mike Wallach 當選爲第一名）。他的定義如下：

『新聞是一種商品，由報紙分配，供給認識文字者的消費，每天把新鮮的東西送到市場上，是有腐敗性的。新聞在智力的，情緒的，興趣的各方面，用文字將世界，國家，省，州，及都市所發生的事件，表現出來，這些事件是社會的，經濟的，政治的，科學的或是個人的，但須有引起多數世人注意的重要性才行。其愼重的製造，成分的品質，目的之純正與否，即爲反映製造者的名譽上足以信用與否。

以僞物代眞實；揑造消息，製造方法的卑下，都是欺瞞公衆信任的；是對於一般人心的健康的威脅。」

至於最簡單的定義，可以採用徐寶璜先生在「新聞學綱要」中所下的：他說：「新聞果爲何物乎？新聞者，乃多數閱者所注意之最近事實也。」

（二）文藝是什麼

文藝有廣狹兩種意義，廣義的是文學和藝術的簡稱：包括文學，美術，音樂，建築，混稱爲文藝；狹義的則專指文學一部門，卽所謂文學的藝術，或有藝術性的文學作品，也可稱爲藝術的文學。

文學與藝術

文學自身，也有廣狹兩義，據「辭海」文學條目載：「近世所謂文學有廣狹二義：廣義泛指一切思想之表現，而以文字記敍之者；狹義則專指偏重想像及感情的藝術的作品故又稱純文學，詩歌，小說，戲劇等屬之。」又章炳麟「文學總略」：「文學者以有文字著於竹帛，故謂之文，論其法式謂之文學。」

藝術的文學

要知道文藝是什麼？必須分析一下文學是要用怎樣的藝術手法才可以達到完成爲文藝的地步。

據蘇聯維諾格拉多夫在「新文學教程」所下的文學定義：

型象性　「應用語言（文字）的手段寫出活的藝術形象，描寫現實的情狀。作者一方面描寫着現實的情景，一方面又由於其描寫的特質，生動而明白地表現着，對於被描寫物的自己的態度，自己的感覺，興奮，同情，悲哀，憤怒等情感。學者也是由一定的觀點解釋事實，表現自己對這事實的態度。但在藝術文學（卽文藝）中，情感被表現得更爲廣泛，是借了更生動的形象的形式而描寫的」。（引樓逸夫譯文）

以上只是說明了文藝須具有描寫形象的一點。據給諾格拉多夫的見解，文藝還須有典型性，思想的內容，藝術性。我們試看他在「新文學教程」中是怎樣分析的。

典型性　「高爾基所寫的並不只是自己眼睛所看見的東西。高爾基是選擇了特徵的，典型的東西。把要反映的現象，取其特徵的，本質的東西，統一於其中而加以描寫，是深化我們對生活中人物的知識，借給我們以力量去分析生活的」。

思想的內容　「作家選擇現實之特殊的徵象，統一之於典型的形象，從階層的觀點，寫出人生的某一片段。作家所收集的，是根據他的意見，認爲最重要，最能表示意義的事件。作家用收集的，是根據他的意見，認爲最重要最能表示意義的事件。作家用自己階層的眼，觀照人生及其行動。他是從自己認爲最本質的方面，來表示人生的。所寫一切現象之階層的評價，及作品所表現的對這些現象的一般的解釋，便是構成作品之思想的內容的。

從以上的考察，我們可以知道：（一）文學是借形象以反映現實，（二）提出現實的概括與典型的描寫，（三）從階層觀點描寫現實，以擁護階層的利益。簡單地說：藝術文學（或文藝）可以規定爲階層的，形象的認識手段，及對現實之階層的作用」。

藝術性　「一個作品，愈能借最明瞭的形象，愈能概括社會生活最重要，最本質的方面，其藝術價值便愈高。藝術的概括，不單要求深變，同時還要求各個細節，場面，人物等的形象的健全性，說服性，及明瞭性」。

文藝是什麼？廣義地說，是文學與藝術；狹義地說：就是藝術的文學。

（三）　什麼是新聞文藝

在說明新聞文藝的意義及其特質之前，先要把它和其他的文學形式區別不同的所在，分一個清楚。

新聞文藝不是純文藝

新聞文藝並不是一種「爲藝術而藝術」的純粹文藝。所謂純粹文藝也者，大半都是少數優越階級中的人物，他們過着舒適的生活，關在狹隘的象牙塔般的籠子裏，他們都能寫一手美妙形式的文學作品，無論作詩，寫散文，都有個人主義及唯美主義的傾向，他們都是「文苑」中的奇卉；「文壇」上的驕子，和文藝女神的寵兒，但這些文人的作品，都是和大衆生活無關痛癢，只迎合少數特殊人物欣賞的興趣，他們特別注意文辭的藻飾，文章的規律，詞句採用典故，形式力求雅馴，把所有眞實的生活現象，通過人工的雕作，和古典的作風，形成爲和大衆現實生活相距甚遠的文藝作品，它們都是和骨董一般，祇能供給少數上流人士和有閒階級作爲像骨董般清玩的東西而已，是不能和近代迎合大衆需要的文藝作品相提並論的。

古典主義與浪漫主義的文藝

新聞文藝也不是一種逃避現實神遊於理想世界中的浪漫主義文藝。浪漫主義是十九世紀對抗古典主義而蹶起來的一種新的潮流，他的內容是和純文藝中的古典主義鬥爭後而產生的，他和純文藝互相比較之下，當然是有許多特徵和優點。在拙作「古典主義與浪漫主義」一文（見「戰爭飲食男女」一一七四至一九一頁）裏面，我曾經說明過這兩種相的異點：

「古典主義的特徵，是智巧的，形式的與現實的，浪漫主義則適得其反，是主情的，內容的（表現自我與理想）與空想的（憧憬中古與神祕）兩者間還有許多不相同的地方，列表比較如下：

古典主義	浪漫主義
（一）美是一成不變的，是絕對的。	美是由人類創造添積而成的，是相對的。
（二）古人的作品爲上乘	不師古人，自己創作
（三）	

（三）以現實爲美的極則	以想像爲美的極則
（四）主靜的，使人感幽恬之美	主動的，使人得興奮之樂
（五）禁節嗜好	放縱嗜慾
（六）於格局求完備	於文體絕對自由
於描寫求勻稱	於描寫求生動
（七）對人生抱淡泊觀念	對人生爭名好功
不求猛進不立新奇	重奮鬥要求創造

總而言之，古典文學的精神是紀律，浪漫文學的精神是自由！」

浪漫主義的最要的特質，是注重藝術家的內心世界，表現個人情緒。浪漫主義的作家們則排斥眞實的現實，而從事描寫更理想的東西，在他們舉下所描寫出來的人物，雖則大半都是在歷史或地理上都是實有其人或其事，但是普通總是跟着作家個人的高揚的情緒而加以誇張的描寫，反而有失却人間的眞實性和正確性。正爲了浪漫主義的作品十之八九是用誇張的描寫，空想的形象，所以也不能應用到新聞文藝的作品範疇中去。

古典主義與浪漫主義的作品，都含有現實性的成分，但是還在文藝領域上的兩大思潮，都是匯合到現實主義大海中以前的兩股支流；也可以說是近世紀現實主義文藝運動的輕騎前驅。

寫實主義文藝與新聞文藝

寫實主義的主要特質，是在正確地描寫現實的社會生活，在這一點上，他是可以和新聞文藝配合貫通起來的。因爲寫實主義的特徵，是在除了細節正確性的描寫以外，應該還傳出典型的環境和典型性格的正確性。若能把典型的環境改成爲某一個固定的地方和固定的人物；再把典型的性格，寫出了某一個人的性格；更進一步，對於報紙的讀者，能用藝術性的文字，描寫出某人的性格，某時的景狀，和某地的環境，再用文學的技巧，對讀者展示出某件事實的眞相，提示對於事件的正確的意見，這樣的作品，能發刊在大衆所誦讀的刊物上，這就形成了新聞文藝的作品了。

新聞文藝的定義

若使有人問：「什麼是新聞文藝？」

這裏就是一個最簡單的答案：

新聞文藝是一種和新聞相配合的文學作品；內容是寫實的，形式是文藝的；描寫社會中某一事件發展中的人，時，地的正確情景，而這件事實應該和大衆的社會環境並不分離的。

中篇　新聞文藝分類

(一)特寫

在最近十年來的上海報紙上，流行一種叫做特寫的文字，這個名稱是從電影術語中蛻化出來的。但是新聞學中的特寫和電影中的特寫，在字面上雖則相同，而其意義則各迥異。電影中的特寫，英文原名爲 Close-up，至於新聞學中的特寫，英文則爲 Feature；前者指放大誇張的鏡頭；後者則指用文藝生動筆網寫成一篇有新聞時間性的報告，是新興的報告文學中流行最早的一種文體。

特寫文章，往往是和新聞混合編在一個版面上的，他不像文藝副刊或其他的文學作品那樣地可以獨立自成一欄，但有時在文藝副刊中也有刊載特寫文字的。

特寫是一種新興的新聞文學作品，到如今，還沒有人給他下過定義和解說。

特寫的分類

在儲玉坤的「現代新聞學概論」中，則有一段是關於特寫的分類和寫特寫文字應該注意的各點。特寫大約可以分爲五類：(一)非人物的描寫兼記敍文。(二)訪問記。(三)個人經驗談。(四)人物素描。(五)指導文字，如怎樣讀書，怎樣寫作等等。寫特寫文字有六個基本要點：(一)文字通俗易曉。(二)文筆生動活潑。(三)富於趣味。(四)分段敍述。(五)富於熱情感人。(六)予讀者以深刻的印象。

特寫一名特別作品，在英語中稱爲 Special Feacture Article；但這僅是一個總名。根據美國著名新聞學院或新聞學系所設的課程，關於特別記載的寫作名目下，共分五科：(一)興趣新聞，(二)特別專稿，(三)評論寫作，(四)短篇小說，(五)社論寫作。現在把關於興趣新聞一科的，做一個觀察。

這一科注重在能吸引讀者興趣而附有情感的新聞，及和社會現實有關係的短篇新聞。選習這一科的學生，每學期須寫幾篇長短篇趣味新聞投交報紙或雜誌發表，並將報上各種好的新聞和有興趣的佳作，剪下保留，作爲參考。據美國密蘇里大學新聞學院所定的興趣新聞寫作科的內容，約如下述：

（一）導言與總指導。（二）興趣新聞寫作之條件。（三）完美興趣新聞之性質。（四）選題。（五）剪裁。（六）興趣新聞之寫作。（七）興趣新聞之種類。（八）寫作方法。（九）興趣新聞之界域。（十）出售興趣新聞之方法。（十一）插圖。

特寫與藝術

特寫是一種利用藝術技巧寫成的文章，是一種用誇張手法寫成的新聞文藝。在藝術作品中，無論電影，漫畫，以至小說，當作者認爲某件事實足以表現出特殊的徵象便用放大的鏡頭或誇張的筆觸渲染起來，都可以稱之爲特寫。在新聞文藝中，特寫是一種比較最容易學習的文章，不像報告文學，文藝通訊，新聞小說那樣地需要生活上豐富的經驗或藝術成熟的修養。

在後面，我要把報告文學，文藝通訊，新聞小說這三種不同形式的新聞文藝，分別加以剖解論列。

（二）報告文學

「報告文學」法文原名 Reportage，按法語 Report 一字本爲定期帳目的名稱，又動詞 Se reporter 可作參考或追憶解；在英語中有 Reporter 一字，即指爲報館訪員；舉凡訪員的職務和他繕就的訪稿，都稱爲 Reportage，這都可以算是關於 Reportage 一個名詞廣義的應用。至於狹義的解說，即爲最近流行的「報告文學」這一個名詞。

特寫與報告文學

報告文學是以一件眞實的事件爲題材而用文藝形式寫出來的文章，他和「特寫」有不同的徵點；「特寫」只要能用文藝筆調的技巧以描寫某件事實的發展而使讀者感到興趣便够了；至於「報告文學」却還需要有兩個條件：第一個條件，除了表現出事件的表面形象之外，是應該揭發事實本身的內幕，他不僅要描寫某種事件的偶然的現象，而且還應揭露這事件的內容，以及關於事件發展過程的種種和他的必然性。第二個條件，作者必須具有强烈的正義感，他不只是客觀地描寫某件事實的表面形象，而且要把現實的事件通過作者嫉惡崇善的情緒而表現出來，所以凡是上乘的報告文學都是可以使讀者激發出正義的共鳴的。

「特寫」只是「報告文學」範疇中的一種文體，他的優點不外乎使讀者在不能滿足於片斷零星新聞記載的要求而能獲得較詳盡和生動的描寫。而「報告文學」則除了報告事件的環境全貌以外，還可以剖解窺見各種事實的內幕曲折的眞相，這一點，是特寫新聞所做不到的。

報告文學的特點

報告文學的流行雖還不久，但在各種刊物上已有不少研究和介紹的文字。張葉舟編過一本「報告文學寫作的技巧」，是一本比較最有系統的書。他分析過報告文學的意義和他的特點道：

「報告文學是迅速多變的時代產物，所以牠有和其他文學形式不同的特點。無論在取材上和表現方法上，那和其他的文學形式或有明顯的區別。

一、報告文學所表現的不但是現實而且必須是在現實中所發生的具體的特殊事實，和實在的個別的特殊人物，以及眞實的實生活。報告文學就是把這些特殊生活現象，和具體的社會事實，迅速地，具體地報道出來。但它是依據事實，忠實地，毫無粉飾地把它前因後果，正確地報道出來，這就是報告文學特點之一。

二、報告文學不僅迅速的反映現實，同時還要批評現實，喚起人們的注意和警惕，與正義的申訴：報告文學的必須把握住這戰鬥性的文學形式，和大家所關心的事件和主題，把各社會階層的生活狀態，和他們最英勇的行動與人物，眞實地表現出來，把戰鬥的意義和熱情傳揚開去。

三、報告文學不僅僅敍述，必須在某一事件的發展中，分析其社會的原因及意義，分析敍述全般的歷史事實，把事件的梗概，導入具體形象的描寫中來反映的。」

從事寫作報告文學的第一步，最好先從寫特寫開始着手。特寫新聞往往是由報館中特派訪員去担任的；因此寫報告文學的作家，最好也得先具有訪員採訪新聞和搜集材料的經驗。

寫作報告文學的條件

寫作報告文學的作家，不僅要有熟悉新聞訪員的技術，而且應該時常和現實社會多接觸，他應該體驗各式各樣社會的生活，普通的新聞記者有時以耳代目，可以有聞必錄，寫成公式化的簡單新聞便已盡他的能事了。特寫記者，則必須實地調查勘察，以生動的筆法寫成特寫文章。至於報告文學作者，除了須兼備一般新聞記者和特寫記者的條件以外，不但自身須有實踐的經驗，搜集各種證據材料的能力；而且還要有社會科學的知識，正確的世界觀和人生觀，正視現實，把事實的眞相，原原本本通過作者高貴的情感，用文學的形式，表現出來，才後可以產生使讀者感動而印象不滅的報告文學作品。

報告文學作家基休，對於寫作報告文學的方法有過明確的指示：凡是想要眞實的描寫各種事件的報告者，不論他是一個作家或一個新聞記者，他對於事件的記載，必定要通過正確而眞實的分析和判斷，終要達到一個終極的歸結。即是說許多事件表面上看來各有不同，不同的事件而引起各種不同的利害，但是在某種共同的基礎上，必然歸結在一點上而達到共同的結論。

由此，寫作報告文學者，應該具有毫不歪曲的報告的意志，應該具有強烈的社會感情，應該和被欺凌者密切聯結在一起努力。一個守正不阿的報告文學者，必須從事物的現象中去掘發事實的本質，從這本質的揭穿暴露事物必然的推移，結果是歷史決定意味的，從舊的一方反映出新的一方，從黑暗中透露光明，從今日看出明日的誕生。

（二）報告文學的要素

熱烈的社會正義感，是報告文學作者不可缺少的一種重要因素。報告文學所以能夠卓然超越乎普通新聞記事和特寫新聞以上的，也正是靠了這一種高貴的情感。每一個人的個人情感雖各不同而有所歧異，但是在整個的社會觀念上，往往是可以共同一致的，這就是俗語所謂：「公道自在人心」的眞諦。

這裏且舉出一個有力的證據。在一張立在反對中國抗建國策的報紙上，這一張報是日本人支持的，平日是常高唱着中日親善論調的，但是有一次竟公然會刊載出下面這樣的一段文章，而且眞巧得很，那篇文章也是論到報告文學的，原文說：

『報告文學不是照相鏡頭，也不是科學論文，他不但使你認識了一件事實，而且也使讀者因這事實的報告而爲之感動。但是各人的情緒各因其社會地位而不同，壓迫者鼓勵征伐，而被壓迫者鼓勵抗戰。前者的情緒在其少數個人而說也許是眞實的，但從整個社會而說却是變態的，簡單說一句，它是盜賊感。後者的情緒不但在個人說是正實的，即從整個社會而說，也是合理的，所以要稱之爲正義感。作者必須有這種正義感，才能眞眞暴露醜惡而顯示光明，也才能使讀者被其感動而印象不磨』。（見中華民國廿九年十一月廿三日「新申報」第三版「青年記者」周刊「記者與報告文學」）

在日本侵華軍部支持下的一張報紙，敢披載一篇公然攻擊侵略者爲盜賊感而稱道抗戰政策是正義感的文章，這不但可以令人欽佩寫那篇文字的大胆，而且正也可以爲公道自在人心作一個例證。

張棨舟在「報告文學者的寫作態度」中把報告文學作者的任務，更說得異常明白：「報告文學者應無條件的跟抗戰合流，無條件的作了抗戰最狂熱的前哨戰士。新中國的報告文學，也可說是一朵「鋼鐵之花」，在主題上，應是大家生活思想情感最眞切的反映。爲了眞實，必需和一切僞善者，說假話者，眞理破壞者作鬥爭！報告文學者要融合作家的藝術素養與表現手法，和新聞記者的敏感淵博迅速的報導機能，這才能眞正担負發揮今日中國的報告文學的戰鬥任務。」

報告文學的題材

關於指示報告文學的寫作方法，張棨舟的「報告文學寫作的技巧」，可以說是一本比較有系統的書。對於題材的選取，選材的剪接，和寫作的技巧，都有相當的解說和例證。

報告文學題材的選取，須顧到時代潮流，要從現實生活中找取，最好是寫作者自已所熟悉的一方面。在社會上可以作爲題材的事物，處處皆是，題材的捨取雖沒有一定的標準，但報告文學是暴露現實的一種文學形式，描寫大衆的作品比描寫個人的作品更富有暴露性。其最好的題材，應由作者親自去找尋，體驗或嘗試，然後可以從他熟悉的生活式樣中寫出動人的作品。

報告文學和其他的文學，最難的是題材剪接。初次學習寫作的人，往往收集到了很好的材料而不知如何處理的惶惑。要解決這個困難，只有多多閱讀他人的作品，多多加以揣摹和練習寫作。

（三） 文藝通訊

文藝通訊是什麼？這在字面上已可表現出他的意義。文藝通訊雖則是一個嶄新而又生疏的名詞，但「通訊」和「文藝」却是大家熟習了的名詞。

登刊在報紙上的通訊，往往是補充電訊不足的長新聞。新聞是關於某件事實的簡明正確的報道，而通訊則是比較新聞要詳明的新聞。人們從新聞中讀到事件的梗概，從通訊中却讀了全部。通訊是從一個地方向另一個地方報道的，可以避免許多地方新聞條件的限制，許多在新聞中不能列舉的事物，都可以從通訊中得到。

文藝通訊，是一種文藝的通訊，是一種通訊的文藝；是把兩種併合起來成爲一種東西。他是通訊，也是文藝。（錫金：「文藝通訊是什麼」）

文藝通訊在中國

文藝通訊是模仿蘇聯文學顧問會指導的農村通訊員產生出來的一種運動；在中國，這個運動以文藝通訊員的名義爲廣東文學會所提出，不久，長沙也推進這運動，上海的譯報等也積極響應過這個嶄新的運動，但只留在號召的階段，因此便好像曇花一現地被人冷淡了下來。

文藝通訊在抗建時代的報紙上的確是一個嶄新的運動，他雖沒有得到長久的存在，但是關於這個運動的理論，是有不少地方可以供給研究新聞文藝者作爲參考的。

張棐舟曾把上海各報章刊物登載過的關於文藝通訊運動的解釋和論證文字，輯成一本「文藝通訊」，從這裏，我們可以對於文藝通訊得到一個概括的認識。

中國第一次提倡文藝通訊運動，是在九一八事變後，因爲沒有嚴密的組織，所以沒有什麽成績。從七・七烽火舉起後，文藝界就又注意到這個運動，在廣州就實行組織起來，設文藝通訊員總站於廣州，支站散佈於各農村，城市，部隊，學校，工廠，救亡團體，戰區，遊擊區，交通線。各站內設組織，指導，研究，服務四部。組織部管理組織及發展新通訊員，指導部管理問題解答，寫作指導，研究大綱，寫作大綱之製作；研究部管理寫作研究會之召集，推動各通訊員之寫作活動，組織通訊員集體寫作活動等；服務部管理稿件之寄發，分配，代各分支站或各通訊員代購買書籍刊物等。

上海譯報也曾一度發起文藝通訊運動，一共徵求收錄了文藝通信員三十名。華美晚報社曾出版過一本一百萬字的「上海一日」，裏面大半都是屬於文藝通訊材料的文字。

文藝通訊員的任務

文藝通訊員所担負的任務，是補充新聞記者和文藝作家不足的工作。他們可以寫出比新聞記事較詳細的報道，比特寫新聞或報告文學更自由的文章，因爲特寫和報告文學之類的作品，是需要文藝修養和常識的經驗，其方法技巧較通訊複雜得多，不像文藝通訊員們的可以廣佈在各地各層社會間，他們裏面包括各種的階層，農，工，商，學，兵都可以參加担任這一種任務。

在抗建時代的新聞文藝，決不是少數的新聞記者和文藝作家所能完成，必須要動員組織廣大的羣衆共同來完成這工作，文藝通訊運動就是應付這種需要而產生的。文藝通訊的工作是個人的，也是集體的；它微小，但也龐大。化整爲零時，每一單位皆可獨立作戰；聚零爲整時，更是一支嚴謹的隊伍，有人把文藝通訊比喻爲抗建文學中的一支輕騎隊是最適宜也沒有的。

關於文藝通訊的寫作法，也有幾個必須知道的基本知識。

文藝通訊的題材，雖則不必要寫成像新聞小說那樣有條有理的故事，但也決不能和普通的新聞通訊相比。爲此應該摒棄一切身邊瑣事，而努力尋求報告比較有意義的社會角落裏的事實，作一個普遍的報告。他可以不受固定文學形式的束縛，自由地透露出大衆的感情，思想和生活。可以反映出每一個社會角落裏爲大家所不知道的眞實事情。

（四）新聞小說

一提到新聞小說，在讀者心目中，往往會直覺地聯想到登載在報紙上的長篇連載小說；但是我所要解說的，却是另指新聞文藝中的一種嶄新的作品。

在沒有介紹新聞小說以前，先來論列一下報紙上連載性的長篇小說。

長篇連載小說

孫懷仁在「新聞學概論」中曾把那些報紙上的連載小說名之爲新聞小說，原文說：『在日本的新聞中，往往日報上揭載「長篇小說」，晚報上揭載「講話」或「大衆文藝」及「歷史小說」。此種小說通常長百五十回至二百，最長的有繼續揭載至四五百回的。此外，德國，法國，意大利及其他大陸諸國的新聞，也有揭載連載小說的，至於英國的新聞，小說通常揭載於附錄中，同樣，美國的新聞，小說也都揭載於星期日雜誌部份中，而極少登載於新聞之日報與晚報中的。此種「新聞小說」，有由新聞社委託或特別之作家撰寫者，有由作家自動創作投寄者，以外還有由懸賞之方法徵求者。』

孫懷仁還說到新聞小說的體裁道：『我國之新聞小說，在早年都爲鴛鴦蝴蝶派之文言小說，其後新文學勃興，新體小說漸見風行，當時如北京晨報副刊，即全屬新體作品，降及近年新體創作與舊體章回小說並見於新聞之上。』

報紙小說與新聞小說

爲了要把「新聞小說」和那些長篇小說分別涇渭起見，我主張把上面所述的長篇小說，統稱之爲「報紙小說」。在民國廿二年，我寫過一篇「報紙小說論」刊在大晚報上，現在節錄原文於下：

「打開不論那一種法蘭西的報紙看，在特殊傾向於文藝方面的報紙上，終可以發見有一篇長篇小說。關於這一類每日連載的長篇小說，據說是由法國報紙第一個開風氣，以一八三六年大仲馬的「三劍客」爲開山老祖。

這種在報紙上每日刊載的長篇小說，在法文有一個專門名詞，稱做 Feuilleton 有報紙尾巴的意味。我們姑譯之爲報紙小說。

法國報紙的編輯，多喜歡特約有名的文壇巨子，担任撰寫報紙小說。凡執筆創作報紙小說的作家，在法文也有專門名詞，稱做 Feuilletoniste ，法國十九世紀初的歐才納徐 Eugene Sue （1804—1857）是一個有名的報紙小說作家，他的長篇創作「巴黎的祕密」「漂流的猶太人」「七罪宗」，至今猶膾炙人口。」

至於我在這裏所欲指稱的新聞小說，是等於法國文學中的 Nouvelle ，從字義上解說，是指稱一切用新聞時事爲題材的小說。

新聞小說的提倡

新聞小說的被提出倡導，是由中美日報副刊「集納」發動的。在張棐舟的「報告文學寫作的技巧」中有一節是說到新聞小說的：

「中美日報的副刊上連續登載着不少新聞小說，是從報章的新聞欄裏選取一個有意義的題材，用小說的形式寫出，名爲新聞小說，實際上都是新聞性的報告文學。」

在「集納選集」中，輯有關於新聞小說的理論及作品多篇，且先節引幾段如下：

「新聞小說是屬於小說之一項目。在許多新聞的短片裏，我們可以讀到可歌可泣可嘆可駡的事實；但是因爲新聞體例的限制，他們都是寫得不生動，沒有充分的情緒的流露，這是需要目前的文人們宣揚了。」（野吟「論新聞小說」）

「新聞小說是什麽？對於這個先決的問題是必須解答的，新聞是純以新聞爲內容，用小說的技巧形式，反映出某一社會現象的發生與變遷。每天在新聞紙上所刊載的新聞是比較簡括的，只把最重要的事實報道一下就完了。讀者就歡迎報紙有特寫或通訊之類來補足報道之不够，但特寫或通訊在作品趣味上說來，是較枯燥的，如用小說的體裁來寫，則這新聞的演變現象必更生動化，讀者對新聞小說必感到興趣那是毫無疑義的。」（陶鑄「新聞小說論」）

新聞小說論爭

新聞小說應該以新聞爲基礎呢？還是以小說爲主體？關於這二個問題，有兩種不同的主張。

野吟主張新聞小說應絕對以作者的經驗爲基礎。他說：「新聞小說可以被利用着擴大宣揚某件值得人歌頌或不忘的事實，使抗建的情緒更加高漲，抗戰的決心更加堅決。講到技巧，新聞小說即屬於小說之一項目，自然不能不否決歷來小說家所認爲十分正確的規律。」

陶鑄則主張新聞小說應以新聞爲主體。他的理由是：「新聞小說依我看來應以新聞爲基礎，否則將與一般小說無異，不必定名爲新聞小說了。決定新聞小說的長短，不宜隨意經驗的多少來拉長削短，而應以新聞材料的多少爲標準，單注意了作者經驗一方面，就不免忽略了客觀事物的存在，如只以抒情的主觀成分及個人充分的生活經驗居多，這簡直與一般小說的不同點而已」。「新聞小說是以新聞爲主，經驗爲客的」。

新聞小說

根據上面這兩種不同的見解，都似乎沒有說出新聞小說的特質所在。爲了要獲得一個正確的解說，非得先要把新聞小說與新聞相異的地方，以及新聞小說和一般小說不同的特點分別淸楚不可。

的特質

（一）新聞小說不是新聞　普通一般的新聞是枯燥的，簡單的，是由訪員採訪或由通訊社供給的，本身只有報告，而且大半是零星片斷沒有系統的。至於新聞小說，則是饒有興趣的，詳盡而有層次的，可由讀者作家或記者供給，可作客觀的批評，對於連續性的新聞可以作一貫性的刊載。

（二）新聞小說和一般小說不同　新聞小說的題才必須以特殊的社會新聞爲限，一般的小說則往往以一般的社會現象或個人身邊瑣事爲限；新聞小說以新聞爲主體，一般小說則僅注重文學的成分；新聞小說是以最近社會上發生的特殊事件爲對象，是受時間上的限制，其流行不能長久，一般小說則可以把事件延隔至十年，五十年甚或數世紀之久，如果新聞小說不受時間的限制，則便和歷史小說一般無異了。

現在我們可以對於新聞小說下一個比較概括的界說。

新聞小說是報告文學中的一種新興文體，他以新聞爲主要的基礎，而以小說的形式和技巧充分表現出一件事實變遷的具體形象。他不是普通新聞，也不是一般小說，不能和特寫新聞或歷史小說混爲一談。新聞小說應以新聞爲基礎，但也不能忽視了文學性的成分。

下篇　新聞文藝作法

凡從事創作新聞文藝者，都需要兼備新聞記者和文藝作家二者必須有的寫作技能。

（一）新聞與新聞文藝

寫作新聞稿件，和寫普通文章絕不相同。在黃天鵬的「新聞文學概論」中有一節是論普通訪稿方法的，可資參考。

普通訪稿與新聞文藝

「新聞訪稿之製作，與普通文章異。普通文章，可以從容提筆，而新聞訪稿著筆既促，又須簡而不漏，于喧擾之場所爲之。故有文學根底之外，又須相當之練習也。當採訪新聞之時，則先擬腹稿，如何剪裁，如何鋪敍，先有成竹在胸，始能臨時握管直書，不致紊亂，大體祇求無可錯誤，修辭之責，可責之編輯也。」

曹聚仁在「新聞文藝論」一文中也說到新聞記者和文藝作家各有不同的技能：「新聞記者不是文藝作家的兼差，並不是能寫文藝作品的便可寫出優秀的新聞文藝來。歷史上許多文學家編史書編得非常拙劣，文人寫新聞每每寫得很壞，這個理由是相同的。」

新聞記者與文藝作家

在中美日報副刊「集納」創刊前奏詞中，把新聞記者和文藝作家兩種工作不同的文化人，也做過一次比較和對照：

「新聞記者筆底下寫出來的文字，都是近乎所謂急就章，很快地印出來，很快地供人閱覽，也很快地容易會給人忘掉。新聞記者不會像文學家那樣地有着可以思索的寬裕時間，不像他們有充分的參考資料，可以從容不迫地修辭，因此就有許多文學作家常輕視新聞記者，甚至於有人說出報紙是文學人才的公墓一類的話。

在報紙上不時可以看到許多的文章，技巧上或欠熟練，在二十四小時以後便要使讀者置諸腦後，或丟到舊字紙堆裏去。像這樣一類的文字，多半出於寫作的人，沒有一種文體可以使他選擇的原因。但是從事新聞業的文化人，如經過若干時間訓練之後，他的工作成績有時反能超出一般文學作家之上。一家報館的主持人委派一個有名的文學家到一個出事的地方去採訪新聞，在第二天的報上，不一定會刊出一篇傑作。因為一個大作家，有時至多只能當一名小記者。同樣地，一個卓越的新聞記事，並不一定是篇優秀的文學作品。」

一個富於採訪經驗的新聞記者，他如能在工作之餘，虛心學習文藝作品的寫作，他會變成為一個最理想的新聞藝作家；一個文藝作家如能跑出他狹隘的書齋而跑到社會中去跟着新聞記者採集資料，他必有一天能獲得更多的讀者羣，使他成為一個大衆歡迎的新聞文藝作家。

（二）新聞寫作法

做一普通新聞記者，他必須先要學會這三種最低限度的寫作方法：

（一）提綱　在記載新聞的開端，如果這件新聞情節複雜或有連續性的，最好在冒頭先寫幾句提綱挈領的大綱，把全篇的要點指出，使工作忙的讀者，在沒有時間看完整篇新聞以前，先有一個概括的觀念。

（二）簡潔　冗長繁雜的記事，易使人厭倦，所以記事要簡括而不遺漏重要點，文句要潔樸，切忌堆砌鋪陳。

（三）流利　文章須通俗淺顯，更須流利暢快，使讀者能一口氣聯貫讀下去。

新聞記者

新聞記者在未下筆構思之先，還須要養成觀察事物的方法。據黃天鵬在「新聞文學概論」中所舉的有全體觀察法和局部觀察法兩部。全體觀察法分三種：

的觀察法

（一）鳥瞰　記一事時將自身超出於事物之上，放眼觀察其全部，如鳥在天空，俯視平原草木，又如坐飛機在半空中爲下面一切景物攝影。記敍文用鳥瞰之寫法，其目的並不在乎將此事寫得纖細靡遺，毫髮不爽，乃是欲本乎騰空觀察之心得，提綱絜領，寫一大概景況，使讀者留一全般之印象。

（二）類括　鳥瞰法乃詳寫全體，一氣呵成，而類括法尙須將一事件之各部分，詳細觀察，再綜合起來，得一整個之概念。做此種功夫，須注意各部分之位置和其間相互之關係，而最要者須求其分類縝密而正確。

（三）步移　步移法亦是觀察全體，但與類括法又不同。類括法是局部觀察之後須綜合而成，步移法則移步換形，隨時隨地，依眼光所及逦邐寫來，寫至全部爲止。如記一圖畫展覽會，寫會場佈置，各室作品之品評，會場人物之笑談軼事，逐步寫去，使讀者宛然如去遊覽者然。此種方法之主要條件是求其層次分明。

關於局部觀察法可分兩種：（一）凸聚。卽將觀點集中一處，始終不移，將別種事物作陪襯烘托，分出主賓地位是凸聚法之要訣。（二）欝嘗。專寫一部分事物，不問此部分是否爲全體中最重要者。

以上是就觀察空間的事物而言，至於對於時間經過的觀察，可以分爲三種：

（一）俯察　一件事實的發展，可分三段：（一）事前，（二）事際，（三）事後。其間當然有因果的關係。寫新聞記事，如先寫事前醞釀的原因，次紀當時的實況，再次記事後的結果，這一寫法就叫俯察，正好像一個人立在最高的一點，俯視下處，一層一層看去一般。

（二）仰觀　先寫事件的結果，再及事實眞相，然後追敍事前原因，根據事情的發展，倒敍上去，這叫做仰觀法。

（三）平視　先寫事際，然後再寫事前和事後，卽先抓住當前的事實，方才再補寫因果，這叫做平視法。

總之一句，一個新聞記者寫作普通新聞稿件時至少有養成這三種技能：（一）觀察銳利透徹。（二）文字通俗易曉，出筆迅速簡潔流利。（三）記事分段敍述使人能一目了然。

（三）一般文藝寫作法

至於一般文藝作家所必須具備的最低限度條件，除了既須具有觀察，文字流利，敍述清楚三種才能之外，還須文筆生動，富於趣味或熱情，要給讀者以深刻的印象。

文藝家從事寫作，雖則各人巧妙不同，但是根據有經驗的作家們的報告，大約不外乎這幾種方法：

文藝作家的經驗

（一）選擇材料　葉聖陶說過：「當材料在我心頭形成一個凝合體的時候，我要寫小說。……我覺得有了一個材料而不會把他寫下來的當兒，心裏頭好像負了債似的，時時刻刻會想到他，做別的工作也沒有心路，於是只好提起筆來寫。」但據適夷說：「從實生活中，覺得必須要寫的題材眞是多得不可開交，動起手來，寫的大抵不是文藝創作。中心主題的不穩定，甚至是沒有去意識，變成了拿起筆來就寫，想到那兒就寫到那兒，結果就凌亂無章，不知所云。所以要寫東西必有一種方法。這裏所說的方法，是一種對於事實的觀察法——世界觀與人生觀。用這方法，整理要寫的材料，規定作品的主題。有時預先規定了一個主題，要把這主題作藝術底形象化，首先就得有足够的材料。」

（二）生活體驗　作家們對於收集材料有兩種不同的意見，一種主張自己去體驗，作主觀的自述，一種則主張調查採訪，作客觀的描寫。關於前者可以郁達夫爲代表，他在「五六年來創作生活的回顧」中說：「我覺得文學作品，都是作家的自敍傳，是千眞萬眞的，客觀的態度，客觀的描寫，無論你客觀到怎麼樣一箇地步，若眞的純客觀的態度，純客觀的描寫是可能的話，那藝術家的才氣可以不要。藝術家存在的理由，也就消滅了。作家只要能够修養，能可以成功一個有力的作家。修養是什麼呢？就是他一己的體驗。我覺得沒有一宗經驗的人，決不能憑空揑造。那些大文豪的小說裏所描寫的殺人做賊，只是由我們這些和作家一樣的也無殺人做賊的經驗的人看起來有趣而已，若果眞教殺人者做賊者看來，恐怕他們不但不能感動，或者也許要笑作家的淺薄哩！」另外有些作家們，却主張能把握客觀的現實眞實性已足，固不必一定要自身去經驗，因爲有時爲了要嘗試去過實際的生活，反有得不償失的現象。例如洪深在「我的經驗」一文中說：「我沒有聰明的法子；我祇是笨做；多多的閱歷觀察人生，從人生中尋取適當的材料，所以調查研究，往往阻礙了我的寫作，譬如我原爲要寫「如此天堂」電影劇的對話而到跳舞場，不料跳了幾次跳出滋味來了，以後雖是常去，乃是爲了跳舞而跳舞，把編劇的事早已拋之腦後了。」適夷也是主張作家不必要寫自己的生活體驗：「有人說：你要一個主人公，要詳細得連他在廁所內的心境都熟悉，這話是對的。自然並不像那些體驗派所說似的，作者一定要寫自己的體驗，當然似乎非工人就不能寫工人的生活；但你得熟悉工人的生活，多和他們接近，滲透在他們的生活環境中，却是必須的。」

（三）創造典型　在文藝作品中所描述的人物事迹，並不一定要實有其人其事，可以把幾種人物的性格和活動，歸納爲一種典型。魯迅在「我怎麼做起小說來」一文中寫道：「所寫的事迹，大抵有一點見過或聽到過的緣由，但決不全用這事實，只是採取一端，加以改造，或生發開去，到足以幾乎完全發表我的意思爲止。人物的模特兒也一樣沒有專用過一個人，往往嘴在浙江，臉在北京，衣服在山西，是一個拚湊起來的脚色。」茅盾也是在作品中注意寫典型的，他說：「幻滅中把三個女性做了主角，和我並不相識的人們，便要猜想那三位女性到底是誰，甚至想做索隱。然而假使他們和我熟識並且也認識我的男女朋友，恐怕他們就會明白那三個女主角絕對不是三個人，而且許多人——就是三種典型。」魯彥在「關於我的創作」中說：「有些人常常以爲這篇小說是在寫誰，那篇小說寫誰，這是錯誤的。當我要寫的時候，雖然必須有見過或者深深地知道的人做我的人物的基本，但可並不想專門給這個人做褒或貶的傳記。倘使我借用了他的眼睛或嘴巴，思想，行動或性格的一部份，乃是想給我的故事中的人物更逼眞些，更實在些。」

（四）構造故事　文藝作品中的事迹不必眞有其事，即使是歷史小說也有不少故事的成分是出於作者想像構造的。凡是動人的文藝作品，其中多少終含有故事的成分。故事是人人愛聽的，因此作家們在寫作時，都喜歡把作品中的人物事迹故事化。有許多作家在幼年時是爲了愛聽故事到後來自己也開始有講故事寫故事的興趣，冰心在她的「小說集自序」中說道：「從四歲起，便跟着母親認字片，對於文字，我却不發生興趣。颳風下雨，我出不去的時候，便纏着母親或奶娘，請他們說故事，把「老虎姨」「牛郎織女」「梁山伯祝英台」都聽完。舅舅知道我愛聽故事，便應許我每天功課做完，晚餐之後，給我講故事。頭一部講的便是三國志。舅舅是有職務的人，公務一忙，講書便常常中止。我只得自己拿起三國志來看，那時我才七歲。父親的朋友，都知道我會看三國志，覺得一個七歲的孩子，會講董太師大鬧鳳儀亭，是件好玩有趣的事情。每次父親帶我到兵船上去，他們總是把我抱坐在圓桌子當中，叫我講三國。這時我自己偷偷的也寫小說。第一部是白話的落草山英雄傳，寫得沒勁，又換了聊齋志異的體裁，用文言寫了一部夢草齋志異。」丁玲在「我的創作生活」中說：「我小的時候，每當不能在戶外去玩，惟一來慰藉我們的，便是我母親的故事。」張天翼在「創作的故事」中說：「小時候看了些小說，同學們就拖着我叫說故事給他們聽。把所知道的故事全說完之後，還是給拉住要說，於是只好杜造些故事。後來忽然把這些杜造的故事寫出來，這麼着試過好幾回。」

（五）藝術技巧　從事創作文藝作品，藝術的技巧也是重要的一種因素，德國作家愛魏斯說：「凡藝術家的幾常件套事情，就是：旋律的來復，色彩的配合，對一特異主題的偏愛，一定的思路，技巧的扶助之類」據郁達夫說：「愛魏斯僅僅以這五項來說技巧，當然要掛一漏萬，但我們應該注意，他這主意是並不在說創作的技巧的，所以能統說到了這五項，大致也差不多了。要練技巧，另外也無別法，多讀多想多寫之外，大約技巧總會有一點長進的。」

以上僅把普通新聞記者和一般文藝作家所必須具有的技能和學習的方法分別分析過了。前面已經說過，一個新聞文藝作家，他要兼備有新聞記者和文藝作家兩者的才能，但若使要成功一個不平凡的新聞文藝作家，上面舉的幾種學習方法，是不够的，他還需要作更進一步的學習和研究。

（四）新聞文藝寫作法

我在「十五年寫作經驗」中曾經說過：「一個文藝寫作的熟手，如要從事新聞文藝，必須要有採訪的經驗。第一，他必需要訓練透闢的觀察力，其次，要學習處置材料的方法，再次方可運用他的生花之筆從事寫作，這是構成新聞文藝的幾個基本條件。」

新聞文藝三部曲

曹聚仁在「新聞文藝論」中對於上述的三點，有很詳細的說明，可供初習新聞文藝寫作者作為參考。

（一）觀察力　一個記者必須養成透闢觀察力——新聞眼。我們每個人每小時所聞所見的事物，若全部絲毫不遺地記述下來，至少可以印成三百頁的冊子，當然誰也不會這麼傻，把所聞所見的都保留着，各人都加以主觀的選擇，大部份聽而不聞，視而不見的讓他忽略過去。每個人若非經過相當的訓練，不會有觀察事物的能力。一個新聞記者，他首先要脫去以自我為中心的世界觀，學習着觀察這個客觀現象是變動不居的，我們心神中先要從變動中構成一個鳥瞰式的輪廓和波浪式的史的概念。申言之，事件的發生，有其來龍，也有其去脈，把每一事件放到一串事件的發展過程中去看，才可以明瞭其正確的意義。孟子所謂知人論世，即是養成透闢觀察力的第一步。橫的方面，世界也決無孤立的事件，一件眞的新聞若只是一件孤立的無片面的新聞，並不一定是正確的新聞。初做新聞記者，和各方面人物相接觸，或搜集了一件事件的各方面材料，每撫掌興歎，以爲每個人的談話都不可信，各方面的消息都相互矛盾，消息太不容易正確了。我們怎樣整理去才能爲正確的新聞呢？不錯，編輯室的編輯也是如此，他接受了許多方面的新聞報道，有的相互矛盾，有的時序顚倒，有的先後重複，就撰各方面的「情」度「必然」「或然」的「理」一一加以鑑別，便重新組成一件正確的新聞來了。

（二）料材處理　一事件的發展，有似一棵大樹的成長，我們怎樣來處理他呢？固然可以順着萌芽，抽枝，開花，結果的時序看去，也可以截斷樹幹看他的年齡，也不妨到原下去看那枝葉花果的分佈狀態，也可登高岡遠望，看那大樹在原野村落中的位置。司馬遷之作史記，拆開來是一段一節的記錄，合攏來便是一件完整的製作，其中有縱的敘述，則爲本紀與年表，有橫的敘述則有以人物爲中心的世家和列傳，還有綜合的敘述，則有以制度爲中心的八書，明白了這個道理，就可以知道處理新聞材料用以作縱的，橫的或綜合的敘述，其方法原不同而有相得益彰的巧妙。

（三）藝術筆觸　敘述一件事故無論多少頭緒，必有一個中心，枝枝葉葉，常用簡括的敘述，寫到中心，得渲染一番，渲染處即可作特寫。許多事件，從正面着筆，每易枯窘難於抒展，就改從側面着筆，作側筆時，我們也愛用特寫。又當主題未出，我們已安排他的背景用陰影來襯托主題，大抵作該陰影時也常用特寫。一切藝術的筆觸，都有誘惑的意味，所謂引人入勝，但新聞中的特寫當以完成誘導作用的限度，過了這個限度即失了特寫的本意。

表面寫眞與心理描寫

特寫在新聞文藝中佔着重要的成份。特寫文字可以分兩種：一種是表面寫眞：一種是心理描寫。

（一）表面寫眞　凡特寫文字中的記敘文，訪問記，人物素描和風土遊記等都可以運用寫眞筆法。什麼叫「寫眞」的筆法呢？在我寫的「十五年寫作經驗」中有過一段這樣的說明：

「人物寫眞在法文叫做 Portrait 和攝影術中攝拍人像或繪畫藝術中描繪肖像有同樣的意義。不過文學方面的「人物寫眞」和照片及肖像有顯然不同的地方。拍攝照相務求人物面目清楚，鬚眉畢現；肖像則求容貌酷肖神情逼眞。至於文學作品中的寫眞，是祇求把一個人生理上的特徵，氣質上的特性，舉止上的特點，以及他的特殊嗜好，特別的服裝或口頭禪等，抓住了某一部份，在文字上形容出來，不必把他的容貌從頭到脚細細寫出，也不消寫出這個人物的姓名和他的身份，可以使人一望而知作家所描寫的就是某人，這就到了成功的地步了」。

（二）心理描寫　表面寫眞只能寫出人物的外景和外貌，是一種唯物的機械特寫。爲了要使人物活動起見，要刻劃出人的個性表現，這便要乞靈於心理描寫。心理描寫可使作品本身加强力量，若使引起讀者認識一個人的內心表現，非着重心理描寫不可。

無論寫報告文學或寫新聞小說，描寫的人物，是一種最主要的工作。關於一般文藝作品中創造典型的方法，在前面已經提到過，如今再來研究一下新聞文藝作品中的人物描寫的問題。

在七七抗建時期中，中國文壇上產生有不少優秀的報告文學，其中如姚雪垠的「差半車麥稭」，已譯成多種的外國語譯本了。姚雪垠曾經寫過一篇論典型人物的創造的文章，有不少見解是堪供一般學習新聞文藝寫作的人作爲參考研究的。

文藝作家的第一項重要的工作，是創造作者理想中的人物；而新聞文藝作家的工作，却是要描寫現實的人物。

新聞文藝作家如要想使他所描寫的人物有血有肉，活躍在紙上，第一須把握着這人物在生活活動中的許多特點；第二須把握着這人物本身的許多矛盾，這人物和別的人物，以及周圍環境之間的矛盾與統一。這樣才能描寫出一個眞實的具有生命的人物。

每一個人物的特點有兩種，一種是生理的，比如張三有麻子，一種是行爲的，比如張三愛眨眼睛。行爲的特點，是從日常生活活動上表現出來的，是較複雜，較深刻，有時隱藏，有時顯露，不像生理特點那樣容易認識，容易把握。描寫人物的外表主要的是靠人物的生理特點那樣容易認識，容易把握。描寫人物的個性主要的是靠人物的行爲特點。

在普通文藝作品中需要描寫典型的人物，在新聞文藝作品中則應該以一個特定的現實人物爲對象，是要把一個現成的模特兒直接反映出來。一個現實的人物，縱然具有典型的性格，實際上也不會完全典型的。一個現實的人物最初反映在新聞文藝作者的意識裏，這反映是忠實於特定的，個別的，便能在作品裏構成活動的眞實現象。

新聞文藝的寫作方法，是和普通新聞或一般文藝的作法完全是不相同的，因此他在技巧運用方面也自然要另闢途徑，這裏單就創造典型人物和描寫現實人物作一個比較，其餘的也可以舉一例三，不再贅述了。

代跋

告初生作家

最近在大公報的文藝副刊上，看到一篇論初生作家的文章，是可以供給一般學習新聞文藝的人，作爲借鏡的，節錄如下，作爲代跋。

三年來的烽火，不僅是結實了成名的作家更好的花果，同樣也使那些未成名的作家壯茁了起來。

初生作家的廣大生長，已經是存在的事實，不容誰隨便的輕視，或者過低的估計。但假如每個初生的作家，自己却看得非常的容易簡單，因而忽略了自己當前的教育，而由自己自由地生長，那也是不對的。

初生作家的自我教育，决不只是在於寫作技巧上的培養，也不僅是在于修辭語彙的琢磨，或者是多懂幾國語文的學習。雖然這些是必要的。但思想意識的洗煉，政治觀點的正確把握是第一重要課程。

無論寫作技巧怎樣好的作家，怎樣的善于琢磨修辭語彙，或者如何精通外國語文，但假如他的思想意識是頑固倒退，他的政治觀點是越了時代的軌，那他的寫作生命，毫無疑義的已被派定沒落向腐敗的深淵，連他自己個人也難保不是眞理的叛徒。過去和現在不是已經有了這樣的作家而做了民族的奸細嗎？

關于作家所最容易犯的弱點，第一是容易流于超階級的，反政治的觀察，以爲藝術自有其獨特的任務與目的。第二是容易流于空想，叫喊，感情衝動，而不實際，不眞切，不能堅持，缺乏韌性。第三是容易流于誇大自己的地位與作用，看不起別人。第四是容易流于不願過具體生活，發展個人主義，成爲孤僻，同羣衆隔膜，看不到與看不起羣衆的力量。第五是容易流于好出風頭，空頭文學家，而不願埋頭苦幹，切實工作。第六是容易流于看高自己的身份，不願或者害怕跟羣衆接近。第七是容易流于政治鬥爭的外面，表示自己的純潔中立，與政治無關。……若干作家每每深重地犯到而不加以克服，終于走到文人墮落的末路。

中國作家的優點也很多，如對崇高的理想的追求，不滿意黑暗的現社會，反抗壓迫專制，不平等；愛好民主，自由，平等，愛好光明與眞理，強烈的要求進步，發展這些優點，便是作家能成爲中國新文化運動的主要骨幹的最好保證。

（完）

剪報經驗談

作者小序

我有幾句話要奉告看我這本小册的人：

我想剪報至少是「研究學術」，「解決人生」的一種手段。

我覺得剪報不祇是報人的事。

在誘導人們去求學問增知識的大學裏，我認剪報應被列爲必修科目。

我缺少應用剪報的經驗，不敢多談它的「價值論」。

謀生而獲喘氣，當去利用剪報，若得經驗，想還寫上一本「剪報應用經驗談」。

經驗不是一定靠得住都沒錯誤的。

經驗之談，可相對地當作方法論看。

我在某文化機關裏做剪報工作，好似一架機器，有十多年。

純粹談我經驗，不好連貫，恕我談的不無理論，但非理想。

這本小册，並非我「剪報經驗談」的全部，祇有三分之一。

將來我的剪報經驗談全部寫畢，或將改稱「報紙剪貼與整理」咧。

我爲謀生，寫稿的事，荒疏已久。

卅，四，十六。

辦報經驗談

剪報經驗談

禾子

甲 引言

剪報，不可以祇從名稱來解釋事實；事實上，非僅僅就報紙上剪取消息、言論、廣告等材料，便可以算得盡了剪報工作的能事，就報上剪取「研究學術，生活參考」等所需要的材料，不過是剪報全部工作中的一小部份罷了；剪前剪後，所須化上的手續，正多着咧。所以我們來談剪報，開宗明義第一段首先就要辨認清楚的：所謂「剪報」也者，並不是件簡單得像他的名稱——「剪報」——一樣的事情。

剪報工作概念

消極地辨認剪報這回事，我想人家對於剪報的概念，恐怕還是弄不大清楚。照我個人做了若干年剪報工作的經驗，可以奉告大家，全部的剪報工作，大概是包括下列的幾個過程：（一）範圍及計劃的決定；（二）選擇備剪的材料；（三）記留「報紙名稱」「年月日期」等於材料上；（四）將報紙上的材料剪下；（五）將剪得的材料貼紙；（六）將貼在紙上的材料分類；（七）將分過類的材料訂冊、編目、製卡地整理。（八）保管整理過的剪報。用簡單些的文字，來記剪報工作的全部過程，可以說做「定」「選」「記」「剪」「貼」「分」「理」「管」等八個大字。

在此我須特別聲明，我個人的剪報工作是像上文所說的那樣，並不是說一般人的剪報工作，都是那樣，或都須那樣。當然，各過程的次序，正可以有變更；各過程的本身，且可以有增多或減少。然而有一句話，我是好來說定着的，「剪報」這個名辭，是包括好多個過程來說的，非僅指那單純地就報紙上剪取材料的一回事而言。

名稱起於習慣

剪報的過程既有許多，爲什麼祇稱「剪報」而不用別種過程或各種過程以外的名辭，來做它的名稱呢？這是習慣，至少似可以說，中國人現在已是這樣習慣地稱呼着，雖然辭源辭海等類書籍裏還沒有列入這個名辭。不過習慣中間，我也可以勉强把它說上一點道理出來。世間習慣的養成都是有其原因的。習慣地稱剪報爲「剪報」，原因何在呢？大概是這樣的。若干年前，去今還不久，有些報界人士等，到外國去遊歷，在外國大報館或圖書館裏，看到了這種工作，英文稱做「Cuttings」，回來就有人模做着做，把它稱做「剪報」，漸漸在社會上相沿而稱呼成爲一個普通名辭了。他們取這兩個字做剪報的名稱，很像是由洋文意譯而得來的，又像是由他們隨便不約而同地叫成功的。

剪報這回事，既然中外都像隨便從「剪」字來取名，想必隨便也有隨便的原因，而且原因可以有種種。瞎拉上一種來說，大概因着「剪」這一個過程，最爲特別，（並不是最爲重要），要是借以顯出剪報工作的全部來。況且報紙經過了剪的工作，才有剪以後的許多事；就是剪以前的許多過程，也可以說是爲着「剪」而準備的。我這些話，究不過是說說罷了，恐怕另有許多原因。這個由於習慣而所稱成的名辭，我覺得尚無多大不適妥處，可以無庸大事研究其準確的原因，且也沒有把它更改一下的必要，我們便來將就地這樣稱呼着相與談我剪報的經驗罷。

我說上許多廢話來把剪報的名稱討論着，實還另有一些附帶的用意，是要人家順便了解剪報工作的大體。我們不可把剪報工作看得太簡單，如果大規模地措辦起來，每每用上幾個人，幾十個人，甚而至於百多個人分工合作地來辦，尚須人人埋頭苦幹，仍然天天忙不過來。這種大規模的剪報，工作上當不祇前面所提起的幾個過程，手續正多着咧。就在每一種的手續中間，也可以辦得複雜精細到非常。請來比做地說一些罷。同樣一條材料，在複雜的剪報場所，往往需要剪上十條八條，以便在會有關涉的十類八類中間，都有這一條材料分排進

剪報工作繁簡

去。再不然則或把某類的某條材料，提綱節要，用複寫紙寫或打字機打上十條八條，分別插進其他有關涉的各門類中，以便參閱的人好來觸類旁通。這一點事，不就够得好幾個人經常辦嗎？至於大規模剪報場所所需用到的櫥箱設備，工作器具，作場布置，也就很够討論研究，頗不輕易計劃定咧。

剪報工作，雖然可以變爲異常複雜，但又未嘗不可以來把它辦得相當簡單。兩三個人，單獨一人，甚而至於個人祇在每天規定一些時間，多則三四小時，少則一二小時，也就可以產生出若干很得用的剪報材料，來做自己研求學問的工具，創辦事業的顧問。祇要措辦起來，確定一種目標，懂點門檻，得法一些，再加上那做剪報工作所不可缺少的精神——長期連續不斷努力的恆心，——就是很簡單的剪報，都可成爲無價之寶，簡直可比一部孤本的叢書，還要寶貴。

本書所談範圍

我想來和大家談談的剪報經驗，僅以簡單的剪報工作爲範圍，複雜的剪報工作，我的經驗，還够不上來談給人聽；如果勉强地談，恐怕大部是些理想，經驗成份不能占到十分之一。剪報是一樁要十足用腦動手去實做的事，瞎談上許多天花亂墜的理想，叫人家看起來我像煞一個研究剪報或儲藏材料的專家，問到良心，實在有點對不起聽我談天的人。好在人家看我這本小册的，未見得就想做剪報專家，不過其實際生活上也許需要剪一些報，想知道點剪報常識。那末，由我來談一些不大高明的剪報經驗，或許多少可使人家得到若干參考上的用處。

怎樣來談我的剪報經驗呢？上面曾經爲着剪報概念而談起過我個人剪報工作上的過程，我們就依照着來順次談罷：那又不便，限於篇幅，祇好先來挑選幾個過程來談，祇擇純粹屬於「剪報方法」方面的話來談。像第一個「定」的過程，談起來多半是些對於工作全部設計上的理論，便想暫時略去不談。再者關於剪報方法方面，後半部有分類，整理，保管三個過程，雖然很有許多特別的事項好談，惟究竟和圖書館裏處置書籍的法門，頗多相近，可以互通，所以我亦想暫省却不談，免得多占篇幅。那末，本册所將談的過程，僅有「選」「記」「剪」「訂」四個了。把這四個過程談過，剪報工作，當略可被談出一些眉目的了。至於本冊裏所不預備談的幾個過程，我自也都想談，那和本冊所先談的，合併計算起來，恐怕要有十萬八萬的字；將來寫完之後另外請書局出版，順此奉告。

乙　首先來談剪報的「選」

報館記者爲充實報紙內容而採訪消息，不宜「有聞必錄」，事實上殊無此需要，亦不大可能。我們剪報，從報紙上剪取「消息」「言論」「廣告」等等材料，也不宜凡消息、言論、廣告都剪，事實上亦無此需要，且不大可能。所以剪前要選，選而後剪，祇選那些成材的消息、言論、廣告來剪。因而「選」這問事，成爲剪報方法中所必需的事了。就「選」而談，方法上有好多點要討論。

選定剪報材料，每每不是選一條剪一條的。且選且剪，我經驗過，很是容易剪錯，而且易於漏掉須選剪的材料，——這大概是由於心的不能二用，二用便會發生錯誤，而不討好罷。次之，選剪材料，又往往不是選的人自己剪；剪報稍多，選剪全由一人包辦，精力時間，都够不上。凡先選後剪，或甲選乙剪，選的時候，自然地有一種不可少的手續，就是對於選定着要準備剪的材料，不能不來加上一種記號，使得選定以後，便於覓剪。

選時要加記號

選定材料的記號，怎樣留法的好？我向來的辦法，是用筆來加圈——「○」。然關加圈的事，要有許多計較：（一）我覺加圈起來，採用中國毛筆，較爲方便；筆劃可粗可細，好使所圈醒目，且不像那鋼筆鉛筆，筆尖會得刺破報紙，周轉打圈，亦甚困難。（二）圈報用的墨水，要與報的紙張及報上文字的顏色，不之相同，成爲對比最好。這是也與所加圈的醒目有關。（三）圈的記號，宜加於擬剪材料的大標題的右上角；而且無論中文西文，豎行橫行，都是宜於這樣地辦，因爲這很便於我人用右手執筆加圈的習慣。（四）用中國毛筆加圈，醮的墨水，不宜太多，太多了是會得滲透到報紙的背面，損害背面所刊的材料。卽使所剪的報，備有雙份，背面材料，可用另一份剪，墨水着紙太多，會得化開，化得圈不成圈，沒及材料文字，亦殊不宜。（五）選定材料，不一定用「圈」來表出，採用別的記號，像勾（ㄥ）角（△）等也可以。甚至印打上報名、日期、類別名辭等等都可以，無非在於示人須剪與否就是了。不過我總覺採起圈的式樣，筆劃沒有曲折，最爲方便。

在我個人，主張不論報紙幾種，不論每種報有幾份，總以全部都加圈選完後，再來動手做一起剪，辦法較爲方便。這樣不僅可以避免錯剪漏剪，當着剪的時候，還好順便重選一番，補救「選」這過程中的錯誤，避開同樣材料的重複圈選，可以省許多事，少剪一些。這就是對於選定的材料，重來選擇着剪，且剪且酌加以選擇。各種不同的報紙，刊登的稿件，却是時常雷同。這在新聞（即新的消息）的刊載，尤多如此。翻開每天的紙報來看，所登的新聞，十條倒有七八條同，專訪特載的稿件，屬於少數。所剪報紙，如爲幾種的話，雷同消息，僅擇一報圈選備剪已可。然而選的時候，難免不無數報都圈的事，那自然要靠剪的時候順便留意刪除了。

選剪的標準

選或剪的時候，對於各種報紙上面雷同的材料，依照着什麼條件來選擇其一而舍棄其餘呢？不要說得，當然是選那刊登得特別好的一種報紙來剪。這所謂好，標準又是怎樣的呢？照我個人的見解，可說大概是這樣的：一要內容比較寫得好，生動而充實，以及其他。二要式樣比較編得好。大標題小標題分標題都編得頭緒分明，立意生刻，而且刊排的地位，整齊成塊，目前剪既容易，將來貼亦方便。三要印刷好。鉛字插圖等比較地爲美觀明晰，油墨調勻清楚。四要印報的紙張好。或厚實平滑，或牢固潔白。五要刊登那條材料的報紙聲望好，能够得到大衆的信任，銷路特佳，從上面所剪留的材料，將後如來引證到，自屬較易博得大衆同情，六要……這樣思辨着從數種報紙中去選剪一條共通的消息，不要煞費苦心嗎？失之太繁罷？其實實地剪報的時會，並不需要十分頂眞，面面顧到，大體能把上所舉及的幾條充做標準，就可以了。正不妨常隨機應付，權宜行事。選慣剪慣的人，對於這種勾當，往往熟能生巧，既妥且速，輕鬆異常咧。

選時報紙處理

剪報無論共剪幾種，每種報紙，總以備好兩份爲原則。我們剪報，爲齊圈選剪裁的方便起見，可以先把每種報的每份每張，悉從中縫對裁開來。四開報小，尙可不裁，對開報大，非裁不便。不對裁開的話，拿着一大張報，反復覓選材料，圈定剪下，定會覺得累贅得很。選剪的報紙，若眞備有兩份的話，不但宜先對裁，裁後且宜將那兩份每半張相同的報紙，全部發開，一張正面朝上，一張反面朝上，相互疊起，選剪之際，尤覺便利。

例如中美日報第一張的一二兩版，是對開報紙半張的正反兩面。兩份中美日報的第一張都對裁後，便把一份的第一版，與另一份的第二版，配合着疊在一起，一上一下。第一張下疊第二張，第二張下，疊第三張，……中美日報疊畢，更來照樣裁疊別報，且即疊於中美日報之下。如是六七種報紙，每每可以疊到半寸多高，然後進行圈選，每次祇取每半張報紙的一面來選，另一面是可以無庸得翻過來査選的了。因爲疊在下面的，有同樣半張報的另一面放好着可供圈選。看過的一面，如覺沒有材料好圈選。直可即將那半張報紙，送進字紙簏去，圈選另一面時，是有另一半張備好的呀！

爲什麼我要主張這樣地來圈選報上材料呢？理由很爲顯明，既可以省却翻檢之勞，且不必再顧慮到一張報紙，正反兩面同有材料須加選剪的衝突情事。而且在一疊報紙，圈選畢而着手剪時，可已剔出許多無料可剪的報紙，不必再與手相接觸。否則的話，每張報紙都經過一番反復圈選裁剪，且須計劃求避反面衝突，六七種報，十幾份報，幾十張報，張張經過多少不必要而避免的躊躇顧慮，天天寃枉花去的精力時間，倒也相當地可觀呢！

各報應備幾份

那末，剪報所需報紙，每種都來備它兩份好了。那又不之盡然，原則如此，有的報紙，未嘗不需權宜增減。各種報內所宜選剪到的材料，量有多少不同，質亦常相差別。凡宜剪留的材料，量特多而質特佳的報紙，我的辦法是特別多備一份，一共備上三份。因爲內部所刊材料，量多質佳，應剪留者特多。選剪既多，每張報紙，雖祇選剪一面，剪報的人不是一架機器，剪的多了，難保沒有剪錯剪壞，以及漏剪，剪後遺失，複剪別藏等情事。對付此等情事，自以多備一份報紙爲相宜了。報紙多備一份，逢着發生什麽剪報缺陷的時候，卽可隨手補救，不必另去張羅了。我所談的剪報，大概是就三兩個人小規模的剪報而談。規模大一些的剪報場所，剪的報紙，剪時都備三份而外，另外還要留好一份，以備日後發現缺陷時的補救。最好是能如此，多花費些訂報的錢，經濟上的損失，總比所剪材料有缺陷而無法補救的損失，似乎要好些。然而這總不失爲是一種過費，祇擇剪時被特認爲主要的一兩種報紙，多備上他一份也就够了。

次之，選剪的報紙種數多了，其中當有幾種報紙，可以特別少剪材料。比如把剪料特多的報紙，作爲剪報的主要對象，其他各種報紙，就可算做次要及不重要的對象了。次要的報紙，最好仍常備好兩分選剪，比較相宜；不重要的報紙，所可剪得的材料，既屬很少，祇備一份，當已足以應付。雖免不了反復覓剪，正反衝突等的麻煩，好在所選及的材料不多，非爲主要次要報紙上所沒有而且感爲重要的材料，便盡避開不剪，麻煩自可減少，簡直可不計較。加以少一份報紙，不但少花些錢，且可省去一份報紙的裁叠手續，未嘗不是得計的事。

選前不必流覽

有的人是這樣主張，說凡所剪的報，在未剪之前，圈選之前，甚至裁叠之前，宜先一份一份打開，全部流覽一番，然後着手選擇，則所圈定的材料，比較可以妥當得多。照我個人的經驗，覺得大可不必，殊屬無需。許多種的報紙，若先加以流覽一番，費時非少。各報所載材料，五花八門，實非流覽之際，所能辨識定奪。辨識之際，隨卽加上圈選符號，較易捉摸肯定。圈選之後，要是選者自剪，剪時可以順帶復選；要是交給別人去剪，剪的人也未嘗不可隨剪隨爲留心，取精棄複，發現遺漏，亦正不難隨手補剪。剪者代選者留心復選，我經驗上覺得起初或者不大能够得心應手，日子稍久，漸可熟練，並不一定如何困難。

我人須知，選時固將報紙流覽，剪時亦將報紙流覽，且選且流覽，且剪且流覽，較之先事憑空流覽一番，腦子中間，似可有着落些，善於決擇一些，庶幾繼續參閱。加之選定之後，未剪之前，中間還有一番「記」的過程，記材料刊載報端的年月日期，記所刊在報紙的名稱，以至記類名張數版次，（詳後），亦未嘗不足以順便復選，更可多番流覽。如此在選，記，剪三項剪報過程之間，對報紙已屬流覽三番，三選而後剪了。那末，選前的一番流覽，想必是可省得的罷。有這種多花去的時間精力，增多一兩種報紙來剪好了。事雖像很細微，但在剪報者的精力時間，不能不力求其經濟。每天儘花一番流覽工夫，積年累月總計起來，倒也很可觀呀！所以我們不可不來一加計較。

專家才會選料

從報上選剪材料，當既選定之後，差不多什麼人都會得剪，不過剪起來有遲速好歹之分罷了。至於選則並不是什麼人都會得選，要有相當的識見，要瞭解自己從事剪報的目的，——最好莫若卽由那些要用材料的人來選。嚴格地說起來，眞正會選材料的人，祇有會用材料的人。選的人卽使自不想用材料，或自己無暇利用材料，至少也要會得應用所選剪的材料。固然選剪材料的人，不見得在時間上精力上能允許他自己來用，不過希望他能選得好、選得周到、選得合用，須他兼能備有相當應用剪報材料的本領才行。其所以須具備那「用的本領」者，醉翁之意不在酒，不在用而在選。

剪報的各種過程中間，大半是屬於機械性質的。但是「選」這回事，却很富於靈活的性質，權宜的意味。剪報的目的，是可以各人不同的，照目的選剪而得的材料，往往是專門化的。所以某一則材料，在平常人看來，覺得平淡之極，無關重要，如果由他來選的話，他必不加選及。可是一到「會應用這材料，存好特種目的」的專家看來，也許要被認爲含有深意，其義無窮。可知選料這件事，某一類材料，須由這一類的專家來選才行。報上刊載的教育材料，宜由教育專家選定；經濟材料，宜由經濟專家選定；國際材料，宜由國際專家來選定；……然後選料這件事，才比較地可以達到圓滿的境地。小規模的剪報，固然談不上專家不專家，可是剪報的人，對於剪報目的攸關的學說常識，總要有些專門的研究，相當的悟解才好。

數人合選材料

在規模大而性質複雜的場所，爲剪報而圈選材料的人，往往有好幾個哟。這幾個人，當然是要各有各的專門涵養。現在要問，幾種報紙，由幾個專家來選備剪的材料，如何共同着手的呢？沒有別的，各種報紙，裁疊好後，經過各個專家都來加以過目覓選一番就是了。說各種報紙，大約雖都訂有兩份，但既裁疊一起，先經一個專家來覓選，再轉手給別個專家去覓選，由幾個專家輪轉過來，大家各事覓選一過，時間不是花得很久，不要影響到圈選以後幾種剪報過程的時間問題嗎？那不要緊，有法補救。報上材料圈選定後，本來不必一定要在當天剪好貼好，辦完種種剪報的過程。如果定須從速辦好種種過程，那亦有法縮短圈選時間。其法把一疊報紙，平均分做幾疊。那些負責圈選材料的專家，相與在同一時間之內，各自取着一分疊的報紙圈選；圈畢一分疊，再相換取各人手中的另一分疊來圈選。這樣同時分頭輪流着圈選，全部各分疊的報紙，統被幾人圈畢的時間，較之全部僅交一個人圈選所花上的時間，不是可以相差無幾，拖長得眞有限罷。如果聯絡得好，說不定反可縮短一些時間哟。

⑭上段說由幾個專家選取剪報材料，全是着眼在大規模的剪報場所而言。作者來談剪報的目的，在使普通人們稍稍知道一些剪報門徑，大規模的剪報，本可不必來談。可是從這些所談的話看來，我們小規模的剪報，斷不宜於剪得範圍太廣，門類太雜，從圈選材料的識見而論，就有點够不上來放大規模瞎剪。所剪的報紙種數多些，尚屬無妨，但想使得所剪材料量少而質精，有須祇挑選那於個人自己有專門研究關係的材料來剪，要確定着一種相宜的剪報目的來剪，要偏重於某一門類的材料來剪。如此地來從事剪報，積年累月，當不難於收穫燦爛的後果。這是從圈選剪報材料的過程所聯想到的事。

丙　第二來談剪報的「記」

為什麼要記？

剪報工作，做到報上的材料，可以一一找着實行剪下來的地步，自然都已選擇定奪的了。但在選擇定奪之後，尙不宜於就動剪刀來剪。當選定之後，未剪之前，一定要把登載那材料的報紙名稱，那材料在報上刊載出的年月日期，甚而至於將來那條材料分入何類的類名或類號，刊在報紙的第幾張第幾版等，在將要剪取的各條材料上面，記個明白，然後才好眞動手剪。（不過類名張次等每可不記，省一些事。）不然的話，材料一由報上剪下，與刊登所在的原報紙一脫離，日後將不復能回溯其根源了。那末，逢取材料動用參攷，當會感到種種缺憾。時間隔着愈久，或剪的報紙種數愈多，或剪存的材料數量愈巨，當然會得發生的缺憾也愈多。

例如在政治派別對立的時候，一國之內，各派各自有其立場，各自辦有報紙，報上各自刊載其政治消息。對於各派報紙，如果都剪的話，而報名日期等等，都沒記得，便將若干材料剪下。可以預料日後查看材料之時，行將發生一種困難，就是對於材料的背景如何，作用如何，都將無從考察，難於捉摸。從材料既查不出從那一種報紙，那一天報紙剪來，簡直可把甲派的政治消息，誤會地看做乙派方面的喫。剪報的功用，怎能不從而大爲減色。舉一反三，我們不難想到「記」這過程重要，未可目爲細事末節，隨便加以疏忽。所以我們剪報，一定要把報名年月日期等等記後才剪，且切不可以剪了再記，弄得混亂難記，約略誤記。

怎樣記的好？

報紙上的材料，記起年月日期報名等時，有沒有須計較的呢？有。記的地位，當然宜就材料中間的空白處所來記；非萬不得已，非空白地位很少，切不可把報名年月日期等應記的文字，疊記到材料的文字上去，弄得材料文字漠糊，看不清楚，或不雅觀。絕無空白地位的材料，本是很少的；就是有些，記起來未嘗不可以有補救辦法：或者將材料附近的空白處所，若報紙邊緣等，留着不剪掉，即可用以記上報名等等。或剪時補記，剪時隨即貼紙，乃將想記的報名等等，記到所貼的紙上面去。這些話實不過是談着聊備一格罷了，引人權宜變通着設法補救罷了。至於眞在記時須特補救的材料，實在是非常之少的；而選剪那長篇的材料，記的地位，總是可以有的，簡直絕對不會成何問題。

爲求分明醒目起見，就材料間的空白處所記何報名年月日期，當然亦以不用與材料文字及報紙紙張顏色相同的墨水來記爲佳。講究一些的話，記報名是用一種與文字紙張不同的顏色，記年月日期，則用另一種與文字紙張不相同的顏色。或尙另有類名類號等記入的，所採用的顏色，亦另變更過。總之，剪報材料上的記，不妨記得花花綠綠，我以爲這是工作心血的表現，並無何等不雅觀處。這好像是精版的書籍，經過幾位名家批點注釋，寫得花花綠綠，反可增高價値，益發得用。

所以在此可以順便一說到的，剪報上的記，簡直不必祗限於記報名年月日期，最好把刊在報上的何張何版都記下，把可歸入的類名類號也記下。進還可以記上若干按語評句注釋與乎其他閱讀者的意見，但這並不是必需的罷了。也不是都須在剪前記的，剪後查取參看之時，亦可以記。材料內部記不下，可記到貼材料的紙上去；貼材料紙正面記不下，不妨記到反面去；再記不下，不妨另用一紙記着附貼在一起。然須顧到一個原則：無論記的多少，無論怎樣記法，總以記得合於需要，記得有用，記得妥善，才不至感記爲多事。畫蛇添足的記，還是少記些好，不記爲妙。

記的工具研究

說從報上剪取材料須記，記起來是不是惟宜於用筆來記呢？那不盡然。像記年月日期與報名等，大概以用鉛字的或木刻的，或橡皮製的印章來打上「印記」而記的。（用印章打出的文字稱「印記」。）自然應以這樣的記，較爲方便。剪同日期許多種報上的材料，各條材料上所記的日期是相同的。那便購置一個市間發售的橡皮年月日期印章，印打着記，實能迅速便利。至對各報材料，記上各該報的報紙名稱，每報可供剪取的材料，大都不止一兩條的，動輒十條念條，要用筆來一一記過，那不但是麻煩遲緩，且不整齊美觀。備着各報名稱印章，每天剪到何報，便印打上何報名稱的印記，可以長久適用下去，形式很爲劃一。這種報名印章，自以用橡皮刻的最好，印打起來較易清晰，軟處硬處，都是相宜。可是鉛字或木刻的，在我經驗，覺得亦正不無可用。同時印打印記所用的墨水，自屬尤以經久不退色者爲佳，打時筆劃不洋開者爲佳，相當濃顯者爲佳。

說記要以印打印記爲主，固然不錯，然那用筆的記，有時亦殊未可盡廢。比如偶在一種不常剪的報紙上面，看到一則特別材料須剪，這時便就不宜於爲剪取某報一兩條的材料，特去刻備一個報名印章，配上一個日期印章，從事印打。須知這是未免太費事了。逢到這種時會，我主張應權宜行事，用筆來記，每反可比用印章記，迅速妥適。且所記的許多事項，如用同一墨色來記，亦正無妨。這是例外，特別剪報，所剪取的數量甚少，祇求記得詳實，無庸顧慮什麼整齊形式。不過記的時候，無論何種筆，總以筆劃細而記的字稍小些爲宜，墨色不至淡退者爲宜，像鉛筆等便不適用了。

這些關於記的用具方面的話，雖似平淡得很，無足多加齒及。可是剪報工作，如於「記」這過程，有何缺陷，工具不大適用，或日久，或目前，勢將影響到「記」的本身，記後仍是不明不白，補救非常困難。我希望大家都不要忽略了這種小事。

記時的取巧

還有，在大批剪報材料上用印章蓋打印記的[illegible]，可以有一種求順手而迅速的法門。對於業經裁疊而圈選好的許多半張頭報紙，宜於先行打上的印記，是年月日期。年月日期印記的打上，宜於作一次打，一氣打完，印章拿到手，一直到各張報紙，各條材料都打過了才放下。各報的日期是相同的，（指剪的是同天出版的報紙而言），放胆地把同一日期的印章一一打上去就是了。每每可以在片刻之間，把許多張數報內擬剪的材料，全部都記好日期。（不過這樣趕速地打，當心有的材料竟被遺漏未打。）全部材料的日期印記打妥而後，次一步當然要來打那各報名稱的印記了。須請慢打，在未打之先，可把各報分別疊淸，一種一種地使其成十字式交义齊疊。同時义把各報名稱印章，照各種報紙交疊的上下次序，成排地依次排好。於是動手拿取疊在最上的一種報，首先來打它的報名印記。用着打那印記的印章，便是排在最前的一個，一拿就拿，打就是了。直到把這一種報的各張都打過了，才放下手。放手之後，隨時卽取第二個印章，打那疊在下面的第二種報紙，以次到第三種報紙，第四種報紙……都可以照樣一貫地趕速打好。

這樣打年月日期及報名印記，在其他的記號，都可以照樣相似地趕打，其便利所在，不祇是快，且可減少錯誤。不但不至打錯報紙名稱與年月日期，且可免把印記打得顚倒過來。手裏拿着印章，若打打放放，放放打打，則所打出的文字，是很容易打倒得的，除非你每次拿起印章打時，都審愼地查看一過。不過打印章這件事，一手拿起印章，另一手支配報紙，如何長打下去，不一停留放手，確須經過若干時日的練習，方能純熟而迅速。不但純熟得沒有顚倒錯誤，且所橫打竪打打出的印記，都可打得不歪不偏，輕重得宜，顏色均勻。聽說外國大規模的剪報社中，記那年月日期報名等所用的印章，是像自來水筆樣的，可以預把墨汁注儲印章內部，使其自來，可以省去㴱蘸向印刷盒去加墨的手續，自屬更見妥便輕快了。

記的文字詳簡

在報紙材料上面打印記的印章，應採刻些什麼文字，亦有需來商酌的處所。在我個人的意見，以爲年月日期的文字，宜力求其簡單。若紀元稱謂，「年」「月」「日」等字眼，以都省掉的好。不但宜省掉賓字眼，且宜採用及「簡字」。舉個例罷，比如日期爲民國二十九年十二月二十七日，印章文字最好爲「廿九，十二，廿七」等幾個字，加上撇（，）號兩個就够了。這樣省去字眼的優點，在於字少，印章可以刻得小些，打起來可以省些地位。所採剪的材料，就是孔隙甚小，亦可容納打進。在人看了，卻仍很易理會那個印記，是在標明材料刊在何年何月何日報上，無甚疑問。

至於打報紙名稱的印章，我主張用名稱的全部文字，卽那「報」字都不要省掉。刻全名的印章，文字多些，每可與日期印章，長度相近。令人看了，可以絕無說明而卽懂得印記的字是代表何種報紙。「報」字若加取消，遂到剪自雜誌等的材料分排在一起，就很容易相混了。况且有的報紙，名稱連「報」字僅有兩字，例如申報，若幷報字而省去，僅剩一個「申」字，刻的印章嫌太小了。印記打在材料的空白處所，不易看見；即能見到，又恐不易理會明白；查用剪報的人，豈不是要因而多來花上一番心思辨認，或向人家訊問，或去查看說明書嗎？

此外，也有些人主張，在所選剪的幾種報紙中間，可以特別歸定一種，把從中所剪的材料，完全省去報名不記。人家查看材料，凡見沒有報名印記打的，便都認爲是從那種免打報名的報紙上剪下的。至於那種宜加特別歸定免打報名的報紙，當然以那被剪材料特多的一種報紙，即前文所謂主要報紙，最爲相宜。這個辦法，雖屬可對一部份的材料，省掉打報名的手續，在我個人，却不贊同。要知道剪報的人定了這個免打報名的原則，用剪報的人是不能自會知道的，那就免不了向用剪報的許多人，時常要去花上一番說明的麻煩。這是一層。對於各報材料的打上報名印記，雖保沒有漏打的時候；那末，查看剪報，就難免要把漏打報名的材料，誤認爲由免打報名的報紙剪下的。這又是一層。況所謂剪報的主要報紙，並不是選定着某報而永不更換的。內容變換，可供選剪的材料少了，便不宜再定之爲主要報紙，應另換上一種才好。到這時會，究將省打那一種報紙的報名好呢？這更是一層。

印記字體問題

刻報名印章等所採用的字體，我主張用容易辨認的，象那篆體簡體文字，有時不大相宜。但又以不採用那報上通用的字體的好。比如中文報紙上的老宋體字，用以刻印章打印記，總不及用正楷體字的好。正楷體字實又不及方體字好，因爲方體字的筆劃粗，印記打在材料中間，容易辨認。至於印章上刻的字體大小，我覺得以三號字爲最適宜，四號字還可以，五號字實太小了。四五兩號字，在現代的中外報紙上排用得特多。所以印章上的字體大小，如果刻得像四五兩號字，打出的印記，是容易和材料中的文字相混合得難於辨認的。

總之，剪報工作中間，「記」這一個過程，粗看起來，似乎是一樁很爲輕微的事，可是眞想認眞些辦，總以思慮籌措得愈周到愈好。略有不周到處，動手辦了若干時日，想來糾正，把以前所剪的材料，重行記過，實不容易有這種勇氣，而且事實上也不容許你。某一條材料漏記了個報名或日期，尙屬往往無從稽考明白着加以補記；何況所剪的報紙材料，你都沒有記，或都沒記妥！所以我不避費辭，小題大做，說上許多。話雖這般講，但在我的意思，上面許多話，在我來講剪報家常的人，不能不都來說到；至於實行的人，酌量把它打些折扣，未始爲不相宜。

丁　第三來談剪報的「剪」

剪報剪報，當然要特別注意到剪這一個字。「剪」這件事，我認爲方法的好歹，尙在其次，技術的熟練與否，實屬居於首要。對於方法，就是討論得再到家些，而技術却並沒有熟練，也是無法把報紙剪得好的。「選」「記」等過程，固然都要有技術上的訓練，而在「剪」這過程，技術上的訓練尤爲重要。所以我現在來談剪，除將談上若干方法而外，兼要談上若干如何來使技術熟練的話。

剪報的剪刀

從報上剪下材料，使其離報獨立，當然要用剪刀。但不一定，有的人是用一根尺樣的長口鋼皮刀，合在報上，一手壓刀，一手撕報，從報上取下材料，不剪而撕。還有的人，用刀和尺來切的，不剪而切。撕切等固然都是裁取材料的方法，但我覺得，究竟有種種不妥便處，不以爲然，總不及用剪刀來剪的好：可以橫剪豎剪，直剪彎剪，長短自如，大小隨便，曲折歪斜，皆可得心應手。所以剪報這工作，我們要備好一種很緊要的工具，那就是剪刀。且所備的剪刀，要備得鋼火好，備得式樣巧，備兩把或三把，以求「剪」的這個過程，藉以圓滿解決。豈但「剪」的過程，必須剪刀，將來剪好的材料，貼紙起來也要用剪刀；報紙未選剪的時候，裁疊之際，也可以用剪刀。

剪報用的剪刀形式，我以爲是厚背，粗頭，長口，細柄的最爲適用。（剪刀頭尖，刀口的爪易於折斷，故主頭粗。）大概的樣子，很像我國的裁縫剪刀，不過宜於更爲小而輕巧一些。大約刀口的長度，少則三寸，多則四寸。口若太長，依我經驗所知，不但不適宜於剪小的材料，就是大的材料，邊緣很長，剪起來亦不大相宜。須知長的邊緣，刀口再長些也每每不能一刀剪妥，仍然須剪幾刀，刀口如太長了，不是手指力量所易運用自然。卽能運用自如，報紙究是軟的，用長口剪刀一刀剪去，那刀頭所剪到的一端，每會剪得微彎。彎了如果用剪重修，倒不如起首就做幾刀來剪，反而較爲省事些呀。長條材料，長的兩邊，各分幾刀來剪，剪刀刀口，自屬不必多長。

至於剪報剪刀「把手」（卽柄）的形式，我亦贊成中國式的，周圍轉繞成一樹葉式的環形。這種把手式樣，雖不若西式剪刀來得美觀服手，但當用手取動握持，却反覺得較爲方便。因那把柄是一長形的環，二三手指，插入甚易。加以技術特別熟練的人，有能左右手都會得持刀剪的。此種中國式的剪刀，固可不論手之爲左爲右，皆屬同樣便於握持的呀！話雖這樣講法，不過還是要看人家用剪刀的習慣而定；我所主張的剪刀式樣，不見得是人人剪報都愛用的。有的人且主張剪刀備上幾把，備得有大有小，看着材料的大小情形，隨時擇刀而剪。我試驗過，覺實無須，反而增上分辨大小的麻煩；祇備一把，已可小大由之，心思反好集中於剪。如備數把，須爲同式，偶遙遺失莫由尋覓之時，換刀剪報，可無不慣之感。

剪後可不多修

由報上剪取材料這件事，熟練與否，大有不同。剪習慣了，已熟練了，剪起報來，不但是快，而且是好。怎樣剪才算得好呢？比如一長條的材料，四邊雖經好幾刀才剪裁下的，可是剪得邊很直而角很方，（卽剪成直角之意。）我起初嘗試剪報的時候，剪一長條材料的邊，再小心些，再從容些，總是不能剪直，剪幾刀便露出幾個刀口，重加修剪，有時竟會愈修愈糟，有時修得逼近文字，不能再修。或連文字都修掉了，無法補救，祇好另購一份報紙重剪。可是剪了幾時，大約三四星期，覺得漸漸順手；日子一久，就是漫不經心，自會剪得既直且快，不復須多修了。所以希圖剪而能不多修，須向技術熟練方面努力。

剪報這事，總宜以能不復修剪爲妙。須知剪報工作，雖是小道，却很費事，所歷過程，麻煩已甚，寃耗手脚，自以愈少浪費愈好。剪後復修這回事，便是一種工作上的浪費。修一條材料，似乎所浪費的手脚不多；修數十條數百條所浪費的手脚合計起來，說不定足以多剪上三分之一報紙，或省却三分之一的剪報時間與精力，固不僅如上文所說的材料可因修剪而反招損壞的一端缺憾而已。

次之，我此處所說起的修剪，並非祇着重在剪報不熟練所引起的修剪麻煩而論。因着不熟練而所引起的修剪麻煩，日久既熟練後，便可不成問題。其實剪報熟練的人，也有時曾花去無謂的修剪工夫。報上刊登新聞言論廣告等等，都是分批排版，而用線條、曲線、虛線、花邊等作間隔。這種間隔處的線條等等，剪裁材料之際，頗多可以順手剪除，非不得已，非有加以保留的需要，不宜容它連在所剪的材料上面，事後再事修剪。

線條可不修去

在剪報時，如何順手剪除材料邊緣的線條等呢？這須看材料的情形而定。報上有的材料，在其左邊，並沒有其他與相連着的材料須剪，那就避開材料間所間隔的線條而剪，自然所剪下的材料，便無線條等贅瘤樣的東西連着了。有的材料，左近另有材料，與相毗連，也需要剪，那就沒有別的辦法，惟有一條避着線條而剪，另一條連着線條而剪。至那一條有線條的材料，或修或不修，原無一定。在我個人的主張，非到所連的線條，太不雅觀，或有妨於材料的貼訂，覺得不去加以修掉，並無所害，讓它留着爲是，可以省些手脚。即使必須修去，或人手和時間上都支配得過來，亦以留到後面把材料貼紙的時候再修；把占地位的大幅報紙剪完後，桌上僅存有所剪留的材料時再修，實可較爲方便。這到下面談論貼的時候，再細說罷。

我的主張材料邊緣所連的線索，遇有不及順手剪掉，事後不必再加修剪，在那剪報材料，當然比較地要難看一些。不過難看雖屬難看，對於剪報材料的實用方面，固無何等減色，亦無何等不便，那真何必多去花上精力時間修掉它呢？省此精力時間，花到材料的應用方面去不好嗎？剪報目的，在於應用，不像藝術作品，在於整齊美觀；能多加以應用，要比剪的美好，更爲重要。省下修剪的精力時間，即不去用剪報，亦可花到剪報的貼紙分類整理等方面去，妥加整理，使剪材料便於應用，不也好嗎？況且有的材料，像花邊新聞、特種插畫等等，其邊緣上的線條，紙宜留着，不宜剪去，還在修剪材料之際，亦宜加以注意。

報紙裁開着剪

對開報紙，對裁而爲四開，紙張小了，不但便於「選」，便於「記」，實尤便於「剪」。手裏拿着一大張對開報紙，從上面剪取一條條的材料，每會感得拖累而不順手的。豈但對開報紙剪起來不順手，就是對裁成了四開的報紙，在「選」和「記」兩種過程中間，倘可不覺何等不便，到了剪時，却也會得感爲拖累不順手的。所以最好更來加以對裁而爲八開。不過要將對裁過的報，由四開而再對裁成爲八開，不是每張報都好裁。裁起來要不妨礙到報上材料的聯絡才可以。如果四開的半張報紙，有條材料由上半張連登到下半張，一加對裁，成了八開，豈不是把本相連在一起的材料，割離而爲兩塊了嗎？一塊材料，割成兩塊，爲免散亂遺脫起見，便仍須用漿糊貼連或鐵絲夾夾連，豈不無謂，多花手脚。那自然以就拿起着四開式的半張頭報紙來剪好了，何必多討麻煩。

如故手拿四開式的半張頭報紙剪取材料，眞嫌拖累不便的話，並非絕無補救辦法。那半張的報紙，縱因某種關係，不好對裁而爲八開，固可先酌將其上下左右無料可剪的部份，連撕帶剪地先行淸除，那末，你再來剪連上連下的材料，就可便當多了。有的時候，且可視那報上刊載材料的情形，順勢先來權宜分剪，把其中擬剪的幾條材料分開，剪做幾塊碎報，而後再從一塊一塊的碎報上剪取材料，這也可以相當地解決報的紙張大而拖累麻煩的問題。剪報究當怎樣討巧，原無一定成法，全在工作的人，善運匠心，手腦並用，儘量求其便利就是了。

剪和選記相助

從報紙上剪取材料，雖然都經「選」過「記」過，却又未嘗無需且剪且選，且剪且記，（有時還要且剪且鈔——詳後。）選，記，剪要是同爲一人，固好隨時運用匠心，從事收放出入，可自有其方寸。就是這三過程，前後經過幾人分工做的，剪的人對選的記的人也都要幫忙。上面說過，人究不比機器，選時記時，雖免絕無漏選漏記的事，如何補救，全要看望剪的時候，加以查察發現。這不能說是惡意的吹毛求疵，實在是善意的成全合作。發現漏選的材料，剪的人固不妨權宜行事，加以剪了再說。剪着無用，將後貼訂分類時會，取消不遲。見而不剪，從此遺漏定了，將後很難發覺其爲遺漏；或發覺了，也是很難補的。這是積極方面。更在消極方面，還應避去雖選而有不必剪的材料。比如確能認出其爲重複而不必剪留同樣兩條的，删去一條，祇剪一條好了。剪的人有時或恐選的人別有用意，不敢擅自作主，亦不妨向選的人去訊問究竟，爲已向後權宜變通的依據。

這樣講來，剪的人也要懂得「選」報才好。對於選的人的大略用意，選報目的，如果他一點也不能體會，便不好請他剪報，剪得必定很難討巧。不過剪了相當時日，經過若干磨練，大概都會逐漸體會，用不到如何費力指點。剪的人要是本有相當學識，天性聰明，則自可以體會得更便當。像這種人，剪得久了，選報的事，竟可交他去辦，不會得有大錯。這是講「剪」的人。至於負責做「記」的工作的人，當然也是一樣，要懂得「選」，然而進出干係，沒有剪的人樣担負得重；因爲剪是决定材料的去留最後一關，設有疏漏錯誤，便很難於補救了。剪的人固然要留心「選」的錯誤，也要留心記的錯誤，隨手加以改正。否則材料一到剪離報紙以後，錯記之處，便將無從發覺，亦無從改正，惟有錯誤到底。

反過來說，在那選報的人，也應懂得「記」和「剪」的工作，應體察到工作上的種種困難。遇到記法剪法特別的材料，須得隨時隨地向記剪的人指點關照，多相聯絡。有的材料，像小報等所刊載的，橫拚豎湊，版子排得曲折多端，從頭到尾，看起來倘東尋西覓，剪起來自東拚西湊，一不留意，中間或者脫漏一段，或者剪壞一段。遇此時會，選的人要多多體察剪的人困難，或就別報選擇編得較成整塊的材料使剪，或將曲折支離的版子，用方向矢線條來拘劃，以示聯絡起迄。這樣在剪的人就可以省些腦力，且可不至剪錯剪漏了。還有「記」的人，也要盡力替剪的人謀方便，體察剪時困難，而盡力使材料上所記的字，勿妨礙到剪。那末，記的人當然也以懂得「剪」的種種爲上。

剪報錯誤問題

剪報是不好有錯誤的。有了錯誤，事後很不容易發覺；即發覺了，補救總是一件麻煩而不容易的事，要比說的過程中間的錯誤，還要難於發覺，難於補救。所可能的發覺，惟有在以後「貼」的時候，「分」的時候，以及用的時候。有的錯誤，尚能發覺，例如長期刊載的材料，中間偶然脫剪一天，或某一天的材料，偶然脫剪一段，這在貼的人或分的人，日後都許會得發覺，這篇材料，日後如有人來查看，也一定會發覺。這時發覺，說不定已經過了幾天幾十天，以至幾年。報館裏發行的報紙，不比書局裏出版的書籍雜誌，時間一隔得長，絕難再去覓購。而且在事後發現脫剪等等情事，若材料係全部脫漏未剪到，便查不出是刊在那天的報紙上，有時連什麼報紙都查不出，試問能有何法可來補救。恐怕就是各報都另藏有一份，也是莫由從而補剪呀！何況多數的材料，僅在一天的報紙上就刊載完畢，日後實絕少再發現的可能；即使想查用到，也是恍惚記不想報上究曾刊過沒有。你想，剪報可以有錯誤的嗎？

人非機器，工作未可劃一不二；剪報雖係機械工作，剪的人究不能像機械樣地把事情做得一點沒有參差進出。且有很多處所，要他權宜酌奪，再留心些，忙中殊難保無錯誤。加以有的錯誤，似錯非錯，當時以為對的，日後感為錯了。可想剪報而有錯誤，不無可加原諒。可是剪報的人，不宜因人原諒，便自安於錯。剪的時候，要盡力之所能，盡量避免錯誤；日後發現錯誤，更要盡力之所能，盡量補救錯誤。要想避免錯誤，沒有別法，祇有細心謹慎，勤於自我修養，求對技術熟練，理繁若簡，得心應手，了無餘恨。至於補救錯誤，尤應不憚煩難，得設法處，總去設法，以求工作圓滿。尋得線索，即使無報可供補剪，亦當設法鈔補；鈔補而亦無從，則事回溯要點，酌加錄存。以堅强意志，居下層服務，人類文化，學術前途，實利賴之。

戊　第四來談剪報的「貼」

由報紙上所剪到的材料，大小參差，曲折歪斜，頗爲不一律的。爲便於分類起見，爲便於整理起見，很需要把它們貼在另外一種大小一律的紙上，貼成大小相同，整齊劃一的活頁。（以下或稱做「剪報活頁」）。這種活頁，如不甚大，好像大號卡片，分起類來，可以像排卡片樣排的。排成門類以後，又可抽出訂冊整理。所以從事剪報的人，逢到想把剪報整理保藏，自然而然會得來辦這一過程。剪報經過這一過程，所剪材料，應用起來，亦可大感方便。在用剪報的人，祇用已貼好的剪報，尙不見得就會感覺「貼」這過程重要；可是一經用及沒貼紙的剪報，支離破碎，太不方便，恐怕立刻便要提起「貼」這件事。所以剪報貼紙，在全部剪報工作中間，雖然不是最重要的過程，却爲不可或缺的呀！

貼和分的順序

把報上刊登的材料，剪離報紙，上面詳細談過。要經過「選」「記」「剪」三個過程。把材料從報上剪下以後，更要經過三個過程，那便是貼紙分類和整理，然後材料才便於應用，才利於久藏。這六個過程，都是剪報工作的本體；至於第一個過程「定」這件事，實皮屬於剪報工作的旁文，無非工作上的籌備事項罷了。末一個過程保管，更爲剪報上的餘事，比較亦不重要。不過那後面的三個過程，不像起首三個的次序不好有所變更；却可隨着工作者的意思，好來隨便對調更換過的。先把剪報材料貼紙，然後分類整理，固然可以；先把材料分類，然後貼紙整理，亦未嘗不可。再不然者，分過類的材料，逕以貼入簿冊，把整理訂冊的手續，就包括在「貼」的過程中間，寓「訂」於「貼」，也是可以。或者且分類且貼冊，分一條貼一條，寓「分」於「貼」也可以。

這幾種過程次序上的變更，我都曾經嘗試過，大約是要看着情形而各感有方便之處。差不多是這樣的，個人隨便從報紙上剪存一些材料，是以先行分類，而後再把各類材料，一一貼入特備好的各類冊中，最爲簡便。如果剪的材料眞少，每天僅有十條八條，那末，簡直用不到先分什麼類，分一條貼一條好了，可以尤感便捷。報上剪下的材料數量，要是相當地多，分類之後，不是一冊兩冊所貼得完，那便宜於類一分好，就來貼紙，把各條材料都貼成做活頁式，隨後訂起本子來，厚薄固可以有伸縮餘地，各本子所訂進材料，更有特選細分可能。這樣來貼剪報使成活頁，不妨貼得大些，不一定要小到類乎卡片式樣，因爲貼後大都隨時訂成本子，不再用得像排卡片樣地分排類別。不過剪報規模稍大，總以所剪材料，盡先貼到大小齊一的紙上，而後排分類別，提選訂冊，實屬最爲相宜。先貼紙而後分類訂冊，就是規模小些，兩三個人的貼報，亦未始卽不之相宜。我們就依照着這樣工作過程的順序，從先談上剪報貼紙的勾當罷。

貼報用的紙張

要把從報上剪得的材料，貼到紙上，當然第一件事，要先備好一種紙張，作爲貼報用紙。（以下簡稱「貼報紙」。）這種貼報用紙，拿什麼紙來做都可以，然而要合我下面所開的幾個條件：一是廉價；二是質牢；三是薄；四是不軟；五是切得大小齊一，不歪不斜。須知貼報用紙，好似剪報的糧食，花用很多，故不得不求其價值便宜，貼用久了，可不致感到花費太大。此其一。質地牢韌，在把剪報長久保藏和多番應用兩方面，很關重要。此其二。紙張薄些，訂本亦薄；僅僅一張貼報紙厚些不感到什麼，數十百張訂成一本時，就要感到了。數百千冊剪報訂本，排置起來，地位的占多占少，就大有出入了。此其三。軟的紙張，貼上材料而後，邊緣未貼到的部份，易起縐縫曲折，豎着分類排插起來，會起許多困難。而卡片式的剪報活頁，固都豎着排分別類的，所以不能不求它的質性稍硬。此其四。切得大小齊一，不歪不斜，那與剪報材料所以需要貼紙的目的有關，可以不必多加解釋。此其五。比較合於理想的貼報用紙，以用半透明得像毛玻璃樣的輕磅毛道林紙來切成，最爲相宜，可惜價錢未免要被人嫌得貴。

把整張大紙裁切做貼報紙時，究以裁成何等樣的尺寸，最爲相宜適用呢？那自沒有一定，可大可小，祇要不過於大或過於小，而在貼時用時以及藏放上不感到何等的不方便就好了。隨各人習慣上所喜歡好了。照我個人的習慣，覺得在那先貼紙而後分類的剪報場所，所採用的貼報紙，以由大約30×42英寸的紙裁，平均切裁做三十二開，覺頗適宜，較爲合用。三十二開的貼報紙大小，等於普通對開報紙十六分之一，半版八開的八分之一，約如大號卡片樣子，略再大些。排材料印各版報紙的八開式版子，要是上下分做十二格的，那末，三十二開的貼報紙，橫置時會，其上下高度，約當印報版子的三格而略有餘。因八開式的印報版子，視對開的印報紙張再對開的一半，（亦即八開，）是要小去一條中縫以及三面邊緣約一圈。故三十二開的貼報紙視八開式版子的八分之一，也要大上一圈。那末，把用版子所印出的材料，剪下貼紙，貼後四邊可以空出若干地位，作為裝訂成冊及更切平之需。（印報版子大小，各報略有出入，但大致則如上所述。）

然而大幅紙張，如以裁切成為三十六開，當作貼報紙用，亦常相宜。其上下高度，正與版子的三格相等，左右闊度正與版子闊度的一半相近。貼的如屬半塊版子闊的材料，正好以之貼滿紙頁，而其左側或右側，固仍不無若干空餘地位，可供裝訂上的需要。惟所訂成功的本子，每邊不好再用刀來切平。（我是主張剪報訂本不要切平的，詳後。）然在紙張的花費方面，可以經濟一些。一張大紙，三十二開與三十六開，相差四張，開上數百張數千張大紙，開得的貼報紙差數，積少成多，確也很可觀呢。這都是就先貼後分的剪報着想，至若先分後貼，或且分且貼，或寓訂於貼的剪報，其貼報用紙或簿冊的大小，大約是闊大一些的好，十六開或十八開都可以，可使貼出的張頁及訂成的簿冊，數目都好變得少些。

貼報用的漿糊

想把剪報材料，貼到紙上，當然還需要有一種好把紙張相與貼牢的物品。那是以用麵粉調製成的漿糊，最為適用。此外像那動物質膠料，如牛皮膠，魚肚膠等等，就不大相宜。因為後者較前者價錢要來得貴。加以用時前者不會像後者容易滲透紙頁；即或滲透，亦屬潔白無色；後者滲透了便將呈現醬黃色的水漬，很不雅觀；色過深的，直可淹沒材料字跡。不過為着貼報，而用麵粉調製成的漿糊，不宜太厚，不妨薄些。因為貼時紙背或紙面的加塗漿糊，須用一種特製的粗頭毛筆，（下或簡稱「漿糊筆」），漿糊薄些，筆醮着才容易塗得散開。厚着塗起來固然不容易平勻散開，醮起來量多量少，亦很難自然。但是漿糊調製得太薄也不行，弊病在於貼不牢固，且易透溼紙頁。

還有一層，普通用着麵粉調製成的漿糊，容易發霉腐臭，天氣熱的時會，尤其容易這樣，往往朝不保夕。未動用到的漿糊，腐朽掉些，猶屬小事。貼用進到剪報中的，要也腐朽發霉，那就很討厭了。對於材料的保藏上和應用上，都將感到許多損失而無可奈何。補救之道，沒有別的，惟有在調製時候，放進足以防止腐蝕的特種藥料。這種藥料，我少研究，大約到西藥房去可以訊購而得。加了藥料，不但能於防腐，且能防及蟲傷鼠害；就是材料貼紙而後，可以減免蟲蛀鼠咬，但並不是絕對有效的罷了。有的處所或無特製藥料可購而得，那另有一種較簡便的辦法補救；就是在調製漿糊的麵粉中加進些明礬，且宜稍加得重些，也就勉強用得了。貼報用的漿糊，往往是不少，時常在調製的；要是當地有專門漿糊的店家，自以託之特別調製，按時送到，當尤可以道地一些，方便得多。

貼前須先裁剪

剪報材料的貼紙，很有點像縫製衣服，實行貼紙以前，比起縫衣來同樣要先花過一番設計裁剪的工夫。縫衣的事，先裁後縫；貼報工作，先裁後貼，材料貼紙以前，爲什麼要一定經過裁剪呢？須知報上剪的材料，所以需要貼到另外一張紙上去的原因，就爲着他曲折歪斜，參差不齊的緣故。要把他們貼得大小一律，整整齊齊，不經過一番裁剪，怎能辦到呢？爲着這樣，慣常一條長篇材料，須得經過橫剪豎剪，裁成好多塊數，藉以配合大小。至其大小的依據，當然拿着所備好的貼報紙做標準。方法是這樣的，把貼報紙一張放平在桌上，手取剪報材料，橫量豎比，長的剪分數段而貼，短的補長一些而貼，前半段既貼在上方，後半段便連貼下方；長條改貼成爲方塊，缺角移貼成爲直條；好裁斷的，裁斷配貼，不好裁斷，稽着配貼；一紙貼不完的，裁得分貼兩紙，正面貼不完的，裁得貼於反面；如有線條印連着在材料上面，或者順手修去，或者留着照貼；如感題目編得冗長難貼，可以剪開着做兩行配貼，可修去上下空白而貼；……法門正是多端此處不能一一舉得詳盡無遺。要在從事工作的人，善自運用匠心，多動腦子，使得自己裁剪得盡善盡美就是了。

照着貼報紙大小而裁剪配合着材料，以備貼紙，要是裁配好一條貼一條的話，實很不方便的。因爲這樣辦來，勢必弄得時而執剪，時而執漿糊筆；雙手上，剪刀上，桌子上，貼報紙上，漿糊筆桿上，剪報材料上，處處漿糊滿塗，污穢混亂，工作進行，很難討巧，不易迅速。比較方便的辦法，可把大批材料，都先裁配妥當，而後動到漿糊，作一起貼。這也好似成衣匠的裁衣，把衣服各部料子都事裁配好後，再來一起地縫。縫衣服尚有時須於且裁且縫，貼剪報卻宜大批裁好再貼。不過裁配大批材料之際，有一點須格外謹慎留意。切宜當心裁配之際剪碎了的材料，弄得散亂，脫段殘缺，次序顚倒，貼起來便不復能相啣接。我的意思，主張把所擬貼紙的材料，每裁配好一條，就緊叠在先裁配畢的一條上面；一條一條裁配着叠上去，而皆向上地叠；如是愈叠愈多，愈多愈厚，叠到二三十條，四五十條，作爲一組，用鐵絲夾或鋼皮夾夾牢，以防散亂，暫置一邊。隨又另取上許多材料，裁配緊叠成組。把報紙上所剪得的材料，全部裁配完畢，叠成數組，乃來動手一組一組地貼。

貼時的動作

把裁配相叠成組的許多材料貼紙，可依下列的手續順序進行：（一）把貼報紙一叠放在坐位一邊的桌面正中。（二）把置有漿糊筆的漿糊碗放在貼報紙的右前方。（三）把一張廢紙，摺作三四層，摺成白報紙八開的大小，放在貼報紙的右下方，作爲墊紙。（四）取上一組裁叠好的材料，折開鐵絲夾等，反面向上，安放在右下方的墊紙之上。（五）向漿糊碗拿起漿糊筆，醮些漿糊，塗到材料組最上一頁的反面。（時正反面向上放着。）（六）把筆黏動塗過漿糊的一頁材料，移到貼報紙上，順手翻過紙頁，使其正面向上，雙手扶正。到此一頁材料，算已貼上。第二頁即依着（五）（六）兩項手續來貼，接連貼去，貼第三頁第四頁第……（七）等得全張貼報紙上報頁配滿，隨把全紙連各頁輕輕翻過，反合在紙叠之上，用手掌就其反面加以熨平，使材料各頁貼牢。（八）畢後將那張貼過材料的貼報紙移開，移置於「紙叠」正前方的桌子中央，（反面朝上放），接着再來就別一張貼報紙來貼報。（九）剪報材料，貼完一紙，再貼一紙；貼完一條，再貼一條；貼完一組，再貼一組。照此情形，不間斷地貼去，四五十條剪報材料，約裁配做二三百頁，每條材料作爲裁剪做三四頁計算），叠作一兩「組」，差不多僅一個鐘頭，可全貼完。

然而現在另有幾點，須來特別說明：把剪報組反面最上一頁取動貼紙以後，第二頁若本與第一頁從同一條材料剪裁下的，那末貼時當然需要接着第一頁來配貼，貼在第一頁的後部或下部，使相連屬，而且當然是貼在同一張貼報紙的同一面上，如果地位上能容納兩頁都貼上去的話。這是一點。我們貼第一頁時，當然在貼報紙面，就要酌量留好貼第二頁第三頁以致第四頁等的地位。萬一到了貼第二頁第三頁等時，發覺先貼各頁的後部或下部所留地位不妥；或竟未留，弄得後面各頁不好再配貼上去；或勉强貼上，樣子難看；或各頁先後順序貼錯了；或位置貼歪了，——那末，應得隨即趕快把貼上去的報頁，剝離着貼報紙而重移一個位置來貼，使得後面或下面能把別頁配貼上去，且貼正爲度。這是又一點。（材料貼到紙上，片刻之間，漿糊尙未乾牢，所以能够剝下再貼）。第二頁接第一頁貼，第三頁接第二頁貼，第四頁接……一直相與接下去，直到某條材料，全部都配貼到着紙上了，才算完了一條材料的貼紙程序，這更是一點。某條材料，如果很長，裁分的各頁，如果在貼報紙的正面貼不下，可貼到反面去；再貼不下，可貼到另一張紙的正面反面去；仍貼不下，可更貼到別張紙上去……直到全條材料貼完才罷休。這也是一點。還是不好就罷休，更應把那所貼及而屬於同條材料的幾張紙，就他們的一邊，各去塗上一長條漿糊，依次使相聯貼在一起成爲薄薄的書本式樣，好來一頁一頁翻開閱讀。那末，材料就是再長一些，貼紙張數再多一些，貼後自可不致再散亂了。這亦末了不可不說到的一點。

貼報應注意事

剪報工作貼紙這個過程，除開前面已講到的種種而外，尙有許多事項，我們應亦提及：一是剪報材料的剪裁，以及剪裁以後的貼上紙張，切忌裁得歪斜，貼得不正。事雖無關大體，不無有傷觀瞻。這應多自練習，純屬技術問題，裁得久了，貼得久了，目光手勢，自會準確；自由剪去，信手按下，總能稱心如意，旣方且正，亦直亦平

○二逢曲折凹凸形的材料，最好盡所可能，力加裁貼成爲方形，正方長方則可不計。但此相當廢事，若覺倘可過去，即便不加裁開，作一塊貼，亦正無妨。三當裁配材料，以迄貼紙之際，如見材料左近，有何花點線條，多餘附着，自以順手修去的好。惟若並非如何欠雅，我主張便留着好了，可以省事不少。四爲短的剪報材料，自不需何裁剪，宜逕貼紙，但忌兩條材料，同貼一紙。貼在同一面上，固屬非宜，分貼正反兩面，亦殊欠妥；須知分類之時，將成問題，一張剪報活頁，不好兼事分入兩類。然遇類屬甚爲相同的短料，不說兩條，就是數條同貼一紙，亦殊無妨；如果地位許可，正宜貼於一紙，尤宜同貼一面。五在裁料貼報時會，如忽發現前面「記」時「剪」時，以至「選」時，有何漏選脫記誤剪情事，應即設法補救糾正——漏選的覓剪，脫記的加上，多剪的修去，少剪的補足。誠使原報無法配剪，對諸脫漏段落，剪沒字句，隨就貼報紙上，想去接鈔。如絕無法鈔得，則姑將料提出，備後徐圖覓鈔。

純粹關於報頁塗着漿糊貼到紙上去的工作，也將門有幾項要談，須得注意，第一貼料於紙，紙的正面靠右一邊，反面靠左一邊，都須空出三四英分，絕不使有材料貼及，留爲日後裝訂地位。長篇材料，貼作數紙，貼後欲使相連，此項空出地位，也需用到。剪報活頁上面，設無空餘地位聽留，裝訂貼連起來，將生訂沒貼沒材料本身的問題了。第二剪報材料貼紙，反面當然須塗漿糊，然而僅塗報頁反面的四邊已够，中部可以不必塗得，且以免塗爲妙。這在貼錯若想重貼，剝下可較便利。且易乾燥去霉，紙頁中央部份，尤其不會霉及。第三報頁反面塗漿糊時，另手應舉一指壓牢報頁的一角，防其走動。塗上漿糊，無庸小心翼翼，不妨塗出頁外，塗到組中本頁之下的各頁反面上去，殊屬無妨。因爲面上一頁貼去以後，以下各頁本也都須塗着漿糊而貼。第四過於小的報頁，頗易浮動，即就組上加塗漿糊，不甚便利。可用漿糊筆尖，黏離本組，放到組旁墊紙上去，加塗較佳。每個全組報頁完全貼去，墊紙所染漿糊已多，自宜換過；墊紙本有多層，面上撕去一層亦可。第五報頁黏紙的工作，因爲動用漿糊關係，異常容易汚及雙手工具等等，殊宜勤於洗滌，以免汚損材料及紙張。大約貼了一組剪報，隨去洗手一次，方好再行從事。

剪報貼紙，粗想起來，好似一件異常平凡的事。但爲工作上的便利迅速打算種種法門，未可視爲空談，硬要使之練習純熟。祇懂了些法門，技術上却沒有熟練，工作未必便能稱心如意。技術熟練，沒有別法，惟有打起精神，長期苦幹。幹得久了，自成習慣，自會熟練，既妥且速，興趣盎然。

己　綜談剪報工作二三事

綜合剪報工作的全部，是有好幾件事，想來談到。在這一本小册裏面，祇好略談三兩件以表示行文上的結束。

略談剪報價値

剪報工作，區區小道，不像大有出息的事，而瑣細複雜，確是相當可觀，對於以上講的種種，雖多簡略，已够回味；固眞天天按步實行，眞要煩煞人罷。可想這種工作，不像多數人所樂於做的。我却小題大做，就我工作經驗到的，分作許多過程，談到此刻，權告結束，猶未談全，不屑從事於此的人，當然要嫌我爲多事；才調好大騖遠的人，更許要笑我太無謂。國難嚴重，抗戰事亟，建國大業，待人努力，何事不好去做，怎的奢談這一問題。如此這般向我責備，在我對之無話好答。我所談的，自慚形穢，願他們不一顧。

我的不嫌題小，不憚大做，動機無他，諒不竟至世間絕無樂於此道的人，不過少些罷了。研究學術，致力文化，有用無用難說，硬幹苦幹若實，剪報小道，不無足以藉之打起根據，使所努力，有所張本。世界日見進化，形形式式，事事物物，息息相關相通。剪報工作，係對社會過往事跡，致力搜集精華，剔除糟糠，協助通家碩學，歸納萬端，取精用宏。區區小道，所念在此，有無是處，非所暇計。察此工作本身，從研究學術而論，事屬初步，就致力文化而言，居於下層。設此初步下層工作，竟可見之普徧風行，我敢想像，憑空思想眞理之事，今後當較往昔爲少。照此說來，剪報豈僅屬於報界人們的事。「導引人去求學問增知識」的大學校裏，竟設之爲必修科目，亦不爲過。

再來誇張些說，剪報工作，非應祇由「研究學術，致力文化」的人去包辦的。任何行業，多少值得各去幹他一些。發展個人事業；謀求大衆福利；解決人生問題；醫治社會病態，管理衆人之事；應付國際紛爭……簡直什麼方面，都需要他，雖在過去，沒大發現到他，未多借重到他。來日方長，社會人們共同生活，情形複雜，日異月異；無論個人，無論集體，無論國家，無論民族，同思掙扎以圖生存，努力以求滿足，剪報工作，實爲一種重要手段。日子愈過下去，行將愈感重要；終當或有一天，成爲不可不採及的手段，也說不定。到那時會，他自變得普遍，他將到處流行，前途正是無量。

剪報工作，既爲學術研究，人類生存等方面所值得去做的事，那末，我們自不妨來加以研究。研究之下，說不定有若干人們，感得需要，躍躍欲試。然我知道，想幹的人，未必不以剪報工作，過程許多，繁瑣太甚，有點望而生畏。此一問題，也是這兒綜談剪報工作之際，應討論到。我們前面談過，剪報工作許多過程，簡單些辦，可

略談剪報時間

以由着一兩個人，兩三個人，利用每天業餘時間，相與工作兩三小時，三四小時，便就好來辦的。或許有人在以爲我把事情說得太便當罷。我可以來拿兩個人在每天剪報三四小時的工作支配情形，約略說明一下，叫大家好信任自已尚能對於他去努力辦辦；他並不是件繁瑣到幹不得的事——替大家在精神上作一番建設。

一兩個人做剪報工作，所好剪及的報紙，大約可共擇定五六種够了。立場正反，張數多少，紙頁大小的報紙，都應有在其內。每天上午，七時半至八時半間，報紙方到，主持的人，好把「選」的過程，在此一小時內辦完。九時起至下午二時之間，可着助剪的人，每天認定一個鐘頭，辦完「記」和「剪」兩過程。在此六種報上，要是祇選長一些和重要一些的材料而剪，當不大出五十條外，能有一個鐘頭，當全可以記好剪了。如果剪至百條左右，助手須多添上一個，兩個人在一小時內，該可剪好。不過這種助手，宜爲家庭中人，如主婦等；若在服務機關，從屬職員，以及受過敎育的茶役等人，亦可加以雇用：總以其能撥出相當業餘時間者爲宜。至於剪得材料的貼紙，於午後或晚間，撥出一兩小時，助手們該可以辦完的了。

若尚有暇，更可幫助主持的人，整理剪報活頁，辦理訂冊、鈔目、登記、標類號、排欄位等情事。在那主持的人，對於剪報活頁的分類排序，對於剪報訂本的編訂目卡，以及其他須親料理的瑣事，概可在午後或晚上業餘時間內辦理，至多化上兩個鐘頭的時間罷了。諸位可去一試。

略談剪報利用

我上節談的小型剪報工作時間上的支配，尚屬固意把它說得長些；工作純熟的人，常可無須花上許多時間。第一年中，剪報工作，祇要辦到分類的過程，其下訂冊、登記、編目卡，標類號等等整理工作，要到第二年起，才有得辦。到第二年，技術上當已見熟練，事情加多一些，時間可不加長。話雖這樣地說，但是剪報工作，究竟不是如何省力的事。它是不論寒暑，不論假期，天天都要按步就班做的，不好有何間斷，小病都生不得。可想從事這種工作，對於身體的鍛鍊，恆心的修養，實少不得。爲不斷努力工作的長期維持起見，我們一方面從事剪報，一方還要利用剪報，以求精神上的報酬，使得工作產生興趣。

我們天天努力剪報，如果老是束之高閣，埋沒寶藏，未免可惜。但是一個從事剪報工作的人，業餘時間，盡支配於剪報方面，精疲力盡，尚感不敷，怎可再有餘暇，來把剪報利用。那不盡然。星期例假，紀念假期，全年幾達百天左右，能善利用，未常不可有爲。出外居家，每天工作之餘，更多撥出一小時許，花於剪報應用方面，日計不足，月計有餘，事亦可能的罷。還有一種辦法，工作日子稍久，所積材料，達於相當數量，可加整理之時，卽乘整理過程進行之際，順便加以利用。這話就是說：同時間內，既在整理，又在利用，且整理且利用，且利用且整理；想利用什麼，就整理什麼；整理到什麼，就利用什麼：或編輯，或創作，或統計，或設計，或尋求眞理，或提綱節要，……學術文化，個人生活，在在正可資以發揮。當然，這樣一來，整理時間，須得加多。所好到此時會，選的過程，已甚熟手，時間可以縮短，且竟可交助手兼辦，不怕沒有較多的業餘時間，騰作整理剪報之用。他如例假日期，餘暇特多，抽調時間，以補不足，積年累月，當不難於小有成就。

卅，四，十五。

剪報經驗談測驗題

甲、引言

1. 剪報有幾種過程？
2. 試略述剪報一名之由來。

乙、首先來談剪報的「選」

1. 如何選擇要剪的報？
2. 選定要剪的材料後，應加什麼記號？
3. 遇到各報有同樣的材料時，應依什麼標準定取捨？
4. 選時應把報紙怎樣處理？
5. 爲什麼要多備幾份報紙？
6. 選前是否須先仔細閱讀？爲什麼？
7. 材料是否人人能選？

丙、第二來談剪報的「記」

1. 剪報爲什麼要記？怎樣記法才好？
2. 記時用什麼工具？有什麼訣竅？

3. 印記應用什麼字體？

丁、第三來談剪報的「剪」

1. 剪用什麼工具？有什麼技巧？
2. 應怎樣剪法？
3. 「剪」和「選」「記」有什麼關係？
4. 怎樣避免剪報的錯誤？

戊、第四來談剪報的「貼」

1. 貼報應注意那幾點？
2. 貼的紙張漿糊應選用那種爲妙？

己、綜談剪報工作二三事

1. 剪報有什麼價值？
2. 在什麼時候剪報最適宜？
3. 怎樣利用剪報？

簡型報紙編輯經驗

第一講　簡型報定義

一　簡型報的解釋

什麼叫做「簡型報」？有一位署名凱江的，在蘆溝橋戰事爆發以後，寫過一篇下鄉宣傳幾個具體辦法，連續刊載在南京興華日報上；其中第三個具體辦法，是談到簡型報，他先替「簡型報」三字如此解釋：

——簡型報，有人解釋爲「報紙簡單化」，這僅是說對了一半；因爲報紙「簡單」到什麼地步，應該有一個限制；不然的話，把報紙的各欄都簡單去了，存下的只是空白，這不是最簡單也沒有嗎？但這還能像個報紙嗎？

——所以，「簡」是「簡單」，請注意下面拖着一個「型」字，型也者；製造器物的模型，是一種法式，一種典型；報紙簡單的程度，不可超出這個「模型」以外；比如我們用一個「化」字加上幾筆，可以畫成一個兔子；這兔子雖然畫得最簡單也沒有了，但總還是不失其兔子的輪廓；因此，不論誰見了這畫，還是說這是兔子！明白了這一點，就可以知道我所主張的簡型報；是一個怎樣的報紙了！

照抄了兩段舊報，我覺得已可以答復我們的問題，所以我也不再多說了。

二　不是小報

「簡型報」是「小報」嗎？要是不仔細一想，一定要回答「是的」！因爲小報版式小，篇幅少，却的確是一張報紙，這不是符合了「簡型」的解釋嗎？可是，再經過一度考慮，我們可以絕對地否認，「簡型報決不是小報」！

為什麼呢？讓我再來引證南京南京日報人間世副刊所曾刊過的一節補白文字，題為「談「小報」」，原文如下：

——不知從什麼年代起，小報變為「垃圾桶」了；凡是大報上所遺棄的東西，小報上都「收羅」了去；姦盜娼優，各色俱全，眞是不怕汚穢齷齪，雖然地盤狹小，倒能大肚包容；從今後小報的「小」字，不作大小的「小」字解，要作君子小人的「小」字解；我猜想總有這麼一天，「小報」會被人喚做「小人報」的。

據此，我們所主張的簡型報，是要牠負起種種「偉大的任務」的，為了便於創辦便於推行起見，我們需要在許多地方使其「簡單化」；但是，我們願意自墮「報格」承認是「小報」嗎？當然不肯的！

三　與小型報也有差別

那末，簡型報一定就是「小型報」了！我們承認小型報是和大型報一般的前進，比如過去的立報，牠的立場，思想，態度等，都未曾使我們有不愜意的地方；時至今日，上海人士對於立報的印象還是很深！但我說，簡型報與小型報也有差別，請試言一二：——

第一，簡型報是「日報化」的，着重新聞時事報導；小型報是「雜誌化」的，多容納通訊小品之類的消閑作品，力避濃重的時間意味。

第二，簡型報是硬性的，尤其是戰區中的簡型報，是以戰鬥的姿態出現，無異是一種短小精悍犀利的武器，隨時給予敵人以打擊！小型報却是軟性的，牠積極地適應讀者的消閑需求，隨時隨地不忘記牠自身所負的建設任務。

第二，簡型報是偏重宣傳的，政治的，小型報是偏重教育的，學術的，所以前者是進取的時候多，後者是守禦的時候多！前者是急進的，後者是緩進的。

明乎此，可知簡型報與小型報，正處於相反地位，但有時候，兩者也可攜手並進，——儘管「異曲」

，不妨「同工」，而獲得「相輔而行」的效果。

四　是大報簡單化

我們可以說：簡型報，是大報簡單化！

如何「簡單化」？請試言其端：——

（一）洋洋千言的社評，替代以百數十字的短評。

（二）長篇累牘的電訊刪去了，但提綱挈領的標題還得保留。

（三）廣告沒有了，但也得留出一部份地位刊載觸目驚心的標語。

（四）領袖長官的訓話演詞雖不便全載，可以摘要刊出，或者替代以名人格言。——一大篇的廢話，往往不及有力的一句。

（五）副刊還得保留，淘汰專門性的，採綜合編制。地位小，篇幅小，取稿以精悍短小爲主。

（六）新聞也得精編，假使有十篇新聞，如果用「簡報」方式，可以縮短到一篇那麼長。

（七）報眉，花邊，鉛線……等可以節省，精美的鉛印，也不妨替代以粗陋的油印或手鈔，只要內容充實，物質上種種都可以極力簡單它的！

這樣簡單以後，不是依然保持大型報風味嗎？這正如一個初生下來的孩子，他的五官四肢還得具全，和大人們不同的，他不過處處地方渺小而已！

五　結論

簡型報在形式上是簡單渺小，在精神上是偉大的；牠有堅忍不拔的「報格」，牠的一字一句，都得審愼下筆；因爲牠所肩負的任務太重要了。

做一個簡型報的編輯，也許比一個大型報編輯尤難；從集稿，編稿，發稿，甚至抄寫，油印，分發，往往只有一個人唱「獨脚戲」，好像京戲中的「拾黃金」，不是能够吃苦耐勞，甘心爲祖國犧牲的人，那是決不能勝任的。

第二講　簡型報概論

一　壁報性的簡型報

最便當的簡型報，要推壁報性的，每次出版，往往只有一份，以手抄居多；卽使油印，也印不了多少份，向每天固定的地方張貼後就算了事。這種壁報，詳細說起來，又可分爲學校的，軍隊的，民衆的，現在約略分述於后：——

1.學校的　這是張貼在校內的壁報，是一種校刊，內容以學校爲主體，把學校當作一個小社會，以大部份的篇幅，去記載這小社會裏的形形色色，而以小部份篇幅，去報導一些地方大事，國家大事，和世界大事。從編者，作者，到讀者，都是這一個學校中的人。

2.軍隊的　軍隊中也有一種壁報，內容是純粹軍隊化的；目的是灌輸軍人以新智識，讓軍人們也有一個發表的園地。

3.民衆的　這種壁報，張貼在街頭巷尾，寺廟的壁上，學校及報館的門外，軍隊駐紮地的鄰近，民衆教育館等機關裏，以及其他公共場所，最要緊的，是要使民衆容易閱覽到。所以張貼的地方，每天也應該固定；不可隨便更易，時間也不可或先或後，並且不可間斷，以便讓民衆可以準時到來閱讀。

民衆壁報的主持者，有報館，學校，軍隊，民衆教育館等機關，以及那些專從事民衆運動的團體。

民衆壁報的編者，大概是有人專任負責，也有組織一個編輯委員會來辦理此事。——我在北平×大肄業的時候，曾獨個兒負責編過半年的民衆壁報。我在崑（山）太（倉）嘉（定）三縣活躍的一個流動部隊中，看見他們編給民衆閱覽的壁報，是組織了編輯委員會，由六七個人一同負責的。

民衆壁報的作者，却不是民衆，由學校主辦的，作者就是全體同學和教師們，由軍隊主辦的，作者就是全體軍人們，由一個機關負責的，作者就是這機關中人，其餘可以類推了。

假使獨個兒負責編一個壁報，在鬧稿荒的時候，可以將報紙上「好的資料」加以轉載：不過要注意，你所轉載的報紙，必須是當地民衆所閱覽不到的，比如說，在目前的上海，我們舉辦一個壁報，專以轉載內地及香港的報紙，還是可以受到上海民衆的歡迎的。

但不要忘記，民衆壁報的讀者，是民衆，所以要編得大衆化，通俗化，適合民衆閱覽的「程度」和「胃口」才好！

由報館所主持的民衆壁報，往往不再另編，就是將他每天出版的報紙張貼出來，這也是可以的。更有許多學校或機關，因爲人手短少的緣故，把當天的報紙購來，把緊要消息用紅筆顯著地圈點出來，然後每天去張貼在壁報牌上，讓民衆閱覽，這也是一個簡而易行的補救辦法。

二　流動性的簡型報

流動性的簡型報，像普通報紙一般，是大批印發的：少的是數百份，多的也有數千份，像「吳興前敵」，銷數在一萬份以上，讀者遍及浙西各縣，他們不再是手鈔油印，也是和上海的報紙一般的用鉛字祕密排印了。但他們是以戰鬥襲擊的姿態出現的，所以還是簡型報的一種。

流動性簡型報，有像「日報式」每日一刊的，也有三日發行一次，但也有像「期刊式」每週，每十日，每半月，每一月發行一次的，更有兩個月，一季，甚至一年發行一次的，但值得申明的，他們都是以簡型報姿態出現，所以我們不得稱他們爲「期刊」的。

現在根據我幾度游擊區往還的見聞，約略報告如下：——

1.每日刊　還是比較最普遍，但由於經濟及人事上種種問題，在游擊區中，每日刊只有較大的城市方有發行。我親眼見到的每日刊，專以江南平原（包括浙西）來說，共有八種，它們的名字是太湖捷報，宜興前鋒，抗戰新聞，（武進出版）蘇錫戰報，吳興前敵，浙西日報，（分兩處發行，一在平湖，行銷海鹽海寧各縣。一在嘉興，行銷桐鄉崇德德淸等縣。聽說最近在武康也增添了地方版，但我沒有見到）。乍澉快報，（乍浦澉浦兩鎭聯合發行）。西湖動向（牠的前身是救亡日報，發刊於杭垣，淪陷後不久，由杭州救亡運動主持者方××先生負責編輯，半年後停刊，改以西湖動向出現，但最近一次到杭州，無法購到，不知可是又停刊了）。

2.三日刊　三日刊很少，我只看到過一種，是長興出版的，刊名是狼煙，牠的大小只有上海小型報的半張，而且排的四號字，內容尙可。

3.週刊　也只見到三種，一種是浙東前哨，是汪江戰時小學編印的，現已停刊。另一種是新四軍××部隊出版的火線，（起初是日刊，我去年見到卻變了週刊，什麼時候改變，也不知道；雖然是油印釘成一冊，但決不是期刊雜誌性質，內容有電訊，新聞，副刊，完全是簡型報姿態）。還有一種却是「流動性壁報」，是崐、太、嘉一個流動部隊負責編輯的，喚做烽火流動刊，我見到那一期已是七十八期，並且七十九期正在編輯；聽說他們在稿擠時，變爲三日刊，軍事緊急時，就變爲旬刊；所以七十八期是否眞正創刊了七十八個星期，那還是疑問。還有一點，因爲是「流動壁報式」，他們每期只有一份，不用油印，是手鈔的。

4.旬刊　香山游擊隊部油印一種救亡報，是十日一刊；聽說江抗部隊也油印一種「情報」，是十日一期，我却無從獲得一覩。還有浙西天目山中州版一種「大前方」，這是長興一位朋友如此談起，說是十日一版，我也沒有看見。

5.半月刊　見到過七種，牠們的名字是：黃龍，（海鹽出版）第一線，（吳興出版）半月遊擊，（嘉興出版），半月情報，（溧陽出版），浙西游擊情報，（杭州出版）挺進報，（第三戰區江南挺進縱隊毛××部出版，浙西民衆誤稱該部爲六十二師，因爲該部長官均在六十二師服務過，而部下又和六十二師同樣多三湘門士的緣故。所以半年前有人寫報告，說到六十二師出版挺進報，卽此之誤）。抗日報（半月一期，山西出版，牠的行銷區，從晉豫邊界的垣曲，至晉省西部的蒲縣，吉縣，大寧，夏縣，安邑，芮城，平陸，聞喜，離石；在東部只除去正太路沿線，其他各地都有牠的蹤跡；自從忻口克復，牠已行銷到雁門關一帶了。銷數有二萬多份，我在山西時，曾在副刊中投過不少隨軍雜憶）。

6.月刊　見到一種，是浙西天目山中出版的，叫做「浙西一月」，把浙西一月中的游擊，包含無遺。

7.雙月刊　沒有見到過，但據安慶朋友來信告訴我，最近那裏創刊了一種游擊彙報，是兩月一次。

8.季刊　見到過一種，喚做「干善新練連防季報」，是干金善璉新市練市四鎮（都在浙西。）聯合發行，每季一冊。

據菱湖政工分隊長俞月仙小姐告訴我，鐘家墩（一九三八年烏鎮棄守後，該鎮有長時期成為浙西游擊隊軍事重心。）某部政治部，曾出版過一種「我們的捷報」，每季發刊一次，可惜最近該鎮被日軍攻陷，「我們的捷報」便被迫停刊了。

9.年刊　沒有見到，但徐澤天君在未瘋以前，（徐君因憂國過度，去年七月間瘋了。）曾來信談及宜興××山中的總隊部，出版過「宜興一年」，把一年來的重要電訊，通訊，捷報……彙編在一起，倒很有一點「文獻」意味。

10不定期刊　崐山東塘鎮駐紮過的游擊隊張谷磯部，出版過「崐山戰報」，我見到的已是第十三號，下面註有「不定期刊」四字。

還有江蘇游擊司令鄧本殷部下，也出版過「江蘇游擊」，起初說是「不定期刊」，出版兩期後，就沒有消息了。

海寗金石墩鎮有過「海寗簡報」出版，創刊在前年秋天，就說是「不定期」的，連續出了十多期，便停刊了。但最近得到消息，調換了一批人，又把「海甯簡報」復刊了。到底是否仍是定期刊，不可知了。

香港有一種簡報，沒有刊明年月日，也算不定期刊。

三　臨時性的簡型報

1.戰報　我在香山隊部，看到過一種「戰報」，稱爲「太湖游擊總隊蘇州游擊分隊香山第五支隊戰報」第×號，內容是敍述碭芒山一役經過，還有奪獲的戰利品——敵軍的家書，文件等。——披露；並且有歌頌此役的詩詞等。但據徐漢夫君告訴我，這種戰報是臨時性的，非有重大價值，是不肯輕易發刊，免得耗費了寶貴的物資。因爲游擊區中一紙一墨，得來原非容易啊！

2.捷報　這是烏鎮李隊長給我看的一份「捷報」，是記載烏鎮「克復之役」的經過詳情；並附有死難弟兄一百七十餘人的略傳。性質和香山見到的「戰報」差不多，但他們自稱爲烏鎮捷報，所以我也把牠分開了講。

3.紀念刊　七七抗戰兩週年紀念日，海鹽鷹窩山麓暫駐的游擊部隊王部，油印七七兩週年特刊，我的朋友老蘇珍藏一份，內容有「兩年來的浙西總情報」一文，彌足珍貴。

4.追悼刊　二十七年七月一日，李克忠支隊長偕同五十名弟兄，被日軍團團圍困在太湖裏的厥山上一座古廟裏，徒手的他們，（按：因爲這裏常有巡湖日軍來到，而李隊長以下正感激地方紳縉每天兩餐的供給，不忍過拂紳士們的勸告，把所有的武器都密密包紮埋在土中，不幸被某皮匠告密。）遂無一倖免。都在望樹墩畔含笑殉難。太湖隊部爲紀念忠貞起見，刊印追悼刊，共印千冊，因爲成本過貴，酌收六角一冊，祕密銷售三日，即告售罄。我在崐山劉××隊部見到一冊，印刷精美，且有李隊長以下遺影二十多幀。

5.其他　南潯鎮青年張坤範，坤慶，坤榮，坤和昆仲四人，暨其妻李淑珍，葉月華，孫雲娥等，同時投軍，妻等加入婦工隊，並將私蓄萬餘金捐與隊部，一時傳爲佳話；郭隊長特出特刊宣揚此事，稱爲「歡迎張氏昆仲特刊」，我原想攜帶一冊來申，被親友勸阻而止。

新市鎮遭逢浩刼後，我在朋友家中見到一冊「新市憑弔」，出版的地方沒有註明，據說是幾位熱血青年冒險幹下的傑作。

杭州西湖的救亡文化運動同人，印發過一本小冊子，題爲：「我們需要一個櫬棺決死戰」，封面引用「三國演義」龐令名櫬棺死戰的一張圖畫，畫得很生色，旁邊兩行紅字：「不計成敗，抗戰到死」！亦悲亦壯。可惜帶了一些失敗主義的情緒。

杭州更有一批熱忱基督徒，從事另一種活動，他們竟敢在馬路上分送佈道單張，這些單張上敍述猶太亡國的歷史，但最後指示猶太必將復國，然後影射到中國前途光明。也有描述以色列人初期在埃及受苦歷史，但以民的堅苦抗爭，乃得進入迦南創立其業等等。

這些特刊，這些專册，這些傳單，雖然不是簡型報，但牠們都負起報導[redacted]戰鬥的任務，所以也可以把牠們當作一種變相簡型報看待。

四　結論

依我個人的意見，覺得淪陷區內的簡型報，還沒有推行到窮鄉僻處，就是幾個交通便利的城鎮，雖然有一二簡型報，却都是游擊部隊舉辦的，眞正由文化界教育界新聞界的人去創辦的，還是很少！所以簡型報運動，還須大大的加以推動與擴展。

游擊部隊舉辦簡型報，容易受人注意，所以平空而來的摧殘也多；且游擊部隊行蹤飄忽，等到他們一走，他們所創辦的簡型報也就此停頓；這是何等可惜！所以我們要訓練大批簡型報編輯人才，把游擊部隊的簡型報一一接收過來，然後游擊區內的報紙壽命，方可綿遠久長！

游擊區內的簡型報，牠們的行銷僅是藉着游擊隊的武力，凡游擊隊行蹤到處，簡型報也跟隨着到那裏。——果然，在日軍控制區域，簡型報一脫離游擊隊武力的保護，是無法運銷的！不過，這是怪我們的「行銷網」佈置得不很周密的緣故，在德國有許多祕密刊物，即使在政府當局嚴厲查禁下，還能漏網而過；這種運銷技術，確是高明，我知道只有山西的抗日報，和浙江的浙西日報、吳興前敵，還比較有差強人意的運銷網佈置，其餘各報，均未注意及此，所以有的讀者買到了上期的報，因爲這次游擊隊向他處去了，就無法再購到這一期的報，這種缺憾，是應該趕快把它彌補才好！

至於游擊區簡型報編輯方面種種應予改進之點，我預備在後面各講裏陸續提起，這裏恕不多敍了。

第三講　簡型報任務

一　教育的

現在要說到簡型報的任務：在平常時候，牠應該負起「教育」的任務；記得我在北平接編那個民衆壁報時，李博士笑問我說：

——你知道我們編這個壁報的用意嗎？

——知道的！想借此讓民衆們多受一點智識！

——不錯！閱讀壁報的民衆，智識程度都很幼稚，我們要好好地教育他們。

這就是簡型報的第一個任務。

二　政治的

不過，在非常時期的今日，簡型報的任務，除了「教育」以外，又多了一層「政治」作用；有的時候，「政治」上的作用，更勝過了教育！正如「狼烟」（是長興一張三日一刊的簡型報）的創刊辭中說：

——在烽火狼煙中苟活着的我們，不怕敵人犀利的刀槍，因爲敵人的刀槍雖犀利，殺戮不完我們四萬萬同胞！最怕的是敵方的政治陰謀，歪曲的宣傳，惡意的親善，如果不個別予以擊破，一旦人心淪亡，那才永無翻身的一日了！

這是「狼烟」因時產生的原因，也是游擊區許多簡型報紛紛創刊的原因！

三　軍事的

簡型報果然是政治進攻的利器，牠另一個重大任務，是可以推動軍事，給予游擊軍事以助力！如果不信，我可以講一段親身經歷的實事，那就是在山西的「抗日報」勢力一天一天的發展，牠每期（半月一期）不惜把半月來的戰局，用三分之二的篇幅來詳細申論，檢討，並且屢次聲稱，忻口的敵軍已是困守一隅，解決的日期不遠了！再竭力主張此時進攻忻口的利益，可以使游擊勢力擴展至雁門關；於是使許多民衆和游擊戰士都心動了，喊出：

——到忻口去！

——我們要克復忻口！

結果，游擊隊還沒有進攻忻口，日偽已心慌意亂，等到知道游擊隊來攻城，早已棄甲解兵逃避一空了！

事後，那位游擊將領感慨地說：

報紙的力量眞是偉大！要是沒有報紙提醒我們，恐怕到此刻還沒有發動攻襲忻口的計劃，現在衆心被報紙激動了，大家都喊着要到忻口去，我們如果不敢來，豈不被人們恥笑無用，硬了心腸前來，想不到忻口是「不戰克復」了！

我懷疑，忻口的日偽們，可是爲了「抗日報」的剖論戰局而退出忻口嗎？

無疑的，當游擊軍稍有失利的時候，簡型報就應該力闢衆論，從各方面解釋此次的失利，無關大局，負起「安定人心」的偉大使命；等到遇到我方勝利的時候，簡型報又應該隨時戳破敵人虛偽的掩飾，把敵方戰敗的眞相暴露出來，這樣可以鼓舞起民衆的熱情，使敵軍更可格外迅速地趨於崩潰。

可見得，做一個簡型報編輯至少須有一點起碼的地理常識，否則，聽到忻口克復的消息，還沒有知道忻口在那裏，究竟在那一省也弄不清楚，關於忻口的一切，也是茫無頭緒，試問，叫他如何去寫那「忻口克復的重要」之類的文字呢？

四　宣傳的

烽火流動刊僅是張貼了一整天，劉隊長也不過用十幾分鐘的時間演說了一番，我親見我岳家所住的小村子的人們，全都狂奔了！他們響應着「不合作宣傳」，全場開始喧嚷着：

——我不應該昨天又買五尺花布，回家去燒掉它！

——昨天的玻璃杯眞好，一角一只，太便宜，一定是劣貨！回去打碎它！

——要貪便宜不再是人！從此不買劣貨！

向來沉默寡言的陳保長，也會慷慨激昂地說：

——我願意幫助我們的軍隊，我應該將賦稅繳付我們的祖國政府！我今天回去要算清我拖欠祖國的稅金，交給劉隊長，就算是歸還了祖國！……

於是，大家又是一陣發乎肝胆的立志：

——灰孫子不繳給自已的政府！

——灰孫子賴租！

誰繳給傀儡們便是灰孫子！王八！

陳保長至誠地獻出二十元，說：「請原諒我雖不富足，但我願意捐助二十元！充任隊中軍費，以示提倡！」

立刻，有五元，有十元，甚至有角票分幣的，一下子捐集了三百多元！大家同聲說「我們都願意」！這就是偉大的宣傳力所感動他們的！

簡型報的編者，要竭力在這方面努力，完成這偉大的宣傳任務。——烽火流動刊是一個絕好的榜樣。

五　其他

做一個簡型報編者，要把報紙編得是「他們的」；處處爲「他們」着想爲「他們」謀利益。所以，除了「教育」他們推進他們所有「政治」的「軍事」的力量，指導他們應該怎樣的做以外，還得處處給他們以便利，像大型報上所有的「社會服務」：「醫藥顧問」，「法律顧問」，……等等，只要是他們需要，就應該儘量爲他們「服務」。

讀者的意見是寶貴的，偉大的，應該儘量加以「採納」，編成一個他們自己所需要的報紙，這更是簡型報編者所應盡的義務！——爭取讀者的同情，獲得他們的信任，這是簡型報編者所應該起碼做到的！

如何能知道讀者的意見？那就得利用「徵集」等方法，使他們多多有發言的機會：「狼烟」的編者，在創刊辭中曾這樣謙虛誠摯地說：

——讀者們！我們相信塞起了耳朵來辦一個刊物，結果一定是失敗的；因爲我們沒有聽見讀者們需要什麼！所以，右角的「意見書」，請你們塡寄給我們，請你們儘量告訴我們吧，你們需要我們怎樣？我們是極願意「遵命」的！

第四講　簡型報經驗

一　我所見過的簡型報

1.在北平　北平讀書時候，我見到一張「平民報」，每星期出版一次，牠是這樣編制的：——

第一版：時事——先是「北平一週」，再是「本省一週」，然後是「國內一週」。後面是一篇評述時事的短文。

第二版：新聞，——也是先北平，後本省，再「國內要聞」，以及「國際簡報」。尤其是後兩者：採用有趣味化的短篇通訊。

第三版：副刊，——刊載一些趣味合乎平民胃口的小品文字，卻從未刊過詩詞之類，這是在「徵稿啓事」裏常常加以申明：「詩詞不收。」

第四版：平民服務，——這裏有游藝報道，有徵求招尋，有自荐謀職，有國文指導，……好像是炒什錦，什麼都有！

至於廣告，平均分配在四版文字的上下，把一張小型的報紙，編得很醒目，可以作爲編簡型報的參考。

2.在南京　南京出版過一張「農友報」，確是標準的簡型報，牠只有小型報的半張大，漢字旁還加印注音字母，內容有時事，有新聞，有農事改良法，有家庭衛生，有消閑的故事，有處世的格言，還有每天的靈糧「聖經金句」和講經。（按：此報編輯是個基督徒。）

3.在淮北　從民國廿三年春到冬，我有八個月時間，在淮北的灌雲逗遛；那裏的文化水準實在太低，往往有十多個縣份沒有一張可以看看的報紙；在灌雲，我見到一張勉强算得是「報」的東西，天天張貼在一個學校的門外，我天天從門外跑過，總是對他瞧瞧，上面有一點電訊標題，有幾個新聞標題，還有「一天一字」，是像字典那樣寫一個紅色的字，下面加些解釋。末了是一個笑話或一個小故事完結。

我笑對朋友說，這是「原始的壁報」；但在文化水準低落的灌雲，能够有這麼一張「簡型報」，已是不容易的了！天天有許多人團集了觀看，有人還說：

——哦！今天是個「孩」字，小孩子的孩字。昨天是個什麼字？又忘了！

——昨天是個「孫」字！

——對啦！孫傳芳的孫字，這兩個字眞難分別啊！

可見得，簡型報効力眞大，要是辦得認眞一點，收穫一定更大哩！

4.在徐州　我到徐州的時候，徐州還沒有陷落，抗戰的空氣緊張得非凡，一張「保衛報」，完全用「簡型」姿態出現，牠是這樣編的：——

第一欄是「今日消息」，用紅字排印幾行觸目驚心的標題，後面是編者的「說明」，却並沒有枯燥沉悶的電文。

第二欄是「緊急通告」，因爲這時候徐州已很混亂，當局正從事撤退工作，所以天天有許多報告，這也是每個留在徐州的人們所急欲知道的。

第三欄是「保衛徐州」，這裏是簡單又明白地，告訴你許多雜事；像什麼人捐款，什麼人慰勞，什麼人投軍……等。

第四欄是「號角」，這算是副刊了。

5.在山西　現在說到山西的「抗日報」，牠是半月發行一次，編制和普通的報紙相同，不過比較簡略，這也難怪它，因為它一期要刊載半月的消息。

此報完全用一種戰鬥突擊方式編成，戰局的分析，戰略的檢討，往往洋洋千言，不厭求詳。——山西的游擊隊，常常把「抗日報」的言論奉為權威，隨便舉例，該報會力主收復忻口的必要性，某部即往攻忻口並克復之；不過，該報每一次的評論，都是經過專家們的手，並非等閒發言，所以該報的深入民間，受人擁護，也決不是偶然的。

在山西，在日軍勢力所及的地方，有人攜帶「抗日報」，殺無赦！足見日人忌諱該報的一斑了！

6.在漢口　漢口的「大衆報」，我看見牠創刊，也看見牠停刊，因為牠只有短短十四天的壽命；原來他曲解了「簡型報」三個字，刊載一些民間流行的淫詞小曲，雖然編者巧妙地把牠們附會到抗戰上去，但抗戰是神聖的，絕對不能容忍這樣的侮辱，於是，大衆報被一羣愛國民衆搗毀了！我覺得這是編輯簡型報的人一個絕好的警戒，所以也順便說了一說。

7.在武昌　在武昌我看到一張街頭壁報，倒很新穎，牠把同性質的消息，彙編在一起，使人一目瞭然；再用硃筆標示每欄的名目，好像激戰，捷報，棄守，慰勞，救護，獻金，通告……等。牠把戰利品歸入「捷報」項下，把撤退工作歸入「棄守」項下，把政府命令歸入「通告」項下。再把各地通訊，編入「文藝」項下，我起初很懷疑，仔細一讀，方知所有通訊都用文藝筆調寫成的。像這麼的編法，倒是別開生面的呢！

8.在香港　我在香港時，由一位同志的介紹，認識一個救亡文化團體，團員們都很年青，秘密地工作着：他們編印一種喚做「簡報」的刊物，只有十六開大小，用六號字排印，據說是冒險運往廣州一帶銷售；沒有副刊，他們以為副刊是消閑的東西，冒了生命危險去運銷一些消閑讀物，是太沒有意義了，他們把副刊的地位，轉載了各種足以增强抗戰意識的文字；廣告是沒有的，但在廣告的地位，刊載了先總理和蔣總裁的言詞，又轉載一些討汪通電。還有一點也很有趣：這報上沒有年月日等，因為他們沒有把握奠定報紙那一天可以傳遞到讀者手中啊！

9.在浙東　在浙東，汪江戰時小學所油印的「浙東前哨」，每週一期，編制是一半雜誌化，一半日報化，每次編印完竣後，放在鄰近一家書坊中，酌售成本五分一份，沒有半天，總被鎮民搶購一空。可惜，我到汪江時，該報為了別的原因，已是停刊三個多月，我不過在該校圖書館中，看到已往的一些成績而已。

10在杭州　杭州的救亡刊物較多，我在救亡運動肇始者方景庸先生家中，見到了十一份浙西游擊情報，版式與大小，都和上海的大美週報差不多，也是活葉，而未裝訂成冊；資料是由各種游擊報紙中彙集而成，所以尚無多大困難。

另外，他們過去曾辦過一個「救亡日報」，方先生把舊報一叠給我看，並且感慨地說：

「編輯此報的人，都是一些名家，他們把此報編得太專門化了一點，副刊更編得太文藝化了一點；他們把今日的杭州，還錯認為就是從前的杭州；他們却忘記了杭州的大中學都遷移到他處去了，杭州的公務人員都撤退到後方去了，杭州的智識階級也紛紛他離，歸來的是少數中的少數，留在杭州的，都是程度較淺的一羣，他們看不懂我們所辦的報，「救亡」的效能那裏還能發展呢？所以，我們自動停刊了。」

他又取出一叠「西湖動向」來說：「這是新出版的，編輯人員也調整過了，水準已極力降低，使稍識些字的人都能看懂，專門化的東西都删除了；所以銷數比救亡日報增多了十多倍，但我覺得還有許多地方不滿意，只好待日後再加改進了。」

方先生的經驗值得我們注意，簡型報不可編得專門化，文藝化，却要編得通俗化，大衆化；否則，沒有不失敗的。

11在長興　在長興見到的簡型報，有三日刊的「狼烟」，和天目山中出版的月刊「浙西一月」。聽說天目山中尙有旬刊「大前方」，但我沒有見到。

狼煙的內容尙可，態度也還前進嚴肅，所餘憾的，牠的各欄沒有分淸，採用混合編制，以致眉目不淸，五花雜亂，這或者是篇幅太小的緣故，所以想把分欄的地位節省下來多刊文字，但這一節省却糟了，把國外一件大事的標題，（牠只摘錄標題不再全載電文）和長興本埠一件新聞，拚排在一起，缺少了「國外要聞」與「本埠新聞」數個字去分開來，算什麼樣子呢？——篇幅小到十六開的簡報（香港出版），尙且還能寵到眉目分明呢！

浙西一月是取日期爲經，事情爲緯編成的。我以爲以地方爲經，再以日期爲緯，比如杭州分出一欄，然後把杭州一日起至三十日止的大事，挨次記載下來，不更眉目淸楚，引人注意嗎？

12在吳興　吳興見到的每日刊，是吳興前敵，半月刊有第一線，其他有歡迎張氏昆仲特刊，新市憑弔等等。値得一提的，是吳興前敵和第一線。

吳興前敵是大型報大小，却以「簡型報」姿態出現，牠有八種副刊，除了吼聲是每卷發刊外；其他七個副刊是每天輪流刊載；內容都是通俗大衆，有商人，婦女，兒童等週刊，以便爭取各該方面的讀者。至於分量方面，國際消息是只用數句話了事，抗戰消息却不惜廣事宣傳；遇到什麼地方激戰，總是臨時繪製地圖製版出來，並由編者撰文申論它的重要性和得失關係。至於本埠新聞僅用「簡報」，而有價値的內地通訊，不惜全載。

第一線是揭發奸邪的陰謀，攻擊僞報刊物的荒謬宣傳，宣傳抗戰必勝建國必成，站在政治與軍事的立場，時時給予敵人以致命的打擊！販賣第一線的人，已有三個被敵人斬決，但勇敢的販子們，一待第一線出版出來，依然一下子把它推銷完了。要是你錯憶了一天日期，遲一天去購買，那一定是買不到的了！

13在嘉興　浙西日報嘉興版，記載翔實，爲海鹽桐鄉崇德德清各縣最受歡迎的一張報紙，內容和吳興前敵差不多，但牠的範圍比較廣泛一些；是以整個浙西爲對象，不像吳興前敵專着重吳興一隅的軍政報導。副刊沒有吳興前敵那末多，但有兩張週刊是很特色，一是游擊戰士通訊，一是戰利品。前者，專刊慷慨激昂的家書，後者，專刊從敵軍奪獲的文件，日記，及厭戰情緒高漲的敵軍家屬的書信等。

半月游擊也是嘉興出版，當我看它的時候，一個青年人不屑地說：『這是×部游擊隊的機關報，上次他們失利，却一字不提，等到小勝一次，便大吹大擂了！我們同情抗戰，但不同情如此「功勞簿」似的刊物』！我聽了這些話，覺得很痛心，同時感到有兩點，最好半月游擊一類的刊物，不由游擊隊自己來辦，而由熱心愛國青年主其事，游擊隊只負有報告消息的義務，這樣，可以減少許多不便的地方。第二，失利的地方隱瞞，也有些不好，只要在失利消息後面，加以此次失利的前因後果，作爲警戒，免他日再蹈覆轍，那末，依然可安定人心，還可使民衆增强對報紙的信仰了。

14在海鹽　海鹽鷹窩山麓，祕密發行的一個日報，喚做乍澉快報，我所見到的已是七十四號，像「小型報」一張，印刷極簡陋，沒有廣告，社評用四號字排，其餘均用老五號字排，其中有一版是副刊，題名爲「火窩」。社評寫得潑辣簡潔，完全是針對着「僞報」攻擊痛斥，毫無忌憚，較滬上諸報痛快得多，電訊是轉載浙西日報海北日報，（按：海北日報未見到，所以我對該報未能妥行介紹）。新聞專刊乍澉道上及其四周的游擊消息，日僞醜態，此外刊有各地游擊隊的通訊，副刊都是宣傳式的文藝作品。

黃龍是海鹽出版的半月刊，內容貧乏，編排紊亂，錯字誤字也很多，需要改進的地方指不勝屈，他們目的在宣傳抗戰，其中有一篇通俗作品，以「木蘭從軍」爲題材，把可汗點兵，形容過分，大有反對徵兵之概，但這不是與我國正在開招「徵兵」有些矛盾嗎？我覺得游擊區的編輯人才實在太少了，無怪乎海鹽鷹窩山麓的難民教練所所長感嘆地說：

——從事文化工作的人太少，我們急待補充，我要把這羣孩子加緊訓練，但恐怕那時抗戰早已完成，只好留待後日之用，目前需要大批生力軍接充，但生力軍在那裏呢？

此外，我見到一冊七七兩週年特刊，也是海鹽游擊部隊出版的，有不朽價值的「珍貴」材料極多，只是編排格式不能使人完全滿意，簡單的批評，是「太混亂」三個字。

15在平湖　平湖版的浙西日報，和嘉興版大同小異，不再多說。

挺進報是半月刊，係江南挺進縱隊所主辦，現在改在平湖出版，內容除報告該軍動態外，是一本純戰鬥性的刊物。

尚有海北日報聽說也在平湖出版，但我無從購得。

16在崐山　在崐山見到新四軍××部隊發行的週報火線，是油印的，記得牠過去是日刊，現在雖變了週刊，還是保留許多日刊風味。他們也是以日期爲經，把各種消息彙載在該日項下，好像是七張日刊合訂起來似的，不過他們已費過一番整編手續而已。

又在崐（山）太（倉）嘉（定）三縣活躍的劉××部隊中，見到一份烽火流動刊，任何雜誌報章，不會有這個式樣的：那是一幅巨大的白帆布，隨便在那一座牆上，或者是樹幹上，都可以張掛起來，假使他們要出發他處時，只要化費一分鐘時間，就能捲成小小一筒，立刻帶走。在這幅白布的兩頭，都有圓形的「木軸」，碰到刮風天氣，就不會被風吹得搖蕩了。布上，配備許多活動的皮帶，只要把白報紙夾入收緊，就分成六欄：即電訊，新聞，公告，捷報，通訊，文藝。

電訊是轉載前後方各大報，爲了篇幅關係，只記載其綱目，不詳載其電文。新聞是關於游擊區種種動態。公告是公佈一切政令法規，捷報是報告該隊的勝利經過。通訊是傳遞各地友軍的消息，或者是隊員戚友家屬的來信，選其值得公佈者發表。更有從日軍身上獲得的戰利品。文藝是和普通報紙的副刊差不多，有慷慨激昂的新詩，有戰鬥殲敵的速寫，有暴露奸邪的醜行，有表彰忠貞的記事；有短評，有隨筆，有小品，有散文，有一篇連載的「從軍日記」，還有一篇續刊的小說「血火」。

此外有不定期刊岷山戰報，我見到的是十三號，那是專刊岷山游擊動態的報紙，範圍很狹小，但各地方都能如此有一張，倒也很需要呢！

我更見到一冊李克忠隊長追悼刊，因爲前面已經詳細說過，不再多述了。

17在蘇州　蘇錫戰報是蘇州無錫兩地聯合出版，像「小型報」大小，內容還可一讀；想不到偌大兩個城市，只出版了這麼小小一張報，蘇州人有的是錢，却不肯在這方面破費，眞有點感慨無窮！我以爲是蘇錫常三府地帶，簡型報運動，還得大大擴展才對，如果有志獻身爲祖國服務去辦簡型報時，應該先到蘇州一帶去創辦。

太湖捷報一過木鐸鎭，就可祕密購到，這是太湖游擊隊的機關報，用粗劣的紙油印，但爭購的人很多。內容是純粹敍述太湖游擊隊動態，其他部隊很少論及。

救亡報僅香山一隅可以購到，有時也運往洞庭東山銷售，是香山游擊部隊印行（油印）我的朋友徐澤夫，在未瘋前，主編過數個月，是一種旬刊。所以內容編得和我們從前在江南社所辦的救亡特刊差不多。（救亡特刊情形，後面再談）。

江蘇游擊蘇州可以祕密購到，是不定期的，兩期後未見續出。這是鄧本殷部所辦的，所以對於該部動態較詳。這又使我感想到，由游擊部隊自己來辦報，總不免多替自己部隊宣傳，有抹煞或忽略其他部隊的情事；如果這些報紙由第三者的我們去接辦，態度一定可以公正得多，益發可以獲得民衆的信仰了。

還有在香山見到的一種「戰報」，前面已詳細論及，也不說了。

18在無錫　蘇錫戰報太湖捷報在無錫也可購到。

抗戰新聞是武進出版的，却也在無錫銷售，內容也很空泛，歡喜過分說大話，我不知他們爲什麼要如此編法？難道這是有利抗戰？我以爲反而引起讀者不良的感覺，應該趕快糾正這方面的錯誤。做一個簡型報的編者，第一須注意到「報格」，謹愼發言是最要緊，未證實的消息，還是待證實後再發表爲是。

19在宜興　宜興前鋒是秘密地在張渚山中發刊，他們有從前某報的鉛印機利用，是大型報似的一張，每天發行，牠的內容，可與浙西日報吳興、前敵西湖動向媲美，唯運銷網佈置得沒有如此周密，在蘇州無錫就買不到牠，好像牠是專銷溧陽溧水等一帶地方。牠的副刊是用宜興土白寫成，這也很可效法，在什麼地方辦報，用什麼地方的土白，有很多地方，比較容易博得當地民衆的歡迎。但也要因時因地制宜，比方說，浙西日報預備運銷浙西各縣，如果用嘉興土白或平湖白，反而使別地方的人不要閱了，不是弄巧反成拙嗎？

聽朋友談及宜興的游擊部隊出版過一册宜興一年，我遍求難得未能一觀，眞是餘憾。

20在溧陽　溧陽當地出版半月情報，內容比嘉興的半月游擊好得多；後面有一欄是「文藝」，刊載些無關抗戰的作品，並且都是轉載於數年前的舊刊物，我不知編者是何用意？如果爲了缺乏新材料，索性把此欄廢去了，倒也爽快！如此因陋就簡，反而有損「報格」的。

21其他　此外，我在山西時候，我們的政工隊，在平定一帶安置了五個壁報，這是我在導言中已約略提及，因爲這些壁報除了盡量發揮其戰鬥效能外，找不出其他的特色，所以，我只在這裏約略提起就算，不擬作細詳介紹了。

江抗部隊有一種喚做情報的旬刊，我只有聽聞，未得一見。安慶朋友信中提及的雙月刊游擊彙報，也未能一觀爲憾，鍾家墩的我們的捷報，於日軍攻陷該鎮時全部付之一炬，因此也無法見到。海寧簡報復刊，也只有從故鄉來人談話中知道一二，實際並未見到報紙。

在烏鎮我還見到過一册烏鎮捷報，前面已有論及，也不贅述。

總之，見到的簡型報雖不算少，但够得上說一個「好」字的還不多，這是需要我們加以改進和努力。並且，有的城市有數張報紙同時發刊，也有許多城市，反連一張也沒有，至於窮鄉僻處，更不要說了；所以，簡型報運動，還得大大的擴展推進才好。

二　我所創辦過的簡型報

1.在故鄉創辦過一個晨報　我在高中肄業時候，爲了曲解「簡型報」三字，以爲「簡型」便是「簡★單」；在暑假期，回歸故鄉，在硤石千河，與幾個朋友合辦一個晨報，以「簡型報」號召，惹人笑話的，把副刊的報眉「簡單」了去，換植二號鉛字「副刊」兩字，被同鎮一家報紙大大地嘲笑了一頓：不用說，這個晨報不久就關門了，但我們這一次身受的教訓，是永遠不會忘記！——盲目地去幹一件事，結果無有不失敗的！

直到現在，我每次重翻到我們當年所辦的一束舊報，不禁笑落牙齒，尤其是創刊號中；竟會刊出這麼一個「貽笑大方」的「本刊啓事」：

——本刊係本鎮始創之簡型報，凡投刊之稿件，均請注意「×型」兩字，新聞每則勿過百字，副刊稿每篇不得過五百字；需要製版之木刻漫畫不收。廣告亦拒絕種種繁複之製板，字數亦請勿超過兩百字，過多恕不刊載，尚希各界垂鑒。

我以爲這種失敗的地方，很可以供給今日學習編輯簡型報的人們，作爲一個參考。

2.在北平編過一個民衆壁報　我在北平×太讀書時，負責編過一個民衆壁報，那時李博士再三囑咐我，要隨時顧到民衆的需要，不辜負我們「教育民衆」的立場！於是，我把這個壁報如此編法：——

第一欄是時事摘要：是從各大報上摘錄牠們的「今日提要」而編成。

第　欄是新聞簡報：是將各大報的本埠新聞，外埠新聞縮寫成「簡單報告」。字數從十餘字至數十字不等。

第三欄是民衆常識：是講述一些科學上，衛生上，國防上……種種簡易記的常識，每天只講一件事。

第四欄是民衆學校：這裏有每天一生字，（那是我受淮北灌雲一張壁報的影響。）和如何寫信，怎樣記賬等日用智識；並且還教他們學注音字母，因爲那時候連洋車夫也學注音字母呢！

第五欄是民衆茶園：那算是副刊，刊載一些趣味小品，都是民衆們所歡喜看的東西。

這樣的一個壁報，連續編了半年，總算每天有許多民衆，團集在面前觀看，這是使我非凡欣慰的。

至於材料，都是從各方面書報上剪貼下來只有時事摘要新聞簡報，及每天一生字，是要自已動手來寫，平均我每天也得費兩小時工夫，方可把稿子編完，然後交給負責抄寫的人，等他們抄過，我又要費十分鐘覆看一遍，認爲無誤，就可交給校工去張貼了。（張貼是要等到明天一早，方去貼上。）

明天的報要今日編好；碰到星期日或紀念日，我們就得早一天編好兩天的報，這樣，我們在星期日可以全日遊玩了。至於碰到國慶或新年我們的壁報也來一個「例假」，倒是很有趣味的！

3.在南京發刊過救亡特刊　七七蘆溝橋戰事爆發的時候，我正在南京主持着江南新聞社，那時遠東報公務人員週刊的編輯胡畢特先生，首創了一個救亡特刊，來邀請我寫稿子，並徵求我合作計劃。那時候我們正感報國沒有機會，經過我與同事們的商討，個個願意犧牲時間担任這「義務」的事；徐深夫君（那時他尚未返宜興故鄉加入游擊隊，是担任江南社的採訪主任。）更自告奮勇，願意担任編輯一職，主張自已獨辦一個救亡特刊每天油印多份，除了分送各機關外，並在社外置一壁報牌天天張貼；這計劃，立刻大家通過，經費由社中担任一半，由全體職員共同負担一半。（那時大小職工共十七人。）並且迅速雇木匠製壁報牌，又在先幾天發出救亡特刊發刊的預告。（那時胡畢特先生的救亡特刊，只出了創刊號，因爲經費及人事上的關係，同意我們的出版，而中明自動放棄他的救亡特刊了。所以我們得沿用這個名字。）

救亡特刊發刊那一天，武學園擠滿了壁報讀者，甚至有人要向我們購買一份，於是有人主張用鉛印方式發售，但迫於經濟及其他種種問題，沒有實行。並且這個壁報，正當欣欣向榮的時候，南京各機關開始遣散職員及家眷，江南社人員也散去了大半，經濟的接濟也因交通阻隔而中斷，（我們是受西康建省委員會的津貼。）於是，這光榮的壁報，只好夭折了。

當時的壁報，我們是這樣編的：——

電訊和新聞，都是根據社中自已所發的稿子，不過把它們簡單化，並不照抄自各報。所以我們的消息，反比各報早一些時候。大約我們是晚上十時後就可張貼出來，各報要到明天早晨見到。因此在戰事緊急的幾天，許多民衆都團集社前，讀我們的壁報，甚至已看過晚報的人，也來爭閱，因爲晚報消息是到下午四時截止，我們的消息，已將晚上十時以前的電訊，都收進在裏面了。

編制以潑辣，激進爲目標，我們是絕對的「抗戰到底」派，我並且從救亡特刊發刊那天起，連續發表一個長篇，題爲「蘆溝橋」，直到休刊止，還沒有刊完，却已經發表了五萬多字，但此篇迄今也沒有機會把牠結束。

這壁報是採取綜合編制，什麼都有一點，但有一點限制，什麼都攸關「抗戰」和「救亡」！

值得我們興奮的，當我們爲了經濟不能把壁報繼續時，有一位先生寫信給我們，願意出資支持牠下去，但我們又因人手不够分配，而未能支持下去，却又接到許多讀者的要求我們復刊，這種大衆的熱情，使我們深深感覺到，辦一個大衆讀物的快樂！——我相信人世間最值得安慰的事，是辦一個刊物替大衆服務，受大衆的同情和擁護！

三　我與簡型報

1.與劉隊長談烽火流動刊改革事宜　當劉隊長的部隊住在我岳母家中時，我與劉隊長已熟悉得無話不談，我們漸漸的談到今後烽火流動刊的改革問題，有些話是值得記載下來作爲簡型報編者的參考：——

我們討論的結果，認爲壁報少載長篇的稿件，因爲壁報的讀者，不是固定的，載了未完的稿子，往往使臨時讀者弄得莫明其妙，減少了牠的效用。

我們主張多利用漫畫，因爲壁報讀者智識程度多半很低，用圖畫表達，比文字更易收到效果。

標語口號可以用，但不可過多，過多了反失去效用，倒不如一句兩句容易刺痛人心。

長的論文不需要，對頭腦簡單的民衆們說話，切忌用「第一，第二……」等議論文字，免得反弄昏了他們，最好爽爽快快簡明地數句話了結，所以壁報要多刊辛辣的短評。

2.與老蘇討論乍澈快報推進事宜　我的朋友老蘇，在海鹽鷹窩山麓編輯一個乍澈快報，他們終日躲在深山裏祕密地工作，這種情形着實使人佩服；我已寫過「一個簡陋編輯部的訪問」，刊在大美報二十九年四月七日至八日的淺草副刊上，可以參閱。

因爲這個報沒有廣告，雖然賣六分錢一份，還得蝕本，而牠的經常費，除了游擊隊部撥款一部份外，就只有倚賴私人的樂捐；因此，被經濟所限制，要談到推進問題，是很困難的。但我們那一天所談的結果是如此：——

我指出第二講第四節「結論」中所說過的錯誤，報紙倚賴游擊部隊的武力推銷有許多不便的地方，所以我希望趕快能在短期間完成一個運銷網，使報紙有了經常的出路，銷數一多，就可以使經濟困難減少了。

同時，聯絡幾個樂捐的私人，請他們由樂捐到經常捐助，務使刊物有了一定的經常費，前途就有希望了！如果專賴游擊隊津貼，一旦部隊他調，刊物也只有立即停頓了。

在報上呼籲，實行募捐辦法，在報端刊載「榮譽券」，凡每月捐款最踴躍最多的人，得由報社贈送「榮譽章」獎勵，總之用各種方法，先解決了報紙的經濟問題，然後各項推進問題，都可迎刃而解了。

或者，說明報紙本身的困難，酌加售價，在讀者方面，如果愛讀此報，多幾分錢原是不在乎！在報社方面積少成多，就大有可爲了！

最後，努力地充實內容，務使讀者，認爲這是一張滿意的報紙，然後，他們一明白了他們愛好的刊物有何困難，便無不願意相助的了。

3.與方先生籌劃西湖動向擴充事宜　值得欣幸的，最近一次赴杭州，西湖動向已是發榮繁茂，有了數千份的銷數，而在急謀「擴充」了！方先生一見我來便說：

——你來得好！請你參加一些意見，我們的西湖動向下個月起要「革新」了，並希望能在各方面「擴充」一點。

我們計劃了一陣以後，議決如此試辦：——

每星期日發刊畫刊，（按：他們經費充足；並且有精美的印刷機關，僞政府迄今尚難查獲；他們所出五彩救亡圖畫，很有相當效力，所以我們主張增加畫刊。）俾增加讀者興味。

多多發表專號，像游擊通訊專號，前方捷報專號等。使讀者興奮可以格外提高。

廣設「意見箱」，可以設在各地游擊部隊，徵求讀者意見和批評。並提出一部份款項，作爲徵文獎金，使報紙與讀者更打成一片，密密聯繫起來，增大工作效能。

祕密完成運銷網，徵求基本定戶一萬份。

第五講　簡型報編輯手續

關於簡型報編輯手續，我早已在上面各講中隨時提到，本來不必再行討論了，但對於工具的準備，稿件的來源，發行的經過：還得約略一談：——

一　工具的準備

編輯簡型報，只要漿糊，剪刀，紅筆及一些紙張，和各地的報紙等就可；簡型報的工具是最簡單也沒有，至於編輯的地方，更是不拘，比如：——

經小劉的介紹，在稻草堆中，與數位「文化人」相見了，他們正在匆忙地工作。男的，女的，席地團坐着，稻草面上鋪了一重厚厚的帆布，剪刀，漿糊，墨水，報紙，信件，散亂地堆放着，各人膝上皆放了一個「講義夾」，在迅快地書寫；他們正在編輯着第七十九期的「烽火流動刊」呢！（見二十九年一月二十日集納：稻草堆裏的文化人。）

八點鐘，爲了小登臨，曲曲折折走了好久，穿過一叢樹林，現出三間幽黯的古老的村屋，他說到了，打過暗號，如入地洞般昏黑，至第二層，有一點螢光，他們見有貴客光降，又加燃了一盞燈。經過介紹，方知其餘兩位是編輯……他們工作開始，我不願打擾他們，……（見二十九年四月七日至八日淺草：一個簡陋編輯部的訪問）

最初，他們找到一個破廟的角落，幾個人拖着沒有腿的小板凳工作着，並沒有一定的辦事地點。……（見廿八年三月一日浪花！杭州救亡文化的祕密開展。）

由此，可知編輯簡型報紙，原不講究什麼「工具」與「編輯室」，儘不妨因陋就簡好了。

二　稿件的來源

稿件的來源，如果在軍隊，學校，機關中編輯簡型報，有同學，隊員，及同事可以幫同撰稿；要是一個人去祕密從事工作，毫無一人幫助的時候，只有倚仗「剪報」相助了。此外，有許多不是報紙上的材料，只要能運用適當，也不妨選編進去，比如我從前在北平編民衆壁報，所有民衆常識民衆茶園民衆學校各欄的稿件，我都是從許多淺近的科學讀物和兒童讀物上選下來，倒很受一般民衆的歡迎呢！其他，各報的副刊文字保存下來，也可以成爲編簡型報的絕好資料呢！

三　發行的經過

簡型報編竣以後，有的編輯什麼也不管了，比如，我曾問過乍澉快報的編輯老蘇：

——發行手續由誰負責？

——發行，定閱，收款，我們皆不管！自有各地游擊支部負責；貼本與賺錢，我們皆不顧問，我們只有每月向隊部支錢照辦而已。（見一個簡陋編輯的訪問。）

這是一種發行辦法，就是編者「皆不顧問」。又比如：

——這壁報似的流動報編竣以後，就由四個女同志負責抄寫，字跡都是娟秀非凡……小劉指着四個正忙着剪貼工作的青年說：「半月以前，這抄寫工作是他們負責的，自從我們增加了女同志，並且發行了這麼四位優秀的抄寫人才後，就把他們擢升爲助編了」。（見稻草堆裏的文化人）。

這又是一種方法，由編者編，由助編協助編輯，再由抄寫者抄寫或油印。我在北平編壁報，在南京編救亡特刊，都是用這方式，稿件編竣以後，就有人負責去抄寫，或油印，以及去分送張貼了。

但是，如果只有你一人的話，那末，稿件編竣，就還得你再抄寫和油印，甚至去張貼，都得你一人專責，直到全部工作完畢，方可算是編輯工作正式完竣。不過，如果到鄉村中去創辦簡型報，十九是要你既做編輯，又得去兼任發行工作的。

一九四一，一，九，全部脫稿於上海旅次。

簡型報紙編輯經驗習題

第一講　簡型報定義？

一、什麽叫簡型報？

二、簡型報，小報，小型報有何不同？

第二講　簡型報概論

壁報性的簡型報有那幾種？

流動性的簡型報有那幾種？

臨時性的簡型報有那幾種？

第三講　簡型報任務

一、簡型報有那幾種任務？

二、試述簡型報之教育的政治的宣傳的任務。

第四講　簡型報經驗

一、試略述作者所見的簡型報五種。

二、試述對于創辦簡型報的意見。

三、試略述生平所見過的簡型報幾種。

怎樣編輯簡型報？（草綱）

張葉舟

（註）書名或用㈠簡型報紙編輯經驗

㈡簡型報紙論

㈢談談簡型報

㈣再另取一個書名也可

全書兩萬字，內容及字數支配如下：——

一 導言

二 簡型報定義

1.簡型報的解釋 2.不是小報 3.與小型報也有差別 4.是大報簡單化 5.結論

三 簡型報概論

1.壁報性質的： 一、學校的 二、軍隊的 三、民衆的

2.流動性質的： 一、日刊 二、三日刊 三、週刊 四、旬刊 五、半月刊 六、月刊 七、雙月刊 八、季刊 九、年刊 一〇、不定期刊

（註）上面所說的不是雜誌，而是簡型報，每一例均可用實例證明。比如季刊，太湖游擊當局有每季出版的季報。年刊，天目山浙西行營有年報。

3.臨時性質的： 一、捷報 二、紀念刊 三、追悼刊 四、其他

4.結論

四　簡型報任務

1.教育的　2.政治的　3.軍事的　4.宣傳的　5.其他

五　簡型報經驗

1.我所見到過的　一、在北平　二、在南京　三、在淮北　四、在徐州　五、在山西　六、在漢口　七、在武昌　八、在香港　九、在浙東　一〇、在杭州　一一、在長興　一二、在吳興　一三、在嘉興　一四、在海鹽　一五、在平湖　一六、在崐山　十七、在蘇州　一八、在無錫　一九、在宜興　二〇、其他

2.我所創辦過的　一、在故鄉時辦過簡型硤石晨報　二、在北平負責編過半年民衆閱覽的壁報　三、在南京江南社發刊過救亡特刊（分壁報及流動性二種）

3.我與簡型報　一、與崐山劉部壁報負責人談改革事宜　二、與鷹窠山浙西日報編輯蘇君談推進事宜　三、與西湖救亡文化運動主持者方君談擴充計劃

六　簡型報的條件

1.因陋就簡　2.短小、精悍、活潑、趣味　3.正義感　4.報導正確　5.其他

七　怎樣辦簡型報

1.如何剪報　2.通信網的佈置　3.自己印報　4.發報手續　5.其他

八　結論

图书在版编目（CIP）数据

新闻学的基础知识 / 中美日报读讯会编. —北京：中国传媒大学出版社，2018.3
（中国近代新闻学名著系列丛书 / 芮必峰主编）
ISBN 978-7-5657-2296-7

Ⅰ. ①新… Ⅱ. ①中… Ⅲ. ①新闻学 Ⅳ. ① G210

中国版本图书馆 CIP 数据核字（2018）第 054269 号

中国近代新闻学名著系列丛书
芮必峰　主编
新闻学的基础知识（上下）
XINWENXUE DE JICHU ZHISHI（SHANG XIA）

编　　者	中美日报读讯会
策划编辑	司马兰　姜颖昳
责任编辑	姜颖昳
封面设计	拓美设计
责任印制	阳金洲
出版发行	中国传媒大学出版社
社　　址	北京市朝阳区定福庄东街 1 号　　邮编：100024
电　　话	86-10-65450532 或 65450528　　传真：010-65779405
网　　址	http://www.cucp.com.cn
经　　销	全国新华书店
印　　刷	北京华联印刷有限公司
开　　本	787mm × 1092mm　1/16
印　　张	24.25
字　　数	350 千字
版　　次	2018 年 6 月第 1 版　2018 年 6 月第 1 次印刷
书　　号	ISBN 978-7-5657-2296-7/G · 2296　**定　价**　148.00 元（全二册）